다마스쿠스 나이프의 모조품. 고대 인도의 다마스쿠스강은 신비한 무늬가 특징적이다. 사진은 외국에서 입수한 모조품이며, 실물은 박물관에 가야 볼 수 있다.

델리의 철 기둥의 모조품. 5세기에 만들어진 실제 철 기둥은 현재도 녹이 안 슬었을 만큼 경이로운 품질을 자랑한다. 사진은 인도의 제철소에서 발견한 현대의 강철로 만든 기둥인데, 안타깝게도 녹슨 상태다.

1708년에 창업해 이듬해부터 가동을 시작한 콜브룩데일 사(영국). 건물 내부는 박물관이 되었다. 창업 27년 후, 설립자의 아들인 에이브러햄 다비 2세가 코크스 고로를 개발했다.

당시의 주철 제품인, 복잡한 형상의 철제 의자

당시의 주철 제품으로, 녹인 철을 거푸집에 부어서 만든 일체 성형 테이블

세계에서 가장 오래된 철교인 아이언브리지. 1779년에 다비 3세가 영국의 세번 계곡에 건설했다. 현재 세계 유산으로 등록되어 있다. 사진은 필자가 혼신의 노력을 기울여 찍은 것이다.

교각의 일부로, 주철 부품을 조립해서 만들었다.

교량 근처에 있는 고로의 터(베늘럼로). 안내판의 설명을 보면 이곳에서 교량의 부품을 주조했다고 한다.

퍼들로. 영국의 빅토리안 타운에 현존하는 실물로, 이것으로 연철을 만들었다.

도가니 조업을 재현한 모형으로, 영국의 셰필드에 전시되어 있다.

베서머 전로. 사진은 셰필드의 켈햄섬 박물관에 있는 초호기다. 1856년에 헨리 베서머가 발명했다. 노의 바닥 부분에서 공기를 불어 넣어 단시간에 용강을 만들었다.

마이클 패러데이의 연구실. 런던 왕립 연구소의 지하에 있다. 패러데이는 200년 전에 이곳에서 녹슬지 않는 강철을 만들었다. 2019년에 필자가 현물을 조사하러 갔을 때 촬영한 사진이다.

나무 상자의 외관으로, 패러데이가 라벨에 자필로 "패러데이, 철과 합금"이라고 적었다.

녹슬지 않는 강철이 들어 있었던 나무 상자로, 뚜껑을 연 순간 촬영했다.

패러데이가 만든 샘플로, 녹슬었는지 확인하기 위해 근접 촬영을 했다.

푈클링겐 제철소(독일). 세계 문화유산으로 등록된 박물관으로, 제철소가 가동되었을 당시의 모습 그대로 전시되어 있다. 2015년에 방문했을 때 촬영한 사진이다.

이 박물관은 독일에서 인기가 많다.

고로의 정상에서 바라본 모습으로, 가스 때문에 위험해서 직접 가 볼 수는 없다.

동제 대포군(프랑스). 나폴레옹 전쟁 당시 활약
했다. 프랑스의 앵발리드에서 촬영한 사진이다.

그리보발 박격포. 대구경이면서 운반이 쉬운 대
형 대포로, 나폴레옹 전쟁에서 대활약했다.

에펠탑(프랑스). 한가운데 부근의 회랑에 프랑스 과학자와 기술자들의 이름이 새겨져 있다. 2017년에 필자가
촬영한 사진이다.

개인 수집품. 일본식 못은 사찰 목수에게서, 옥강은 도가니 작업장의 기술 책임자에게서 받은 것이다. 다카시코조와
철분, 병철은 제철 유적에서 주웠다.

87년에 만들어진 로마의 못. 스코틀랜드에서 출토된 것이다. 네모나게 주조되었으며, 대가리는 현대의 못과 똑같은
형태로 만들어졌다. 영국에서 받은 필자의 개인 소장품이다.

**세계사를 바꾼 금속 이야기**

문명을 만들고
변화시킨
금속의 역사

다나카 가즈아키 지음
김정환 옮김

세계사를 바꾼
금속이야기

시그마북스
Sigma Books

# 세계사를 바꾼 금속 이야기

**발행일** 2025년 3월 7일 초판 1쇄 발행
**지은이** 다나카 가즈아키
**옮긴이** 김정환
**발행인** 강학경
**발행처** 시그마북스
**마케팅** 정제용
**에디터** 최연정, 최윤정, 양수진
**디자인** 강경희, 김문배, 정민애

**등록번호** 제10-965호
**주소** 서울특별시 영등포구 양평로 22길 21 선유도코오롱디지털타워 A402호
**전자우편** sigmabooks@spress.co.kr
**홈페이지** http://www.sigmabooks.co.kr
**전화** (02) 2062-5288~9
**팩시밀리** (02) 323-4197
**ISBN** 979-11-6862-328-6 (03900)

# 시작하면서

먼 옛날, 유럽 대륙은 마법과 전설로 가득한 모험의 땅이었다. 광대한 숲, 높은 산, 신비한 동굴이 용감한 모험가들을 기다리는 신비한 세계였다. 그리고 모험 속에서 유럽의 역사를 바꾼 금속이 있었으니, 바로 청동과 철이다.

모험 이야기는 고대의 노(爐) 속에서 시작된다. 연금술사들은 불꽃과 열을 교묘히 사용해 차가운 광석에서 청동과 철을 만들어 냈다. 대장장이들은 청동을 거푸집에 부어 검을 만들고, 철을 두들겨 방패를 만들었다.

역사를 되돌아봤을 때 가장 오래된 석기시대를 제외하면, 청동기시대와 철기시대는 당시 사용되었던 금속으로 시대를 표현한 명칭이다. 또한 고대 그리스의 헤시오도스는 자신의 책에서 역사를 '금의 시대', '은의 시대', '청동의 시대', '영웅의 시대', '철의 시대'로 구분하고, "철의 시대를 살고 있는 우리는 편리하지만 위험한 철제 도구를 사용하고 있다. 옛날에는 좀 더 좋은 세상이었는데…"라며 옛 시절을 그리워했다. 지금으로부터 2000년 이상 전의 이야기다.

금속은 역사상의 인물들도 매료시켜 왔다. 전자기학의 아버지이며 『촛불의 과학』으로 유명한 마이클 패러데이도 그중 한 명이다. 사실 그는 금속을 매우 좋아하는 사람이었다. 인도의 다마스쿠스강(Damascus Steel)에 매료되어, 스테인리스강이 개발되기 1세기 전에 '녹슬지 않는 강철'을 발명했다. 훗날 패러데이 연구소에서 발견된 당시의 샘플은 200년이 지난 지금도 녹슬지 않았다.

아이작 뉴턴도 금속 마니아였다. 『프린키피아』에서 만유인력(보편중력)의 법칙을 제안한 물리학자이며 평생을 영국의 조폐국장으로 일했지만, 집으로 돌아오면 금속 실험과 연구로 밤을 지새웠다. 그는 평생에 걸쳐 연금술을 추구했다.

시대가 흘러 서양의 역사가 크게 움직이기 시작하자 인간과 금속의 관계는 더욱 깊어져 갔다. 인간은 금속으로 무기를 만들고, 도구를 만들고, 탑을 세우고, 교량을 건설했다. 금속으로 배를 만들고, 자동차를 만들고, 철로를 깔았다. 금속은 전쟁에도 사용되었으나 우리의 문명을 뒷받침하는 도구도 만들어 냈다. 과거에 헤시오도스가 이야기했던 '철의 시대'는 오늘날까지 면면히 이어지고 있다.

금속은 만물의 근원이다. 세상의 문명을 뒷받침하기 시작한 이래 오랜 세월이 흐른 오늘날, 그 광채와 무게는 세계사의 이야기 속에 깊게 각인되어 있다. 그리고 현재를 사는 우리는 금속 장인들의 기술을 계승해서 미래를 개척하고 있다.

이 책에는 금속에 관한 일화와 일러스트가 가득 담겨 있다. 금속을 사랑하는 금속 마니아인 필자가 지금까지 수집한 셀 수 없이 많은 금속 관련 고서와 방문했던 고금동서의 금속 관련 유적 중에서 엄선한 일화들을 소개했다. 아마도 처음 듣는 '재미있는 금속 이야기'가 계속해서 나올 것이다. 일러스트는 필자가 직접 그린 것이며, 사진도 필자가 직접 촬영했다.

지금부터 시작될 금속의 역사 이야기는 금속이 맡아 온 역할과 이렇게까지 우리를 빠져들게 하는 금속의 매력을 탐구하는 여행이다. 부디 함께 즐겨 줬으면 한다.

다나카 가즈아키

# 차례

# 금속,
# 인류의 욕구를 자극하다

# 금속,
# 끊임없이 새롭게 태어나다

# 금속,
# 역사를 더 강력하게 전진시키다

## ✕✕ 제 **9** 장 | 금속, 누구도 가지 못한 길을 보여주다

## ✕✕ 제 **10** 장 | 금속, 살아 움직이듯 거대해지다

# 제 11 장 | 금속,
# 전쟁의 소용돌이 속으로 휘말리다

# 제 1 장

## 금속,
## 어디에서 탄생했고
## 어떻게 인류와 만났을까

:우주, 지구, 생명, 문명, 그리고 금속

138억 년 전

# 1-1

## 원소 탄생부터 지구 탄생까지: 항성이 금속을 만들어 냈다

### ⊙ 금속 원소의 탄생

우리가 사는 우주는 지금으로부터 138억 년 전에 빅뱅[1]이 일어났다. 빅뱅은 가장 구조가 단순한 원소인 수소를 만들어 냈다. 우주 공간에 흩어진 수소는 이윽고 인력의 작용으로 서로를 끌어당겼고, 뭉쳐서 항성[2]이 되었다.

모든 금속은 이 항성의 내부에서 일어나는 핵융합 반응[3]을 통해 탄생했다. 핵융합 반응은 고온·고압의 환경에서 원자들을 달라붙게 해 무거운 원소들을 계속 탄생시켰다. 그리고 무거운 원소의 대부분은 금속이다. 요컨대 항성은 금속의 고향인 것이다.

먼저 수소끼리의 핵융합으로 헬륨이 생성되었고, 그 후 탄소, 산소, 황, 규소 같은 무거운 원소가 탄생했다. 다만 핵융합이 영원히 진행되는 것은 아니다. '이 이상 원자핵이 커지면 원자핵이 불안정해지는' 지점에 다다르면 더는 진행되지 않게 된다. 항성 내부에서 최종적으로 생성되는 원소는 철이다.

### ⊙ 철보다 무거운 금속 원소의 탄생

철보다 무거운 금속은 항성의 폭발로 만들어졌다. 항성이 연소를 마치면 초신성 폭발이라고 부르는 격렬한 폭발이 일어난다. 이 폭발의 에너지로 철과 다른

---

1   **빅뱅**  엄청난 고온·고밀도 상태에서 시작된 우주는 격렬히 팽창해 현재와 같은 저온·저밀도 상태가 되었다(팽창 우주론). 이것은 기체가 급격히 팽창하면 주위에서 열이 들어오지 못해 극저온이 되는 현상(단열팽창)에서 유추가 가능하다.

2   **항성**  자신의 질량 때문에 중력으로 인한 수축이 일어난다. 밖으로 향하는 내부의 압력이 높아져 중력의 수축력과 균형을 이룸으로써 일정한 크기를 유지하며 스스로 빛을 내는 가스 천체를 항성이라고 부른다. 태양계에서는 태양이 항성이다. 토성과 목성은 가스 천체이지만 스스로 빛을 내지 않기 때문에 항성이 아니라 가스 행성이라고 부른다.

3   **핵융합 반응**  항성의 내부는 거대한 중력 때문에 온도와 압력이 높아진다. 이 고온·고압으로 인해 원자 내부의 원자핵이 핵융합을 일으켜 더 큰 질량을 가진 원소가 생성된다. 이때 거대한 열과 전자기파가 방출되며, 이것이 눈부신 빛이 된다.

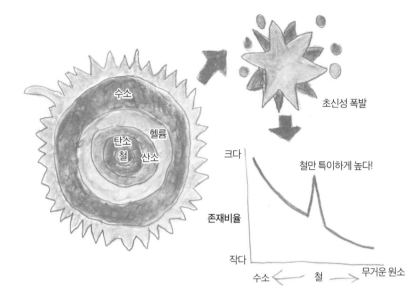

수소

헬륨

탄소

철

산소

초신성 폭발

크다

철만 특이하게 높다!

존재비율

작다

수소 ←  철  → 무거운 원소

● 항성과 초신성 폭발을 통한 원소 생성 ●

원소가 핵융합을 일으켜 철보다 원자량이 큰 금속 원소가 탄생한다. 그리고
이것이 '우주에서 원소의 존재비율은 원자량이 클수록 낮아지는데 철의 존재
량만은 특이하게 높다[4]'라는 현상을 만들어 냈다.

## ⊙ 지구의 탄생

우리가 사는 태양계는 과거에 초신성 폭발을 일으킨 항성의 잔해에서 탄생했
다. 46억 년 전 원시 태양[5]의 주위에는 티끌과 가스가 원반 모양으로 소용돌이
치고 있었다. 그러다 이윽고 원시 태양에 수소와 헬륨이 모여들어 현재의 태양
이 탄생했다. 태양의 주위에서 소용돌이치던 티끌과 먼지는 서로 달라붙으면

---

4   **특이하게 높다**  철은 가장 안정적인 원소이기 때문에 항성이 자연히 연소를 마쳤을 때 존재비율이 가장 높아진다. 그러
나 항성은 연소를 마치기 전에 초신성 폭발을 일으키며, 이 폭발 에너지로 인해서 철보다 무거운 원소가 생성된다. 이렇
게 해서 원소의 존재비율이 철의 주변에서 정점을 찍게 되는 것으로 생각된다.

5   **원시 태양**  태양계의 생성은 46억 년 전에 성간 가스가 모여서 성간운이 되었을 때부터 시작되었다. 성간운은 천천히
회전했고, 회전의 중심부에 대부분의 물질이 모여서 원시 태양이 탄생했다. 나머지 가스와 고체는 원시 태양의 주위를
도는 행성이 되었다.

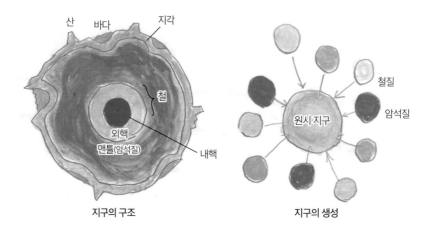

산  바다  지각

철

외핵
맨틀(암석질)  내핵

지구의 구조

철질

원시 지구

암석질

지구의 생성

● 지구의 구조[7]와 지구의 탄생 ●

서 성장했고, 중력으로 인해 합체를 계속한 결과 지구 등의 행성이 되었다.

소행성의 충돌로 온도가 높아진 원시 지구의 지표면은 녹아서 펄펄 끓어올랐다. 충돌한 소행성 파편 중에는 항성의 중심부에 있었던 철과 니켈의 합금[6]을 함유한 것도 많았다. 밀도가 큰 이러한 합금들은 원시 지구의 중심부를 향해 가라앉았고, 최종적으로 지구의 중심핵이 되었다.

## ⊙ 중심핵이 발생시키는 지구 자기장

지구의 중심으로 가라앉은 철은 고온에 녹아서 중심핵이 되었다. 다만 중심핵의 중심부는 높은 압력으로 인해 고체 철이 되었기 때문에 중심핵은 고체인 내핵과 액체인 외핵으로 나뉘었다. 이 고체와 액체의 회전 속도 차이가 전류를 만들어 내고 지구 자기장(지자기)을 발생시킨다.

지구 자기장은 지구 전체를 자기(磁氣) 실드처럼 뒤덮어, 지표면으로 쏟아지

---

6  **철과 니켈의 합금**  철과 니켈의 합금은 현재도 운철(철질운석)의 형태로 우주에서 지상으로 떨어지고 있다. 운철의 화학 조성은 중심핵과 매우 유사한 것으로 보인다.

7  **지구의 구조**  지구는 '물의 행성'으로 불리지만, 물은 지구의 '껍데기' 부분에 모여 있을 뿐이다. 정말로 질량이 큰 것은 달걀에 비유하면 '노른자'의 대부분을 차지하고 있는 철이다. 무게를 기준으로 삼으면 철이 지구에서 차지하는 비율은 약 3분의 1에 이른다. 지구는 철의 행성인 것이다.

는 유해한 우주선(宇宙線)과 태
양풍으로부터 지표면에 탄생한
생명을 보호하는 역할을 했다.
그리고 생명은 지구 환경을 크
게 변화시켜 나간다.

● 지구 자기장이라는 보호막 ●

## ◉ 지각의 탄생

고온으로 녹아 있었던 원초의
지구는 이윽고 식어서 굳기 시

작한다. 밀도가 높은 철의 합금은 중심핵이 되었고, 암석질 부분은 맨틀[8]이 되
었으며, 표면 근방은 지각이 되었다.

초신성 폭발로 생성된 금, 은, 니켈, 텅스텐 등의 철보다 무거운 금속은 철에
녹아들어서 맨틀을 뚫고 중심핵으로 들어갔다. 한편 철에 잘 녹아들지 않는
칼륨(포타슘)과 칼슘, 알루미늄 등의 금속은 맨틀에 남았다.

철의 대부분은 지구 중
심핵으로 가라앉았지만,
일부는 지각과 맨틀에 남
았다. 지각에는 많은 양
의 철이 남아 있어서, 그
존재량은 산소, 규소, 알
루미늄에 이어 네 번째다.
참고로 금, 은, 백금 등의
귀금속은 지각이 형성된
뒤, 이 귀금속들을 함유한
소행성이나 운석이 지구

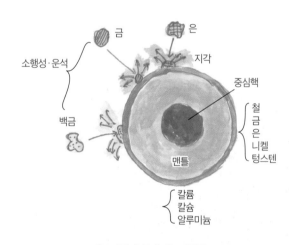

● 지구 지각에 존재하는 귀금속 ●

---

8 **맨틀** 지구 질량 중 3분의 2를 차지하는 암석질의 물질. 암석질이라고 해서 움직이지 않는 것은 아니며, 고온·고압 상
태의 맨틀은 천천히 유동하고 있는데, 맨틀 대류라고 부른다. 맨틀 대류가 지진과 화산 분화 등의 지각 변동을 일으킨다.

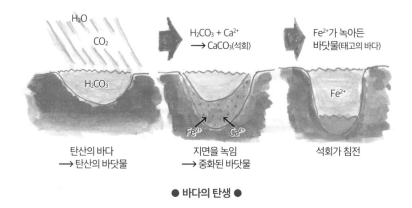

$H_2O$

$CO_2$

$H_2CO_3$

$H_2CO_3 + Ca^{2+}$
$\rightarrow CaCO_3$(석회)

$Fe^{2+}$가 녹아든
바닷물(태고의 바다)

$Fe^{2+}$

$Fe^{2+}$　$Ca^{2+}$

탄산의 바다
$\rightarrow$ 탄산의 바닷물

지면을 녹임
$\rightarrow$ 중화된 바닷물

석회가 침전

● 바다의 탄생 ●

에 충돌해서 지각의 표면에 남은 것으로 생각된다. 그래서 철 등과 달리 지표면의 한정된 장소에서 발견된다.

## ⊙ 바다의 탄생

고대 지구의 대기가 식자 이산화탄소를 머금은 큰 비가 내려 지표면에 거대한 탄산의 바다를 만들었다. 탄산의 바다는 지표면을 녹여 칼륨과 나트륨(소듐), 철 등 다양한 원소를 바다에 용해하면서 확대되어 갔다.

바닷물에 녹아든 칼슘은 탄산과 반응해서 탄산칼슘(석회)이 되어 해저에 가라앉았다. 이 때문에 바다는 점차 중화되어 생물이 탄생할 환경이 갖춰졌다.

## ⊙ 생물의 탄생

중화된 바다에서 이윽고 생명이 탄생한다. 먼저 바닷속에 이산화탄소를 흡수하고 산소를 내뱉는 시아노박테리아[9]가 대량으로 발생했다. 이어서 육지에 이산화탄소를 흡수해 성장하는 식물이 발생했다. 식물에는 마그네슘을 효과적

---

9  **시아노박테리아**  혐기성 박테리아이다. 이산화탄소를 흡수해서 광합성을 실시해 산소를 발생시키는 세균으로, 남세균이라고도 부른다. 습지대나 수조 등에서 발생하며, 녹색이고 끈적끈적하다. 식물과 매우 닮았지만 조류(藻類)와도 육상 식물과도 다르다. 식물 엽록소의 조상이다.

으로 이용한 엽록소[10]가 들어 있어서, 햇빛을 에너지로 삼아 광합성을 실시한다. 이렇게 해서 지구의 대기는 이산화탄소에서 산소로 치환되어 갔다.

다음으로는 움직이는 동물이 발생했다. 동물은 산소를 흡수하고 이산화탄소를 토해내며, 발생한 시대에 이용할 수 있었던 금속을 사용해 교묘히 운동하는 구조를 만들어 냈다. 연체동물류가 파란 피[11]인 것은 구리를 이용했기 때문이고, 우리 포유류가 빨간 피[12]인 것은 철을 이용했기 때문이다.

참고로 우리의 혈액 조성에서 철 함유량은 태고의 바다와 같다. 현대의 바다는 철이 부족한데, 이것은 엽록소가 만들어 낸 산소가 바닷물 속의 철 이온을 산화철, 즉 철광석으로 바꿔서 침전시켰기 때문이다. 태고의 바다는 철분이 풍부한, 건강한 바다였다.

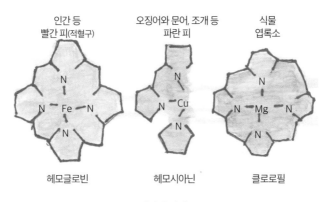

인간 등
빨간 피(적혈구)

오징어와 문어, 조개 등
파란 피

식물
엽록소

헤모글로빈

헤모시아닌

클로로필

● 생명의 탄생 ●

---

10 **엽록소** 클로로필. 화학 구조 중앙에 마그네슘이 있으며, 빛 에너지를 흡수해 산소를 발생시킨다. 식물과 시아노박테리아 세포 속에 존재한다. 지구에 엽록소가 탄생한 결과 이산화탄소가 많았던 대기가 현재 같은 공기 조성으로 변화했다.

11 **파란 피** 헤모시아닌. 화학 구조의 중앙에 구리가 있으며, 대기 속의 산소를 흡수해 몸속에 운반한다. 오징어와 문어, 조개 등의 혈액은 구리를 함유한 까닭에 파랗게 보인다. 태고의 생명 탄생에서 대사계에 구리를 사용할 수 있었던 시대부터 존재했다.

12 **빨간 피** 헤모글로빈. 화학 구조의 중앙에 철이 있으며, 대기 속 산소를 흡수해 몸속에 운반한다. 인간을 포함한 동물들 대부분의 대사계에서 볼 수 있다. 혈액 속의 적혈구에 들어 있는 철 이온 때문에 빨갛게 보인다. 혈액 성분은 현재의 바다보다 철 농도가 높은데, 이것은 태고의 바다 성분으로 생각된다.

# 1-2 철광석과 구리 광석의 기원: 생명과 지구 환경이 광석을 만들었다

## ◉ 철광석의 생성

철광석은 세계 곳곳에서 산출된다. 이것은 태고의 탄산 바다에 잔뜩 녹아들었던 철이 시아노박테리아가 토해 내는 산소와 달라붙어서 산화철이 되어 가라앉았기 때문이다. 가라앉는 양은 계절 변동이나 기후 변동에 따라 달라지는데, 그래서 마치 나무의 나이테 같은 줄무늬의 광상(호상 철광상[13])이 만들어졌다.

현대에 사용되고 있는 철광석은 태고의 바다에서 시아노박테리아가 만들어냈던 산화철의 두꺼운 층이 융기해 육지가 된 장소에서 채굴된 것이다. 깊게 구멍을 팔 필요가 없이 지표면에 있는 광석을 긁어내기만 하는 간단한 채굴법으로, '노천 채굴'이라고 부른다. 철광석은 세계의 어떤 장소에서나 발견되는 까닭에 세계의 수많은 지역에서 철기를 사용하는 문명이 발생했다.

'철광석을 너무 많이 파내서 자원이 다 없어지면 어떡하지?'라고 걱정하는 사람을 가끔 보는데, 그럴 일은 절대 없다. 철분 농도가 높은 고품질의 철광석만 해도 최소 수백 년은 고갈되지 않으며, 그보다 철분의 농도가 조금 낮은 철광석도 사용한다면 자원량은 수십 배로 불어난다. 철의 고갈보다는 제철 과정에서 나오는 이산화탄소나 다른 중요한 금속의 고갈[14]을 걱정하는 편이 더 현실적이다. 이러니저러니 해도 지구의 중량 3분의 1이 철이다.

---

13 **호상 철광상** 호상(줄무늬)은 규산염 광물과 적철석이나 자철석 등의 철광석이 교대로 쌓여서 생긴 것이다. 27억 년 전부터 19억 년 전 사이에 형성되었다.

14 **중요한 금속의 고갈** 철광석은 지구의 역사에서 생명이 지표면에 만들어 낸 광석이기에 전 세계에 거의 무한한 양이 존재한다. 반면 구리나 니켈 등은 특정 장소에만 광석의 형태로 존재하는 까닭에 전부 채굴해버리면 다른 장소를 찾는 수밖에 없다. 구리와 니켈은 현재 전기 자동차와 풍력 발전 등으로 수요가 증가하고 있어 채굴 가능 연수가 점점 짧아지고 있으므로 정말로 걱정스러운 상황이다.

## ⊙ 구리 광석을 채굴할 수 있는 장소

구리 광석을 채굴할 수 있는 장소는 철광석과 달리 한정되어 있다. 구리 광석은 생성되는 방식이 철광석과 다르기 때문이다.

구리 광석이 있는 장소는 먼 옛날의 해저 지각이 갈라진 곳(플레이트 경계[15])의 위쪽이다. 이곳에서는 고온의 마그마가 지표 근처까지 올라와 있으며, 지각이 갈라진 곳으로 스며들었던 바닷물이 고온의 마그마와 접촉해서 증기가 되어 다시 지각의 갈라진 곳에서 상승한다. 이 과정에서 암석 속의 황화광물[16]이 녹아들어 바닷물 속으로 밀려 나오며, 바닷물에 식어서 다시 입자가 되어 부근의 해저에 가라앉는다. 이런 장소가 구리 광상이 되는 것이다. 그리고 이윽고 해저가 융기해 해면 밖으로 모습을 드러낸다.

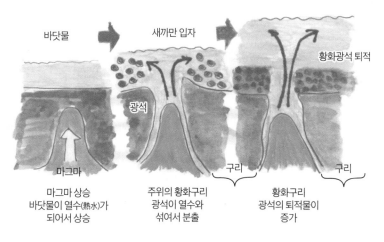

바닷물　　새까만 입자　　　황화광석 퇴적

광석

마그마　　　　구리　　구리

| 마그마 상승<br>바닷물이 열수(熱水)가<br>되어서 상승 | 주위의 황화구리<br>광석이 열수와<br>섞여서 분출 | 황화구리<br>광석의 퇴적물이<br>증가 |

● 해저 열수 광상 ●

---

15 **플레이트의 경계**　지구의 표면은 하나의 판이 아니라 형상이 다른 크고 작은 판으로 나뉘어 있다. 이 지각의 판은 그 아래에 있는 맨틀의 느린 대류에 맞춰서 움직이며, 경계는 점차 갈라져 간다. 이 지각의 판을 플레이트, 갈라진 곳을 경계라고 부른다.

16 **황화광물**　황과 결합한 금속을 함유한 광물. 화산 활동 등의 유황 환경에서 고온의 물이 지각 속을 이동할 때 황화물을 생성한다. 열수 활동은 한정된 장소에서 두드러지게 발생하기 때문에 광물로서 발견하기가 쉽다.

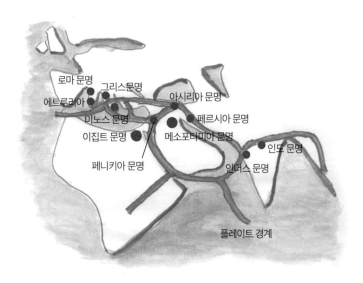

로마 문명
그리스문명
에트루레아
아시리아 문명
미노스 문명
페르시아 문명
이집트 문명
메소포타미아 문명
인도 문명
페니키아 문명
인더스 문명
플레이트 경계

● 플레이트 경계 위의 고대 문명 ●

    고대의 청동기 문명은 바로 이런 땅에서 번성했다. 이집트 문명, 미노스 문명, 그리스 문명, 메소포타미아 문명, 아시리아 문명, 인도 문명 등 청동기 문명이 번성한 장소를 지도에 표시해보면 플레이트 경계 위에 집중되었음을 알 수 있다. 다만 중국 문명은 플레이트 위에서 번성했으며, 그래서 청동기를 사용한 시대가 있었다. 하지만 다른 문명권보다 빠르게 철기 문명으로 이행했다.

# 1-3 인류 최초 정련 금속 구리: 동기와 청동기

## ◉ 동기와 청동기

인류가 스스로 정련한 최초의 금속은 구리였던 것으로 생각된다. 구리 광석은 색이 선명한 녹색 또는 청색을 띠는 까닭에 발견하기가 쉽다. 또한 활활 태운 목탄 속에 광석을 집어넣기만 해도 광석으로부터 산소나 황을 빼앗는 환원[17] 반응에 필요한 온도를 얻을 수 있기에 구리 광석으로부터 손쉽게 구리를 얻을 수 있었다. 고대 사람들은 불 속에서 적동색의 구리가 탄생하는 광경을 보고 감동했을 것이다.

구리를 도구로 사용할 때의 문제점은 무르다는 것이다. 돌로 두드려서 칼끝을 날카롭게 만든다 해도 금방 무뎌진다. 그러나 이 문제도 구리를 다른 금속과 섞음으로써 해결했다. 구리와 주석을 함께 가열하면[18] 구리만 단독으로 가열할 때보다 200도나 낮은 875도 정도에서 액체가 된다. 게다가 이것을 식혀서 굳히면 구리만 단독으로 가열했을 때보다 훨씬 단단해진다. 이것을 청동이라고 부른다. 이 기술은 순식간에 세계 각지로 보급되어 갔다. 청동기, 다시 말해 브론즈의 이용이 시작된 것이다.

청동은 쉽게 녹일 수 있기에 기술자가 거푸집만 만들어 놓으면 필요한 형태의 도구를 만들 수 있다. 이것을 주조(鑄造)[19]라고 부른다. 도구가 닳거나 이가

---

17 **환원**  금속 화합물에서 금속 원소를 생성하는 반응. 산화의 역반응으로, 금속의 제련이나 강철의 제조 등 다양한 산업 공정에서 중요한 역할을 담당한다.

18 **구리와 주석을 함께 가열**  주석은 구리보다 원자 반지름이 크고 결정의 크기가 약간 크기 때문에 주석이 환원 원소가 되어서 결정 구조를 일그러뜨린다. 그래서 외부의 힘에 잘 변형되지 않는 강한 소재가 된다.

19 **주조**  금속을 녹이고 그것을 특정 형상의 틀(거푸집)에 흘려 넣어서 굳히는 제조 과정. 열로 녹인 재료가 틀 속에서 냉각되어 원하는 형상의 제품이 만들어진다. 자동차, 건축, 항공우주 등 수많은 산업에서 사용되며, 대량 생산이나 형상이 복잡한 부품의 제작에 적합하다.

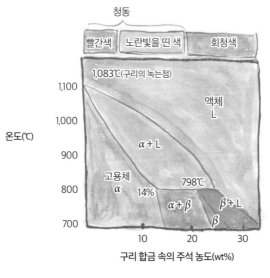

청동

| 빨간색 | 노란빛을 띤 색 | 회청색 |

온도(℃)

1,083℃(구리의 녹는점)

1,100

1,000

액체
L

900

α+L

800

고용체
α

14%

798℃

α+β

β+L

700

β

10          20          30

구리 합금 속의 주석 농도(wt%)

● 청동의 상태 ●

빠지더라도 다시 녹여서 거푸집에 부으면 다시 예전의 상태로 되돌릴 수 있다. 그래서 제기(祭器)나 농기구, 무기 등에 적합한 재활용 소재[20]가 되었다. 재생 이용이 불가능한 석기 시대에서 재활용이 가능한 청동기 시대로 단번에 넘어 갔을 것이다.

## ⊙ 청동을 이용한 지역

청동이 사용된 지역은 기원전 4000년의 메소포타미아, 이집트, 중국, 인더스 강 유역이다. 전부 구리 광석을 채취할 수 있었던 지역인데, 신기하게도 주석 광석의 경우는 채취가 안 되는 곳도 있었다.

청동을 만들기 위해 필요한 주석은 의외로 먼 곳에서 교역을 통해 조달했다. 주석은 의심할 여지가 없이 납보다 먼저 알려져 있었다. 가령 로마 시대에 대

---

**20 재활용 소재**  청동은 아주 좋은 재활용 소재였다. 청동기는 부러지거나 이가 빠졌을 때 보수할 방법이 없지만, 조각을 모아서 가열해 녹인 다음 다시 도구로 주조할 수 있었다.

(大) 플리니우스가 쓴 『박물지』[21]에는 영국과 포르투갈, 스페인에 광대한 주석 채취 장소가 있었다는 내용이 있다.

주석 광석은 마그마로 뜨거워진 고온의 물이 주위의 암석으로부터 광물을 녹인 뒤 암석의 갈라진 틈으로 들어가 광맥을 만든 것이다. 그래서 채굴할 수 있는 장소가 한정적이었다. 귀중한 주석 광석을 채취할 수 있는 장소는 교역으로 융성했으며, 다른 나라의 침략 대상이 되기도 했다.

---

21 『박물지』 고대 로마 시대의 정치인이자 박물학자, 군인인 대 플리니우스가 쓴 책이다. 지리학, 천문학, 동식물, 광물 등 다양한 지식이 기술되어 있다. 본인이 직접 확인하거나 연구해서 얻은 지식은 적으며 과거의 책을 참조한 것이 많지만, 당시의 지식을 아는 데는 이만한 책이 없다.

# 1-4

## 금속 역사에 등장하는 철의 종류: 수만 년 전부터 이용된 철

### ◉ 철의 이용

사실 인류는 수만 년 전부터 철을 안료(顔料)나 그림 도구로 이용해왔다. 산화철의 가루로 만든 새빨간 벵갈라(철단)[22]나 갈색 또는 노란색 안료를 얼굴 또는 몸에 바르거나 무늬를 그리는 데 사용했다. 처음에는 지구 밖에서 낙하한 운철이나 삼림 화재 등으로 우연히 만들어진 자연 환원철을 사용했다.

인류가 철을 '금속'으로서 사용하기 시작한 때는 청동보다 이후다. 철광석에서 철을 추출하려면 청동을 만들 때보다 높은 온도가 필요한 까닭에 훨씬 어려운 고도의 기술이 요구되었다.

### ◉ 광석에서 순철을 만들다

청동보다 고도의 기술이 필요하다고 말했지만, 먼 옛날의 사람들은 목탄과 철광석만으로 철을 만들었다. 현대인의 생각보다 간단히 철을 만들 수 있었던 것이다.

철광석을 목탄과 함께 노(爐) 속에서 태우면 목탄에서 발생한 일산화탄소가 철광석의 산소를 빼앗기 때문에 철을 얻을 수 있다. 이 방법은 광석에서 고체 철을 직접 만드는 까닭에 직접 제철이라고 부른다. 직접 제철로 만든 철은 불순물이 거의 들어 있지 않은 무른 철이다. 이 책에서는 이것을 순철이라고 부르겠다.

---

22 **벵갈라(철단)** 산화제이철. 빨간색의 착색 안료가 된다. 벵갈라라는 명칭은 에도 시대에 인도의 천축국이 있는 벵골 지방에서 안료를 수입했던 것에서 유래했다. 안료는 저렴하고 해가 없으며 내수성과 내광성도 있는 까닭에 착색 이외에도 다양한 용도로 사용되었다.

세계를 둘러보면 순철로 만든 물건이 오늘날에도 많이 남아 있다. 가령 녹슬지 않는 것으로 유명한 인도의 '델리의 철 기둥'은 415년에 만들어졌는데, 불순물이 적은 순철[23]로 만들었음이 밝혀졌다.

다만 목탄과 함께 태우기만 해서 만든 순철은 마치 스펀지처럼 기포로 가득하다. 이런 스펀지철[24]의 내부에는 이물질이 함유되어 있으며, 이물질을 제거하기 위해서는 스펀지철을 가열해서 망치로 두드리는 굉장히 번거로운 작업이 필요하다.

반면에 청동은 목탄으로 가열하기만 하면 녹일 수 있다. 이물질은 부력으로 인해 위로 떠올라 액체 상태의 청동으로부터 배출된다. 청동은 낮은 기술력으로도 제조가 가능한 소재다.

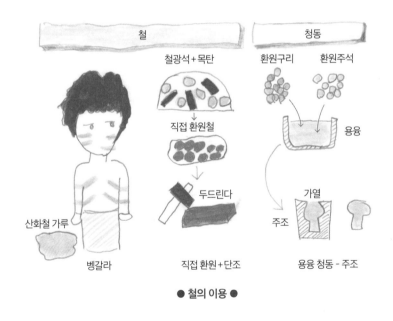

● 철의 이용 ●

---

23 **순철**  최근 화제인 '수소 제철'도 불순물을 함유하지 않은 순철을 만드는 기술이다. 수소 가스로 철광석에서 산소를 뽑아내 고체 철로 만든다.

24 **스펀지철**  해면철이라고도 한다. 철광석을 직접 환원해서 얻은 금속 철은 다공질 구조로서 스펀지 또는 해면 같은 모습이다. 스펀지철은 무르며 불순물을 포함하고 있으므로 가열해서 망치로 단조할 필요가 있다.

## ⊙ 순철에서 강철을 만든다

순철을 만드는 과정에서 바람을 불어 내는 대롱이나 풀무로 공기를 집어넣어 온도를 계속 높이면 목탄의 탄소가 순철에 스며드는 침탄[25]이라는 현상이 일어난다. 이렇게 해서 순철에 탄소가 약간 들어간 철이 강철(강)[26]이다. 탄소가 들어가면 철이 강화되어 단단하고 강인해진다. 고대부터 유명한 강철로는 히타이트의 철, 인도의 우츠, 일본의 다타라강 등이 있다.

## ⊙ 고로에서 선철을 만든다

철광석에서 철을 많이 추출하기 위해서는 노에 강력한 바람을 불어 넣어서 목탄을 기세 좋게 태워야 한다. 노를 높게 만들면 노 전체가 굴뚝처럼 되어서 기세 좋게 공기를 빨아들인다(굴뚝 효과[27]). 그래서 노의 높이는 점점 높아져 갔다.

제철을 위해서 건설된 키가 큰 노(爐)를 고로라고 부른다. 고로의 내부에서는 철이 장시간에 걸쳐 고온으로 유지된다. 그러면 철에 점점 탄소가 들어가며, 마지막에는 녹아 버린다. 이렇게 탄소가 많이 들어가서 녹아 버린 철을 용선이라고 부르며, 이것이 식어서 굳은 것을 선철이라고 한다. 용선은 녹은 상태라서 청동과 마찬가지로 불순물이 위로 떠오르며, 그 덕분에 품질이 좋아진다. 또한 용선은 유동성이 좋은 까닭에 거푸집에 붓는 주철이 된다.

고로는 BC 5세기의 중국에서 최초로 실용화되었다. '폭풍로[28]'라는 이름의 고로에 수차를 동력원으로 사용해 바람을 불어 넣음으로써 철을 정련했는데, 이것이 주철 사용의 시작이다. 중국은 청동을 만들 재료가 부족했기 때문에 서양보다 일찍 철의 시대로 이행했다.

---

25 **침탄** 탄소의 함유량이 적어서 무른 순철을 목탄과 함께 노에 집어넣고 장시간 고온을 유지하면 철의 표면을 통해서 목탄의 탄소가 침투하는 현상이 일어난다. 그런 다음 고온의 침탄철을 물에 담그면, 표면이 굉장히 단단해지는 '담금질 경화'가 일어난다.

26 **강철(강)** 탄소의 농도가 연철과 선철의 중간인 철. 선철의 탄소를 적당히 감소시켜서 강철을 만드는 조작을 제강이라고 부른다. 연철의 가공성과 선철의 강도를 겸비했다. 근대 산업을 뒷받침해 온 철이다.

27 **굴뚝 효과** 목탄이나 코크스를 연료로 사용해서 높은 온도로 연소시키려면 노에 대량의 공기를 불어 넣어야 하는데, 이 문제를 해결해주는 것이 굴뚝 효과다. 키가 큰 노를 만들면 마치 굴뚝을 설치한 것 같은 효과를 얻을 수 있다.

28 **폭풍로** 고대 중국에서는 고로를 폭풍로라고 불렀다.

서양에서는 1300년대 무렵부터 고로법으로 선철을 만들었다. 선철은 주조가 쉽기 때문에 공예품이나 아이언브리지[29] 같은 거대한 구조물의 부품을 만드는 데 사용되었다.

## ■ 주변 국가에 끼친 영향

중국에서 철의 제조가 활발해지자 그전까지 사용했던 청동은 필요 없어졌다. 필요 없어진 청동은 주변 국가로 수출되었고, 그 영향으로 한반도에 '갑작스러운 청동기 문화'가 발생했다. 또한 이윽고 폐품으로 회수된 청동기 조각이 일본으로 건너가서 동탁(청동으로 만든 종 모양의 제기)과 동모(청동으로 만든 창) 등 야요이 시대의 제사 도구로 새롭게 태어났다. 다만 일본에서는 어떤 시기[30]를 경계로 청동기가 전부 산기슭에 매장되면서 청동기 시대가 갑자기 막을 내렸는데, 이 사건은 역사의 수수께끼로 남아 있다.

철기 시대는 전 세계의 다양한 지역에서 다양한 시대에 시작되었다. 매장량이 풍부한 철광석에서 추출할 수 있는 철은 제련 방법을 습득함에 따라 실제 사용에 적합한 소재 금속이 되었다. 청동보다 내구성이 좋아 예리함을 잃지 않는 까닭에 무기뿐만 아니라 농기구로서 농지 개간과 농업에도 활용되었다. 청동도 계속 사용되기는 했지만 철에 비해 값이 비쌌기 때문에 제사 도구 등으로 사용되었다.

## ⊙ 선철에서 탄소를 뽑아내 연철을 만든다

액체 상태의 선철[31]은 거푸집을 사용해서 주조해 제품으로 만들 수 있다. 그러나 고체가 된 선철은 단단해서 가공할 수가 없다. 그래서 선철로부터 탄소를

---

29 **아이언브리지**  1779년에 영국의 세번 계곡에 가설된 세계 최초의 철교. 주철로 제작한 부품을 조립해서 만들었기에 외관은 플라모델 같은 느낌을 준다. 녹이 잘 슬지 않는 주철을 사용한 까닭에 현재도 건재하다.

30 **어떤 시기**  기록에 따르면 240년에 동탁과 동모가 전부 인적이 드문 장소에 매장되었다. 239년에 위왕(魏王)이 당시의 지도자인 히미코에게 구리거울 100장을 선물했는데, 이 일과 관계가 있는지는 수수께끼에 싸여 있다.

31 **선철**  철광석과 목탄 혹은 석탄에서 얻은 코크스를 고로에 집어넣어 녹은 선철인 용선을 얻는다. 선철에는 탄소 성분이 4퍼센트 정도 들었다. 녹은 선철을 거푸집에 부어 넣으면 주철 제품을 얻을 수 있다. 주철 제품은 잘 깨진다.

● 철의 세 가지 형태 ●

뽑아내 가공성이 좋은 철로 만들었는데, 이것을 연철[32]이라고 부른다. 연철은 퍼들법이라는 특수한 정련법으로 만들기 때문에 18세기에는 '퍼들철'로 불리기도 했다.

## ⊙ 강철의 매력

선철은 단단하지만 가공할 수가 없다. 연철(퍼들철)은 가공이 가능하지만 무르기 때문에 강도가 요구되는 부품에는 사용할 수가 없다. 반면에 탄소가 적당히 들어 있는 강철은 강도도 높고 가공도 가능해서 다양한 부품이나 구조재에 이용할 수 있다. 또한 가열한 뒤에 식히면 단단해져서 날붙이 등으로도 사용할 수 있다.

영국에서는 19세기 중반까지만 해도 나이프나 커틀러리(식사용 나이프, 포크, 스푼) 정도를 제외하면 강철에 대한 대량 수요가 없었다. 그러나 산업혁명이 본격화되어 증기기관을 비롯한 다양한 기계가 필요해지자 점차 강철의 수요가

---

32 **연철** 탄소가 거의 들어 있지 않은 무른 철. 직접 환원법으로 얻거나, 고로에서 탄소 함유율이 높은 선철을 얻은 다음 퍼들로 등에서 탄소 성분을 제거해 연철을 얻는다. 퍼들로에서는 탄소 성분을 적당히 잔류시키기가 어렵다.

높아졌다.

그리고 현재는 강철의 시대[33]다. 선철이나 연철은 거의 사용되지 않으며, 강철에 여러 가지 원소를 넣고 열처리를 병용해서 필요한 기능을 부가하는 '합금강' 등이 만들어지고 있다.

## ■ 강철의 제조

강철은 연철의 지나치게 무른 성질과 주철의 단단하지만 깨지기 쉬운 성질을 보완한 철이다. 탄소가 적당히 들어간 철을 만드는 방법으로는 세 가지가 있다.

첫째는 도가니 속에 연철과 주철을 섞어 넣고 녹이는 도가니법이다. 이 경우는 도가니를 집어넣어서 내용물을 녹일 수 있는 고온의 노가 필요하다.

둘째는 고로에서 갓 나온 선철에 공기나 산소를 불어 넣어서 탄소를 이산화탄소(고온에서는 일산화탄소이지만)로 만들어 빼내고, 탄소를 적당히 줄인 시점에 정련을 멈추는 방법이다. 이것을 제강법이라고 부른다. 제강법에는 용선을 노에 집어넣고 공기를 불어 넣어 고속으로 탈탄(脫炭)하는 헨리 베서머의 전로법과 반사로 속에서 용선을 공기에 접촉하게 해 천천히 탈탄하는 평로법이 있다.

셋째는 다타라 제철법[34]인데, 이것은 세계의 흐름으로부터 완전히 벗어난 방법이다. 다타라 제철법은 자철석과 목탄을 원료로 사용한다. 다타라로(爐)의 구조와 강력한 풀무로 만들어 내는 고온이 고체 철을 반용융 상태로 유지하며 침탄을 진행한다. 철이 너무 많이 녹으면 용선으로 변하지만, 적절히 조업하면 강철을 얻을 수 있다. 이 강철은 '옥강'으로 불리며, 일본도의 소재로 사용되었다.

---

33 **강철의 시대**  혼동하기 쉽지만, 철의 시대와 강철의 시대는 전혀 다르다. 철의 시대는 청동기 시대가 끝난 뒤 적어도 2000년 동안 계속되었다. 한편 강철의 시대는 영국에서 전로가 발명되어 강철을 대량 생산하기 시작한 1856년 이후로 여겨진다. 다만 일본의 다타라강이나 인도의 우츠 등 고대부터 강철을 대량으로 만들었던 지역도 존재한다.

34 **다타라 제철법**  다타라 제철법은 일본 고유의 제철법이다. 다타라법은 정련을 위해 매번 새로운 노를 만들고, 정련이 끝나면 노를 부숴서 철을 꺼낸다. 약 3톤의 철을 추출하기 위해 사흘 밤낮을 연속해서 조업한다.

# 옥강

다음 사진은 필자가 소장하고 있는 옥강이다. 옥강은 현재도 도검 제작을 위해 소량이 다타라 제철법으로 만들어지고 있다.

사진의 옥강은 연구용으로 받은 지 17년이라는 세월이 지났지만, 공기에 노출된 채로 서재에 두었음에도 전혀 녹이 슬 기미가 없다. 이것은 인이나 황 등의 불순물이 거의 들어 있지 않아서라고 한다.

오랜 시간이 흘렀음에도 반짝반짝 빛난다. 곳곳이 움푹 들어가 있으며, 선명한 녹색과 파란색, 황금색이 보인다. 이것은 냉각 과정에서 생성된 스케일의 두께로 인해서 생기는 색이라는 이야기를 도검 장인에게 들었다.

점토로 만든 다타라로 속에 사철(沙鐵)과 목탄을 넣고 풀무라고 부르는 송풍 장치로 공기를 불어 넣으면서 사흘 밤낮에 걸쳐 옥강을 만든다. 만 사흘이 지나서 노를 부수면 게라라고 부르는 쇳덩어리가 3톤 정도 모습을 드러낸다. 이 게라를 거대한 망치로 두드려서 부수면 중심부에서 일본도를 만드는 데 사용되는 양질의 옥강을 소량 얻을 수 있다.

● 필자가 소장하고 있는 옥강 ●

# 제 2 장

# 금속,
# 인류의 역사와
# 함께하다

## : 금속의 신화와 연금술

# 금속과 전해 내려오는 이야기: 신화 속 철

## ⊙ 철의 신화

철기 시대의 신화에서 철은 신성한 힘을 지녔으며, 하늘에서 내려왔든 땅속에서 탄생했든 기적을 만들어 내는 것으로 인식되었다. 가령 로마의 문필가인 대 플리니우스[1]는 저서인 『박물지』에 "철은 의술적인 장애에도, 몽마(夢魔)의 습격에도 효과가 있다"라고 적었다. 시나이반도의 베두인[2]들도 '운철로 검을 만들어 낸 자는 불사신이 된다'고 믿었다.

신화는 무에서 유를 만들어 내는 이야기다. 신들은 우주를 탄생시키고, 인간을 탄생시킨다. 모든 신화는 탄생에서 시작된다. 고대부터 사람들은 야금[3]술을 어머니의 몸속에서 갓난아기를 꺼내는 산파술과 동일시[4]하며, 어머니 대지가 금속을 탄생시키는 것을 돕는 기술이라고 생각했다. 그래서 신화를 보면 어두운 갱도의 깊숙한 곳에 잠들어 있는 황금을 발견하는 이야기나 땅속에서 금속을 꺼내는 사람들이 반복적으로 등장한다.

성스러운 힘이 깃들어 있는 금속 중에서도 철은 그 용도상 정의로움과 사악함의 성격을 함께 지닌 것으로 간주했다. 괭이나 낫, 가래 등은 농작물을 얻기 위해 사용하는 도구이지만, 도검이나 창날은 사람을 죽일 수 있는 흉기이기

---

1  **대 플리니우스**  [고대 로마] 23~79년. 본명은 가이우스 플리니우스 세쿤두스. 로마 제국의 속주 총독이었으며, 『박물지』를 썼다. 베수비오 화산의 대분화로 폼페이가 괴멸했을 때 시민들을 구조하러 갔다 화쇄류에 사망했다. 조카와 구별하기 위해 대 플리니우스라고 부른다.

2  **베두인**  아라비아 사막의 유목민

3  **야금**  광석과 그 밖의 원료에서 유용한 금속을 채취, 정련, 가공해 다양한 목적에 맞춘 실용적인 금속 재료(합금)를 제조하는 것이다.

4  **산파술과 동일시**  고대에는 생물과 금속이 다르지 않으며 금속 제품에도 생명이 깃들어 있다고 생각했다. 그래서 대지의 광석으로부터 금속을 추출하는 주물사(鑄物師)와 어머니의 몸에서 갓난아기를 꺼내는 산파를 새로운 생명의 탄생을 돕는 사람으로서 동일시했다.

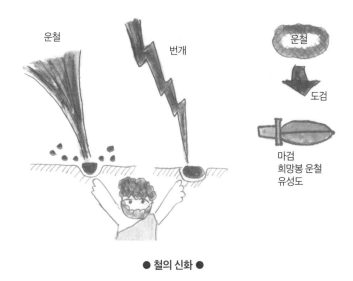

● 철의 신화 ●

때문이다. 이런 이유로 철은 몸을 지키는 도구로 간주했고, 가장 효력이 있는 철은 호신용 칼 또는 나이프가 되었다.

## ⊙ 운철

하늘에서 떨어지는 운석에는 석질운석, 운철(철질운석), 석철운석, 세 종류가 있다. 석질운석은 감람석 성분으로 구성되어 있으며, 전체의 90퍼센트를 차지하는 것으로 알려져 있다.

운철은 니켈과 철의 합금으로, 매우 단단한 금속이다. 주로 니켈의 함유량에 따라 헥사헤드라이트, 옥타헤드라이트, 아탁사이트의 세 종류로 분류된다. 이 가운데 헥사헤드라이트에는 비드만스테텐 조직이라고 부르는 무늬가 나타난다.

운철로 만든 도검 중 유명한 것으로는 인도 무굴 제국의 황제 자한기르[5]

---

5 **무굴 제국의 황제 자한기르** [무굴 제국] 1569~1627년. 이름은 '세계를 정복하는 자'에서 유래했다. 페르시아와 인도 문화를 공존시키고자 문화 보호에 열정을 쏟았다. 헌상 받은 운철을 신의 선물로 여겨 그것으로 검과 단검을 만들게 했다.

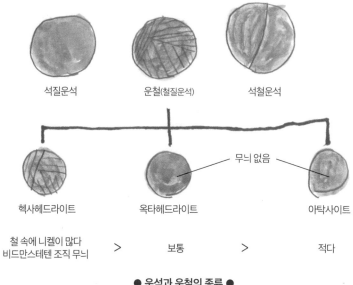

<table>
<tr><td>석질운석</td><td>운철(철질운석)</td><td>석철운석</td></tr>
</table>

| 헥사헤드라이트 | 옥타헤드라이트 | 무늬 없음 | 아탁사이트 |

| 철 속에 니켈이 많다<br>비드만스테텐 조직 무늬 | > | 보통 | > | 적다 |

● 운석과 운철의 종류 ●

의 명령으로 제작된 마검이 있다. 사람들은 운철로 만든 도검은 마력을 지녔다고 믿었다. 또한 러시아 황제 알렉산드르 1세[6]는 희망봉 운철로 만든 칼을 소지하고 있었다. 한편 메이지 시대 러시아 대사였던 일본의 에노모토 다케아키는 러시아 황제의 보물 중에 운철로 만든 칼이 있다는 사실을 알고 자신도 소유하고 싶다는 욕망에 사로잡혔다. 그래서 도야마현에서 발견된 시라하기 운철을 자비로 사들인 뒤 도검 장인에게 유성도[7]를 몇 자루 만들게 했는데, 운철이 너무 물렀던 탓에 옥강과 조합하는 방법으로 간신히 만들어 냈다고 한다.

---

6  **알렉산드르 1세**  [러시아] 1777~1825년. 나폴레옹이 이끄는 프랑스군에 맞서 초토 작전, 모스크바 포기와 대화재 이후 동장군의 힘으로 물리쳤다. 나폴레옹이 실각한 뒤에 열린 빈 회의를 주도했다. 러시아 영토의 확장을 이루었으며, 자유주의 운동을 탄압했다.

7  **유성도**  네 자루가 제작된 유성도는 박물관과 천문대 등에 소장되어 있는데, 상시 관람은 불가능하다. 지바공과대학교에는 유성도 제작 공정의 실증 실험을 위해 4억 5000만 년 전에 나미비아에 떨어진 기브온 운철을 사용해서 만든 '천철도'가 전시되어 있다.

## ⊙ 아서왕의 검

〈아서왕의 검〉은 누구나 읽어 본 적이 있을 '아서왕 전설'을 소재로 만든 애니메이션 영화다. 아서왕은 고대 민족인 켈트족을 통합한 전설 속의 왕이다.

### ■ 돌에서 뽑아낸 검

아서왕 전설에서는 호수의 여인에게 받은 보검 엑스칼리버가 유명하다. 그러나 아서왕을 왕으로 만든 것은 돌에 박혀 있었던[8] 이름 없는 검 한 자루다. 아무도 뽑지 못하던 검을 소년 아서가 가볍게 뽑아내자, 사람들은 아서를 왕으로 인정한다.

이 일화에는 몇 가지 은유가 담겨 있다. 돌에 박힌 검을 뽑는 행위는 지하 광맥에서 검, 즉 철을 추출하는 기술을 지녔음을 의미한다. 아서왕은 제철 기술을 지닌 사람들을 복종시켰기에 왕으로 인정받았던 것이다.

왕의 검　　보검 엑스칼리버

호수의 여인

아서왕

● 아서왕 전설 ●

---

8　**돌에 박혀 있었던**　돌에서 검을 뽑아낸 행위는 돌에서 철을 추출해 검을 만든 것의 은유다. 역사에서는 고대부터 제철 기술을 지닌 사람을 복종시킨 자가 그 무기로 전쟁에서 승리해 왕국을 만드는 일이 반복됐다.

## ■ 뱀의 문장

왕가의 문장에는 뱀이 사용된 경우가 많다. 고대 유럽에는 토착 문화인 켈트 문화[9]의 색채가 곳곳에 짙게 남아 있다. 켈트의 신들은 대지모신[10]이다. 대지는 다양한 생명과 금속을 만들어 낸다. 또한 켈트 문화에서 뱀은 구불거리는 광맥을 의미했다. 뱀이 들어간 문장은 금속을 만드는 기술을 지닌 사람을 거느리고 있음을 의미했다.

땅속을 파면 나오는 것은 검을 만드는 소재인 철만이 아니다. 뱀, 즉 구불구불한 광맥을 따라가니 지하에 야금장이 나타나 그곳에서 황금을 채취하는 이야기도 다수 남아 있다. 디즈니의 〈백설 공주〉나 판타지 소설인 『반지의 제왕』에서 묘사된 지하의 채굴장과 대장간이다. 고대인에게 구불구불한 광맥은 곧 산도(産道)이며, 그 산도의 깊숙한 곳에는 영원한 생명을 지닌 황금이 잠자고 있다. 이처럼 고대인들은 대지에 여신인 대지모신이 살면서 금속을 낳는다고 생각했다.

## ■ 금속과 생명

고대인은 금속도 인간과 마찬가지로 생명을 지니고 있다[11]고 생각했다. 검에도 생명이 깃들어 있다고 믿었으며, 그래서 용사들은 전투에서 패해 쓰러지는 순간 검으로 하늘을 가리키며 검의 이름을 외쳤다고 한다.

고대에 야금술은 산파술과 같은 이미지였다. 갓난아기를 어머니의 몸에서 꺼내는 것과 금속을 대지에서 추출하는 것을 동일시한 것이다. 그리고 생명을 탄생시키는 데는 희생이 동반되는데, 야금술에도 희생이 따랐다. 가령 일본의

---

9 **켈트 문화** 유럽의 선주민인 켈트인은 청동기 시대에 중앙 유럽의 넓은 지역으로 퍼져 나갔으며, 철기 시대 초기인 기원전 1200년부터 기원후 500년까지 할슈타트 문화를 발전시켰다. 그 후 그리스의 영향을 받아 라텐 문화가 되었고, 로마에 정복당했다.

10 **대지모신** 고대 문명에서는 곡물이나 광물을 만들어 내는 대지를 어머니로 인식해, 다양한 문화에서 대지를 여성에 비유했다. 일본의 이자나미나 켈트의 여왕 메브는 풍작과 파괴의 여신인 동시에 대지의 밑바닥에서 금속을 만들어 내는 신이기도 했다.

11 **생명을 지니고 있다** 문명이 시작하기 훨씬 전부터 인류는 대지로부터 금속을 얻는 것을 '생명의 탄생', 철이 녹슬어 못 쓰게 되는 것을 '노쇠', 황금이 영원히 빛나는 것을 '고귀한 생명이 깃들었다'와 같이 생각하며 금속을 인간의 생명과 동일시했다.

다타라 제철장에서는 가나야고 신[12]을 모셨다. 정련할 때 물이 끓지 않으면 자신이 뛰어들어서 물을 끓였다는 전승도 다수 남아 있다. 무엇인가를 탄생시키는 행위에는 희생이 따른다는 이미지는 고대부터 현대까지 살아 숨 쉬고 있다.

춘추전국시대에 오왕(吳王) 합려의 명령으로 검을 만들던 간장이라는 대장장이가 철의 정련에 어려움을 겪자, 아내인 막야가 노에 뛰어들어 철을 녹였다는 이야기가 전해진다. 이것도 금속에 생명을 불어넣기 위해 자신의 생명을 희생하는 이야기다. 그렇게 해서 완성된 암수 한 쌍의 명검(자웅쌍검)은 각각 '간장(웅검)'과 '막야(자검)'로 불리게 되었다.

## ◉ 고대의 황금 제조법

인류가 알게 된 최초의 금속은 황금이다. 대 플리니우스의 수기에 따르면, 당시 세상에 나돌던 황금은 다음의 세 가지 과정을 통해서 얻은 것이었다.

첫째는 스페인의 타구스강, 이탈리아의 포강, 트라키아의 헤브로스강, 아나톨리아에서는 팍톨루스강, 인도에서는 갠지스강 등의 하천 바닥에 있는 모래와 돌 중에서 물의 흐름에 표면이 연마되어 아름다운 성질을 지니게 된 것으로서 얻은 것이다. 둘째는 구덩이를 파서 발견한 것이며, 셋째는 동굴이나 절벽의 광석 속에 섞인 것을 원석으로서 얻은 것이다.

대 플리니우스의 일기에는 "다른 모든 금속은 환원하기 위해 불이 필요하지만, 오직 황금만은 처음부터 순수하며 어떤 환경 변화를 겪더라도 녹이 생기거나 중량이 변화하지 않는다. 또한 식염이나 아세트산 같은 강한 작용을 끼치는 것조차도 황금은 조금도 녹이지 못한다"라고 적혀 있다. 또 "황금을 정제하려면 납을 혼합시킨다"라는 기록도 있다. 대 플리니우스는 황금 속에 다소의 은이 포함되어 있음은 알았지만, 그것을 분리하는 방법은 적지 않았다.

금을 만들기 위해서는 금광석을 납, 주석, 식염, 밀겨와 섞은 다음 그것을 토

---

12 **가나야고 신**　주로 일본의 주코쿠 지방에서 믿었던 다타라 제철의 신(여신). 천상에서 효고현의 이와나베라는 곳으로 내려온 뒤 백로를 타고 서쪽으로 가서 현재의 시마네현에 해당하는 이즈모노쿠니에 도착했으며, 이곳에 가나야고 신사가 지어졌다. 다타라 제철장에서는 반드시 이 신에게 제사를 지낸다.

| 강바닥의 모래 속 | 구덩이 같은 땅속 | 동굴이나 절벽 |

● 황금이 발견되는 장소 ●

기 속에 담고 5일 동안 불을 끄지 않으면서 가열해 고열로 녹인다. 그리스인인 아가타르키데스는 이집트에 있었던 황금 야금장을 견학하고 귀국해 황금 채광법과 광석 처리법에 관한 책을 썼는데, 그 책에 이렇게 적었다. "황금을 정련하려면 납, 식염, 소량의 주석에 마른풀을 첨가한다. 다만 이것은 이미 낡은 방법이다."

고대 그리스의 유명한 의사인 히포크라테스는 "황금을 정제하는 방법은 식염과 초석(질산칼륨), 명반을 혼합해 문화(文火, 책을 읽기 위한 등불)로 가열하는 것이다. 은도 이 방법으로 정제한다"라고 말했다[자료: 넷씨야금학 총론 '황금'/『넷씨야금학(涅氏冶金学)』은 1884년에 간행된 야금학에 관한 책이다. '넷씨(涅氏)'는 도쿄대학교에서 야금학을 가르쳤던 독일인 교사 쿠르트 네토(Curt Netto, 1847~1909)를 가리키며, 네토에게 야금학을 배운 학생들이 문부성의 의뢰로 네토의 강의 노트를 정리한 것이 이 책이다 - 옮긴이].

## ⊙ 종교와 금속

고대부터 인류는 황금의 광채를 동경[13]해왔다. 이것은 종교나 정치의 세계도

---

13 **황금의 광채를 동경**  매일 아침 되살아나는 태양의 광채를 지녔으며 퇴색하지 않는 황금은 불사의 상징으로서 세계 어디에서나 물욕의 대상이 되었다. 요컨대 일본만이 특별히 황금에 대한 욕망이 강했던 것은 아닌데, 마르코 폴로가 어디선가 주워들은 정보에 의지해 일본을 소개하는 바람에 전 세계가 황금의 나라 지팡구를 찾아 항해에 나섰다

마찬가지다. 예를 들어 일본의 경우, 주손지 절의 곤지키도(金色堂)나 도요토미 히데요시가 만든 황금 다실(茶室), 나고야 성의 황금 용마루 장식, 무로마치 시대의 쇼군 아시카가 요시미쓰가 세운 긴카쿠지(金閣寺) 등이 금의 매력에 매료되어 탄생한 건조물이다.

황금은 색, 광택, 중량, 연성(길게 늘어나는 성질) 외에도 '녹슬지 않는다', '부식되지 않는다' 같은 유익한 성질들을 지니고 있어 옛날부터 금속 중에서 가장 가치 있는 것으로 여겨져 왔다. 황금의 변화하지 않는다는 성질은 완전무결의 불사라는 개념을 떠올리게 했고, 그래서 순수함이나 고귀함을 표현할 때도 사용되었다.

크리스트교의 구약성경[14]에도 황금이 종종 등장한다. 가령 욥기 23장 10절은 "나의 가는 길을 오직 그가 아시나니, 그가 나를 단련하신 후에는 내가 순금같이 되어서 나오리라"이다.

고대에는 황금이 매우 풍부했던 모양이다. 창세기 2장에서는 에덴동산의 모습을 다음과 같이 묘사했다. "강이 에덴에서 발원하여 동산을 적시고 거기서부터 갈라져 네 근원이 되었으니, 첫째의 이름은 비손이라, 금이 있는 하윌라 온 땅에 둘렸으며, 그 땅의 금은 순금이요."

황금에 관한 기술은 계속 나온다. 황금이 마지막으로 소개된 부분은 열왕기상 6장 21절과 22절이다. "솔로몬이 순금으로 외소 안에 입히고 내소 앞에 금사슬로 건너지르고 내소를 금으로 입히고, 온 성전을 금으로 입히기를 마치고 내소에 속한 제단의 전부를 금으로 입혔더라." 지금의 부자와는 비교가 안 되는 규모로 황금을 소비했던 것이다. 또한 성경에 나오는 금속은 황금만이 아니다. 은도 장식품이나 그릇으로 사용되었다.

출애굽기 20장 23절에서 야훼는 모세에게 이렇게 말했다. "너희는 나를 비겨서 은으로나 금으로나 너희를 위하여 신상을 만들지 말라." 요컨대 우상 숭

---

**14  구약성경**  유대교와 크리스트교의 경전. 천지창조부터 시작되며, 금속에 관한 기술이 곳곳에 있다. 구약성경과 신약성경 전체에서 금은 545회, 은은 322회, 청동은 133회, 철은 85회 등장한다. 대부분은 구약성경에서 나온다.

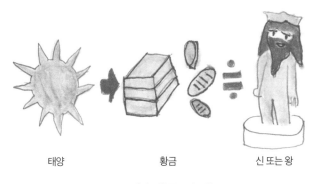

| 태양 | 황금 | 신 또는 왕 |

● 태양≒황금≒신≒왕 ●

배[15]를 금지한 것이다. 그도 그럴 것이, 당시의 사람들은 이사야서 46장 6절의 "사람들이 주머니에서 금을 쏟아 내며 은을 저울에 달아 도금장이에게 주고 그것으로 신을 만들게 하고 그것에게 엎드려 경배하며"라는 구절처럼 현대의 배금주의 뺨치는 행동을 하고 있었다.

　마지막은 잠언이다. "도가니는 은을, 풀무는 금을 연단하거니와 여호와는 마음을 연단하시느니라."

　성경에 등장하는 금속을 찾아 여행하는 동안 내 마음은 흥분으로 가득했다. 신화라든가 고대의 이야기일 뿐이라고 생각하기 쉽지만, 그곳에 등장하는 금속의 이야기는 신선한 놀라움으로 가득하다.

---

15 **우상 숭배**　우상 숭배 금지에 관해 야훼가 "형태가 있는 신의 상을 만들지 마라"라고 말했다고 알려져 있다. 그러나 문맥상으로는 "너희들, 금과 은으로 신의 상 같은 거나 만들지 말고 좀 겸손해져라. 너무 극성맞지 않냐?"로 읽힌다.

# 2-2 연금술: 황금을 향한 인간의 끝없는 욕망

## ⊙ 서양 연금술의 계보

### ■ 황금에 대한 동경

연금술[16]은 물질의 변환이나 불로불사의 탐구 등을 목적으로 삼는 신비적인 실천과 사상 체계로, 고대부터 중세에 걸쳐 널리 신봉되었다. 평범한 금속류를 금이나 은 등의 귀금속으로 바꾸려 하는 것이 바로 연금술이다.

연금술에 관해서는 '파라셀수스[17]의 현자의 돌', '자칭 칼리오스트로 백작', '최후의 연금술사 뉴턴' 같은 이야깃거리도 재미있지만, '금을 만들어 낸다'라는 발상이 어디에서 왔는지를 알면 세계사가 더 재미있어진다. 여기에서는 금속의 시점에서 세계사를 바라보며 연금술의 이면에 흐르는 기술 사상을 살펴보려 한다.

### ■ 연금술의 기원은 황금 숭배

먼저 서양 연금술의 흐름을 소개하겠다. 서양 연금술은 인류가 등장해 이족보행을 시작한 1500만 년 전의 라마피테쿠스[18], 혹은 그보다 조금 뒤인 500만 년

---

**16 연금술** 현대에는 사기 냄새가 풍기는 돈벌이 이야기나 비트코인 등 일확천금을 노릴 수 있는 수단을 설명할 때 사용되는 경우가 많은데, 역사적으로는 유서 깊은 돈벌이 수단이었다. '가치가 떨어지는 금속인 철을 황금으로 바꾼다'라는 수상쩍은 기술을 진짜인 양 연출하는 사기꾼이 많았다. 개중에는 성실한 연금술사도 있었지만 "현자의 돌을 손에 넣으면 영원히 죽지 않을 수 있습니다"라는 말은 역시 수상하기 짝이 없어서, "솔직히 당신은 그 말 안 믿지?"라고 되묻고 싶어진다.

**17 파라셀수스** [스위스] 1493~1541년. 방랑 생활을 한 연금술사 겸 의사. 의학에 연금술을 도입해, 광물과 화합물로 약을 만들었다. "연금술로 금을 만들려 하는 것은 시간 낭비일 뿐. 의술에 활용해야 한다"라고 말해 의사와 연금술사 양쪽의 미움을 받았다. 그를 둘러싸고 수많은 괴상한 소문이 돌았다.

**18 라마피테쿠스** 인도에서 발견되어 한때 유인원과 인간을 연결하는 미싱 링크로 생각되었으며, 인간이 먼 옛날부터 유인원과 분기되어 있었다는 논쟁을 불러일으켰다. 그러나 훗날 오랑우탄의 뼈임이 밝혀졌다.

전의 오스트랄로피테쿠스[19] 시대에 시작되었다. 다만 이것은 너무 오래전 이야기이니 매장 문화가 있었던 15만 년 전의 네안데르탈인[20]까지 시계를 빠르게 돌리겠다.

매장은 죽음을 의식한 행위다. 조금 전까지 잘 움직이던 사람이 움직이지 않게 되고, 그대로 방치하면 짐승 등에게 먹히거나 썩어 버린다. 이 경험은 죽음을 피하고 싶다, 즉 불사에 대한 갈망으로 이어졌다.

그렇다면 영원한 것도 있을까? 있다. 빛나는 태양은 영원히 변하지 않는 것처럼 보인다. 그래서 고대 문명들은 먼저 태양을 숭배했다. 그리고 대지에서 태양처럼 빛나는 것을 발견했다. 그것은 바로 시간이 지나도 색이 바래지 않고 계속 빛나는 황금이다. 태곳적부터 인류에게는 태양이나 황금 등 눈부시게 빛나는 것을 좋아하는 습성이 각인된 것이다.

### ■ 이집트에서 세계로

다시 시계를 현재 기록이 남아 있는 이집트 왕조[21] 시대까지 빠르게 돌리겠다. 지금으로부터 7000년보다 더 전의 시대다. 당시의 권력자들은 황금을 몸에 두르고 황금으로 만든 관에 담겨 매장되었다. 변함없이 불사를 바랐고, 환생을 바랐다. 이집트에서는 미라를 제작하기 위해 금속이나 약품을 다루는 기술을 고도로 진화시켰다.

그 후 문명의 중심은 크게 이동한다. 바다 민족의 침략으로 히타이트 문명이 멸망하고, 그리스에서 로마로 문명이 이동했으며, 마케도니아의 알렉산드로스 대왕이 획득한 영토는 그가 죽은 뒤 분열되었고, 이집트는 프톨레마이오스 장군의 통치를 받게 되었다. 이집트의 마지막 왕조인 프톨레마이오스 왕

---

19 **오스트랄로피테쿠스**  150만 년 전의 지층에서 발견되어, 유인원으로부터 분기된 인간의 조상으로 여겨졌다. 지금은 별개의 계통임이 밝혀졌다.

20 **네안데르탈인**  4만 년 전까지 유라시아(아시아와 유럽을 포괄하는 지역)에 살았던 구인류. 기후 변동과 역병 등이 원인이되어 멸종했다. 이후 등장한 크로마뇽인이 신인류이며, 우리의 조상으로 불린다. 석기를 사용했다.

21 **이집트 왕조**  고대 이집트인은 자신들의 달력을 보유했으며 역사를 기록했다. 기원전 3000년경의 초대 왕조, 기원전 2650년경의 고왕국, 중왕국, 신왕국, 말기왕조, 마지막 왕조인 프톨레마이오스 왕조까지, 이집트에는 4000년 동안 31개의 왕조가 존재했다.

조[22]다. 그리스 문화와 오리엔트 문화가 융합한 헬레니즘 시대가 시작되었다.

알렉산드로스 대왕과 그의 학우인 프톨레마이오스는 젊은 시절에 아리스토텔레스의 가르침을 받았다. 플라톤의 아카데메이아에서 공부했던 아리스토텔레스는 큰 도서관의 필요성을 젊은 제자들에게 역설했는데, 그 가르침을 받은 알렉산드로스가 기획하고 프톨레마이오스가 실현한 것이 이집트 왕국의 새로운 중심지 알렉산드리아에 있었던 무세이온이다. 무세이온은 도서관일 뿐만 아니라 학술을 연구하는 곳이기도 했다. 무세이온에는 세계의 온갖 정보가 모여들었다. 이집트에서 전해지던 화학 약품이나 금속을 추출해서 가공하는 기술도 그리스어로 번역되었다. 무세이온의 정보는 전 세계로 발신되고 교류되었다. 프톨레마이오스 2세의 시대에는 인도의 아소카왕[23]과 교신했던 기록도 남아 있다.

그러나 이윽고 로마인의 이집트 지배가 시작되자 대도서관 무세이온도 쇠퇴하기 시작했다. 모여 있었던 지식인들도 소장품도 뿔뿔이 흩어졌고, 서적은 기원전 48년의 내란 속에서 소실되었다. 결국 391년의 수호신 세라페움의 파괴와 계속되는 침략으로 소멸하고 만다.

## ■ 연금술의 탄생

그러나 뿔뿔이 흩어진 그리스어 서적과 지식인들은 각지에서 끈질기게 살아남았다. 695년에는 이탈리아 남부에서 관련 서적이 출판되었고, 780년에는 아라비아의 학자인 자비르 이븐 하이얀이 아라비아 연금술도 포함한 『완전성의 총체(Summa Perfectionis)』를 저술했다. 또한 하이얀은 현자의 돌 익시르(엘릭서의 어원 - 옮긴이)를 사용해 중국의 연단술과 알렉산드리아의 연금술을 융합시켰다.

---

**22 프톨레마이오스 왕조**  기원전 305년 건국, 기원전 30년 멸망. 1세는 마케도니아 출신이다. 당시 지중해에서는 로마가 발흥하고 있었다. 카이사르와 클레오파트라 7세의 교류나 그리스 문자와 이집트 문자로 기록된 로제타스톤은 이 왕조의 시대에 일어난 사건이다.

**23 아소카왕**  [고대 인도] 기원전 304~기원전 232년. 인도를 통일한 마가다 왕국 마우리아 왕조의 제3대 국왕. 전쟁으로 수많은 사망자를 낸 것을 후회하고 석가가 100년 전에 세운 불교에 귀의했다. 위업을 기록한 돌기둥의 비문이 각지에 있으며, 이 기둥은 현대 인도의 루피 지폐에도 그려져 있다. 참고로 델리의 철 기둥은 아소카왕이 만든 것이 아니다.

이윽고 아라비아가 발흥했고, 1004년에는 카이로에 과학 도서관인 '다르 알 일름(지식의 집)'이 설립되었다. 과학의 집적지가 된 아라비아에는 전 세계에서 학자와 기술자가 모여들었으며, 그곳에서 발견된 하이얀의 『화학의 서(Kitab al -Kimya)』는 1320년에 라틴어로 번역[24]되어 순식간에 유럽 전역으로 확산했다.

연금술이 너무나도 유행하자 프랑스의 샤를 5세는 만년인 1380년에 연금술 금지령을 공포하기까지 했다. 그러나 1382년에 프랑스의 연금술사 니콜라 플라멜[25]이 수은에서 은을 만들었다고 발표하면서 연금술의 열기는 더욱 뜨거워졌다.

## ■ 광산 야금 기술서

1400년대에 들어서자 광산학과 야금술, 펌프 등이 발전했다. 금속을 다루는 기술은 수상쩍은 라틴어 번역서에서 실학의 영역으로 넘어갔다. 1540년에는 이탈리아의 반노초 비링구초가 『데 라 피로테크니아(De la pirotechnia)』를, 1556년에는 독일의 게오르기우스 아그리콜라가 『데 레 메탈리카(De re metallica)』를 저술했는데, 이 책들은 광물에서 금속을 추출하고 가공하는 기술을 그림과 함께 상세하게 해설했다.

이 시기에 서양 연금술은 교회의 박해에서 벗어나기 위해 지하로 숨어들었다. 본능적으로 황금을 희구하는 인간은 수상쩍은 라틴어 번역의 의미를 유추해 고대의 지혜를 끌어내고자 노력했다. 여기에 당시의 시대상도 맞물리면서, 고귀한 금속을 추출하는 기술은 인간을 고귀하게 만든다는 신조가 생겨났다. 바로 이 시기 연금술사의 모습이, 현재 우리가 보고 듣는 연금술사의 이미지다.

---

24 **라틴어로 번역**  이 번역이 연금술을 서양으로 귀환시키는 계기가 되었다. 아라비아어에서 라틴어로 번역된 책을 읽은 서양의 지식인 계층은 "오! 라틴어라면 읽을 수 있지. 그런데 이거, 굉장한 내용이 적혀 있는걸? 아리스토텔레스도 나오잖아!"라며 그동안 교회의 권위에 억눌려 있었던 지식욕을 폭발시켰다.

25 **니콜라 플라멜**  『해리 포터』 1권에서 이 이름을 접한 사람도 많을 것이다. 실존 인물이지만, 본래는 출판업자였다. 우연히 읽은 책의 영향을 받아서 취미로 시작했던 연금술에 점점 깊이 빠져들어, "수은에서 은을 만들었다"라고 발표했다. 황금을 만드는 마술을 부리기에는 황금이 너무 비쌌기 때문에 은을 선택한 듯하다.

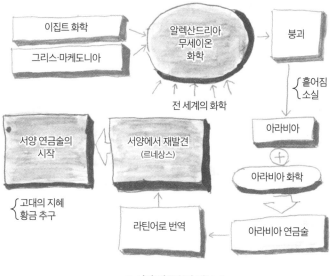

● 서양 연금술의 계보 ●

## ⊙ 뉴턴의 연금술

아이작 뉴턴[26]은 만유인력의 법칙으로 유명하다. 케임브리지 대학교를 졸업하고 본격적으로 연구에 몰두하려던 1665년에, 페스트로 런던이 봉쇄되고 대학교가 폐쇄되자 2년 동안 외가가 있는 시골로 내려갔다.

그가 평범한 사람과 다른 점은 이 2년 동안 경이로운 성과를 냈다는 것이다. 훗날의 미적분이 되는 유율법을 고안했고, 스펙트럼이 다른 여러 종류의 빛을 합성하면 흰색을 얻을 수 있음을 발견했으며, 인력의 수학적 법칙을 발견했다. 나무에서 떨어지는 사과를 목격한 것도 이 시기다.

1668년에 대학교로 돌아간 뉴턴은 화학 실험을 시작했는데, 이때부터 연금술에 대한 그의 탐색이 시작되었다. 그는 발표한 논문이나 서적 이외에도 방대한 양의 원고를 남겼다. 이 원고들은 오랫동안 왕립 협회 회장을 지낸 그가 세

---

26 **아이작 뉴턴**  [영국] 1643~1727년. 역사상 가장 위대한 과학자. 평생에 걸쳐 저술한 논문과 저서 중 약 10퍼센트가 연금술에 관한 것이라는 데서 그와 연금술의 관계를 엿볼 수 있다. 옮겨 적은 책에는 주석을 달았는데, 개중에는 연금술의 비법을 밝혀낸 것도 있다. 남들 모르게 평생에 걸쳐 연금술 연구를 계속했다.

상을 떠난 뒤 정리되어 대학교에 보관되었는데, 그중에는 일반에 공개하기가 조금 곤란한 것도 다수 있었다. 비공개된 원고들은 이윽고 뉴턴의 친족에게 맡겨졌다. 그 후 1936년에 친족의 집에 간직되어 있었던 연금술 관련 원고가 경매[27]되었고, 이윽고 세상에 공개되었다.

당시의 연금술 지식은 유리병에 수은과 다른 것을 함께 넣고 밀봉한 다음 20일 동안 방치하면 대부분이 수은이 된다는 것이었다. 뉴턴은 수은과 황이 금속의 근본적 물질임을 증명하기 위한 연구에 몰두했고, 연금술에서 이야기하는 '현자의 돌[28]'을 찾아내려 했다. 그는 안티몬이 현자의 수은[29]이라고 생각

가짜 금 대책

만유인력의 법칙

사과의 낙하

아이작 뉴턴

안티몬 레굴루스
늑
연금술

● 뉴턴의 과학 ●

---

27 **연금술 관련 원고가 경매**  1936년, 소더비 경매에 뉴턴의 원고가 출품되어 낙찰되었다. 그중 3분의 1은 연금술에 관한 것이었다. 현재 이 원고는 미국 인디애나대학교의 '아이작 뉴턴의 화학(The Chemistry of Isaac Newton)' 사이트에서 자유롭게 읽어 볼 수 있다.

28 **현자의 돌**  아라비아의 연금술 책을 라틴어로 번역한 것을 계기로 확산한, 중세 서양의 연금술에서 납이나 철 등의 금속을 금으로 바꿔 주는 물질. 지금으로 치면 촉매 같은 것이다. 인간까지도 정화해 불로불사로 만들어 준다고 한다. 현자의 돌 찾기는 동서양에서 오늘날에도 계속되고 있다.

29 **현자의 수은**  인터넷에 공개된 뉴턴의 원고에서 현자의 수은으로 검색하면 "제1질서의 돌은 철학자의 물질이 완전히 정화되어 순수한 수은 물질로 환원되지 않는 것이다"라는 기술이 나온다. 이런 알쏭달쏭한 문장이 나열된 원고를 읽다 보면 연금술의 마력에 빠져들 것만 같다.

하고 성상(星狀) 레굴루스[30]에 집착했다. 그리고 금속의 생성 이론과 아말감도 연구했다.

뉴턴은 평생에 걸쳐 연금술을 추구했다. 물론 낮에는 프린키피아를 저술한 학자이자 조폐국장, 영국 왕립 협회 회장으로서 행동했다. 그러나 집으로 돌아오면 모두 잠들어 고요해진 한밤중부터 새벽까지 연금술을 연구했다. 뉴턴은 뛰어난 두뇌를 사용해 천체의 운행을 수식으로 표현했고, 금속학에 관한 탁월한 지식을 활용해 국가의 화폐를 위조 화폐로부터 지켜냈다. 그리고 한편으로는 이에 못지않은 열정으로 물질의 근원을 알아내고자 남몰래 화학 연구를 계속했다. 그는 아리스토텔레스 시대부터 17세기까지의 온갖 연금술을 원고에 정성껏 옮겨 적었다. 다른 연금술사들이 그랬듯이 그 또한 현자의 돌은 발견하지 못했다. 하지만 적어도 마음의 평안은 얻지 않았을까?

## ◉ 칼리오스트로 백작의 연금술

먼 옛날부터 불로장수의 비법은 사람들, 특히 권력자들을 매료시켜 왔다. 과거로 거슬러 올라가면 진의 시황제가 서복을 동쪽으로 파견해 불로장수의 영약을 찾게 했다. 수상쩍은 선약단(仙藥丹)[31]을 만들어 낸 선인도 있었다. 여기에서 '단(丹)'은 수은 화합물을 뜻한다. 수은은 금속임에도 액체이며, 다양한 금속을 녹이고 다시 토해 내기 때문에 옛날부터 특별한 금속으로 여겨져 왔다.

크리스트교회가 사상을 지배해 과학 기술의 암흑시대가 된 중세 유럽에서는 연금술이 성행했다. 연금술의 기원은 이집트에서 확립되었던 금속의 착색 기술이다. 이 기술에 관한 기록은 알렉산드리아 도서관에 다양한 언어로 소장되어 있었는데, 이집트가 쇠퇴하면서 뿔뿔이 흩어지고 말았다. 그러나 소실되

---

**30 성상 레굴루스**  포도주에 생기는 타타르산안티몬 결정을 성상 레굴루스라고 부른다. 뉴턴의 원고에서 현자의 수은 항목을 읽어 보면 포도주나 양조에 관한 기술이 반복적으로 나온다. 뉴턴은 지상의 결정인 성상 레굴루스가 천상의 사자자리에서 빛나는 항성 레굴루스에 대응한다고 믿었다.

**31 선약단**  고대 중국에는 민간 종교인 도교가 널리 퍼져 있었다. 도교를 수행해 경지에 올랐다고 하는 도사는 신적인 존재로, 불로불사가 되고 하늘을 날 수 있으며 신통력을 지닌 선인이 되는 약인 선약을 조합하는 비법을 알고 있다고 주장했다. 많은 황제가 이 말을 믿었다가 중금속에 중독되어 사망했다. 금단이라고도 한다.

지 않고 남은 기록도 있었으며, 그중에는 라틴어와 그리스어로 기록된 것도 있었다. 그것이 중세 유럽에서 재발견된 것이다. 수상쩍은 내용이 담긴 화학책은 당시의 사람들을 매료시켰다. 사람들은 연금술을 불로장수가 아니라 값비싼 황금을 만들어 내는 비술로 간주했다.

이윽고 현자의 돌을 찾아내는 것이 연금술의 주된 목적이 되었다. 종교가 지배하는 세계에서 확실한 것은 황금뿐이었다. 사람들은 현자의 돌이 비천한 금속인 납을 고귀한 황금으로 바꿀 뿐만 아니라 인간의 수명조차도 영원히 연장하는 힘을 지녔다고 생각했다.

그리고 어느 시대든 욕망이 소용돌이치는 곳에는 사기꾼이 나타나기 마련이다. 연금술도 예외는 아니어서, 사기 사건이 빈발했다. 좀도둑 수준이 아니라 독일 황제 루돌프 2세의 환심을 산 연금술사 존[32]이나 프리드리히 2세를 속

● **자칭 칼리오스트로 백작의 연금술** ●

---

**32 연금술사 존**  궁정의 환심을 샀던 존은 두 명이 있다. 한 명은 채소와 꽃으로 표현한 초상화로 유명한 신성 로마 제국 루돌프 2세의 환심을 산 인물이며, 다른 한 명은 영국 엘리자베스 여왕의 고문을 맡았던 인물이다. 공통점은 없지만, 궁정과 연금술사는 상성이 좋은지도 모르겠다.

인 생제르맹[33] 같은 거물 사기꾼도 있었다.

그중에서도 특히 유명한 사기꾼은 마리 앙투아네트까지 소동에 휘말리게 해 "그놈만큼은 용서할 수 없다"라고 말할 만큼 괴테를 격노케 했던, 자칭 칼리오스트로 백작[34]일 것이다. 그는 사람들 앞에서 연금술로 황금을 만들어 보였다. 빈 도가니에 수은을 붓고 현자의 돌을 집어넣은 다음 뚜껑을 덮고 한동안 가열한다. 그 후 도가니를 식히고 안에서 내용물을 꺼내는데, 놀랍게도 수은이 황금으로 변해 있었다. 대중의 눈앞에서 당당하게 했기 때문에 사람들은 모두 현자의 돌이 진짜라고 믿었지만, 사실은 간단한 트릭을 사용한 속임수였다. 도가니의 바닥에 황금을 집어넣고 점토를 발라서 숨긴다. 그리고 도가니를 가열하면 점토가 깨지면서 수은과 황금이 반응해 수은 아말감이 되는데, 이것이 겉으로 보기에는 황금과 똑같다. 요컨대 이는 연금술이 아니라 마술이었다.

---

**33 생제르맹** [프랑스] 1691~1784년. 생제르맹 백작. 음악가, 화학자, 연금술사. 시간 여행자라는 설도 있으며, 일화에 수수께끼가 많다. 총명한 인물로 루이 15세와 친교를 맺었으나 훗날 궁정에서 추방당했다. 프리드리히 2세는 그를 '죽을 수 없는 인간'이라고 평했다.

**34 자칭 칼리오스트로 백작** [영국] 1743~1795년. 알레산드로 칼리오스트로. 연금술을 소도구로 사용한 사기꾼. 마리 앙투아네트가 연루된 목걸이 사기 사건의 주모자로 체포되었다. 괴테는 그가 프랑스 왕실의 평판을 떨어트리고 국민을 반감을 부추겼다며 격노했다.

# 낭만적인 만남

수년 전에 혼자서 프랑스의 각지를 여행했을 때였다. 마르세유의 언덕에서 내리막길을 내려가다 모퉁이를 돌자 갑자기 전차가 보였다. 정신없이 전차를 바라보는데 뒤에서 10세쯤으로 추정되는 귀여운 소녀의 목소리가 들렸다. "봉주르, 무슈. 전차에 관해서 설명해드릴까요?" 일순간 전차가 내게 말을 건 것 같은 착각에 빠졌다.

프랑스어로 말하는 소녀의 뒤에서는 소녀의 부모가 웃음 띤 표정으로 그 모습을 지켜보고 있었다. 나는 프랑스어가 서툴렀지만, "잔 다르크가…"라는 말은 알아들을 수 있었다.

그때 촬영한 전차의 사진에 명판이 함께 찍혀 있어서, 귀국 후 전차의 내력을 알 수 있었다. 제2차 세계대전 중이던 1944년, 독일군에 점령당해 있었던 마르세유의 사람들은 격렬한 시내 게릴라전을 펼친 끝에 마르세유의 언덕에 있는 노트르담 드 라 가르드 성당을 해방하는 데 성공했다. 이 전차는 그 전투 당시 프랑스 인민군의 선두에서 치열한 포격전을 펼쳤으며, 결국 내가 전차를 만난 장소에서 적군의 소이탄에 직격당해 작동을 멈췄다고 한다. 형상으로 판단컨대, 당시의 주력이었던 중전차 M4 셔먼으로 생각된다. 조금 작아도 강한 존재감을 뿜어내는 전차의 사진을 볼 때

마다 치열한 전투 속에서 쓰러져 간 수많은 해방군과 잔 다르크의 갑옷을 두르고 선두에서 달리는 그 소녀의 이미지가 뇌리에 떠오른다(2023년 4월에 「월간 아머 모델링」에 실었던 칼럼을 일부 수정).

● 전차 '잔 다르크' ●

# 제 3 장

# 금속,
# 인류의 문명을
# 만들다

: 금속의 변천과 동서 문명

## 연표 1: BC 5000~1년

### BC 5000년

가장 오래된 철과
가장 오래된 강철

청동기 문명
철기 문명
선진국 중국

### BC 1000년

서쪽의 로마
동쪽의 중국

알렉산드리아의 발흥

### BC 1년

## 메소포타미아

**BC 5100년** 팔레스티나 팀나 계곡의 말라카이트 광산에서 구리 제련 개시

**운철** ........................................................
**BC 3400년** 운철로 철제품을 만들다[수메르]
**BC 2600년** 페르시아만 문화 번성, 메소포타미아로부터 구리, 주석, 납 반입[수메르]
**BC 2200년** 레반트, 중기 청동기 시대

**히타이트** ....................................................
**BC 1800년** 튀르키예의 카만 카레휘위크 유적에서 강철 조각 발견
**BC 1600년** 레반트, 후기 청동기 시대 시작
**BC 1400년** 칼리베스인 야금술사가 히타이트의 제철 기술을 혁신[히타이트]
**BC 1232년** 아시리아, 철기 사용 개시

**바다 민족** ...................................................
**BC 1200년** 고도의 철기 기술을 독점하고 있었던 히타이트 제국이 카스카족의 침략으로 붕괴
**BC 850년** 프리기아의 신실리 시에서 휴대 가능한 은 알갱이(화폐의 원형) 발견[튀르키예]
**BC 522년** 리디아 왕 크로이소스가 순금과 순은으로 화폐 주조(엘렉트럼 주화 대체)

## 이집트

**청동기 문명** ................................................
**BC 5000년** 서아시아와 고대 이집트에서 청동기 시대가 시작되다
**BC 4400년** 비옥한 초승달 지역에서 가장 오래된 동기(銅器)를 본격 사용
**BC 4000년** 엘 게르제의 무덤에 운철을 늘여서 만든 목걸이 매장
**BC 3400년** 이집트의 게르제에 철기 유적
**BC 3000년** 스네프루 왕이 시나이 광산 개발
**BC 3000년** 쿠푸 왕의 피라미드에 강철제 도구가 사용

**풀무 정련** ...................................................
**BC 2700년** 고대 이집트에서 풀무를 사용해 정련[이집트]
**BC 1500년** 고대 이집트에서 금 정련 개시[이집트]
**BC 1370년** 와디 팀나의 구리 광산 개발[이집트]

## 유럽

BC 2500년    아르고스의 성채, 초기 청동기 시대에 돌입

**해면철**

BC 2500년    해면철에서 연철을 얻다

BC 2080년    이베리아의 구리·청동이 동유럽의 호박 또는 노예 등과 교환

BC 750년    켈트인의 철기 문화

BC 675년    에트루리아의 야금 공예 최전성기[이탈리아]

**헤시오도스**

BC 600년    헤시오도스가 『일과 날(Opera et Dies)』에서 황금, 은, 청동부터 철의 시대를 묘사[그리스]

BC 431년    헤로도토스가 『역사』 완성[그리스]

BC 396년    로마가 에트루리아를 정복, 에트루리아 쇠퇴

BC 336년    알렉산드로스 동방 원정 개시[마케도니아]

**알렉산드리아**

BC 307년    알렉산드리아의 무세이온에 대도서관

BC 250년    알렉산드리아 전성기, 헬레니즘의 중심

## 인도

BC 2300년    인더스 계곡에 구리, 청동의 거푸집 주조 야금술

BC 1020년    인도에 철기 문화 전파(갠지스강 하류 유역)

**다마스쿠스강**

BC 800년    다마스쿠스에서 다마스쿠스강

BC 710년    인도에서 은화[인도]

BC 600년    인도 강으로 만든 무기가 분묘에서 출토

BC 506년    인도에서 금속 화폐를 사용[인도]

**배상철(賠償鐵)**

BC 400년    인도의 왕 포루스가 알렉산드로스 대왕에게 15킬로그램의 순수한 인도 강괴를 보냄

**우츠**

BC 200년    인도 남부에서 우츠강이 생산

## 중국

**청동기 문화**

BC 1650년    중국에서 청동기 문화 시작[중국]

BC 1085년    은주 시대, 가장 큰 청동기인 후모무정(后母戊鼎) 제작[은]

BC 900년    고대 중국의 왕릉에 정련 철검

BC 820년    주, 청동기 제조에 분주법 도입[주]

BC 727년경    중국에서 단철, 주철 기술. 철기 시대로

BC 513년    중국 『춘추좌씨전』에 "진에서 주철을 녹여 솥을 만들었다"라는 기록[춘추]

**고로(폭풍로)**

BC 500년    중국 남부의 요나라에 고로(폭풍로) 설치

BC 500년    중국에서 주철제 가마솥도 제조

BC 400년    금, 은, 청동, 철의 제품이 대륙에서 일본으로 전파

BC 300년    중국에 용선로 등장

BC 300년    중국 전국시대 말기, 연철을 침탄 경화시킨 침탄강이 보급. 무기용 단조 철검인 철과를 만듦

BC 300년    중국에서 연단술(서양의 연금술) 탄생

## 동양

**조기 청동기 문명**

BC 3900년    소아시아, 조기 청동기 시대에 돌입

**고대 아시리아의 구리 무역 거점**

BC 1900년    소아시아의 퀼테페에 고대 아시리아의 구리 무역 거점[아시리아]

BC 1260년    반 치앙 문화, 철제 날을 가진 청동기[타이]

BC 705년    코르사바드의 사르곤 2세의 왕궁에서 160톤의 철 저장고 발견

BC 700년    서아시아, 지중해, 이집트에 제철 전파

BC 500년    서아프리카에 괴철로.

BC 522년    아프리카의 쿠시 왕국, 수도 메로에에서 철기 제조

BC 453년    오르도스 청동기 문화[북아시아]

BC 200년    미누신스크 분지에서 철기 생산 개시(타가르 문화)[러시아]

BC 142년    철기를 사용한 나이지리아의 노크 문화 번성

# 3-1

# 청동기와 철기:
# 청동기 문명에서 철기 문명으로

## ◉ 연대 해설

'금속의 세계사'를 어떤 시대부터 시작하느냐는 상당히 어려운 문제다. 석기 시대에는 이미 운철이나 삼림의 화재 등으로 자연 환원된 철과 구리 등이 사용되고 있었다. 그러나 당시의 인류는 그것을 금속이 아니라 두들기면 변형되는 돌 같은 것으로 인식했다. 수만 년 전에 일어난 일은 신화에 그 흔적이 남아 있을 뿐이다.

기원전 5000년부터 기원전 1000년은 고대 문명의 발흥기[1]다. 이집트, 메소포타미아, 서양 전 지역, 중국, 인도에 고대 문명이 등장했다. 금속의 사용이라는 관점에서 바라보면 기원전 5000년에 메소포타미아에서 청동기의 사용이 시작되었고, 인접한 이집트와 서양으로 파급되어 갔다. 멀리 떨어진 인도나 중국에서 청동기기 사용된 시기는 각각 기원전 2300년과 기원전 1650년으로 훨씬 뒤다. 동양도 각지에 청동기를 사용했던 흔적이 남아 있다.

메소포타미아에서 금속을 사용한 흔적으로는 기원전 5100년경의 것으로 보이는 말라카이트 광산[2]의 구리 제련 유적이 있다. 기원전 3400년에는 수메르에서 운철을 가공해 철제품을 만들었다.

---

1 **고대 문명의 발흥기** 기원전 5000년까지는 충적세의 온난한 기후가 계속되었다. 그러다 점차 기온이 떨어져 식량이 부족해지자 농업이 시작되었고, 이에 따라 부의 축적이 시작되었다. 토지를 경작하는 농업에는 금속제 농기구가 필요하므로 각지에서 금속을 사용하는 문명이 탄생했다.

2 **말라카이트 광산** 말라카이트는 금속광택이 나는 녹색의 공작석이다. 수산화탄산구리 광물, 분진에 미량의 비소가 섞여 있을 경우는 독성이 있다. 구리 광상 등의 주변의 산화대(산화 작용으로 지표에 드러난 부분)에서 채취할 수 있는 광석이다.

## ⊙ 청동기는 이집트에서 살아남았다

금속의 역사에는 신기한 점이 있다. 중국, 인도, 메소포타미아에서는 철기 문명이 번성했지만 이집트에서는 청동기 문화가 번성했다. 왜 이집트만이 청동기 문화였을까? 이집트는 세계에서 가장 오래된 문명국가다. 철기 제조도 가능했는데, 왜 청동기를 고집했던 것일까?

이집트에서는 기원전 5000년경의 고대 이집트 시대에 청동기 시대가 시작되었다. 그리고 구리와 황금, 운철 등의 소재 가공 기술을 발전시켜 문명을 만들어 냈다. 기원전 2700년에는 인력이나 자연의 풍력이 아니라 풀무를 사용한 정련을 시작했다.

초강대국 이집트는 주변의 국가들로부터 받은 조공³을 통해서 발전했다. 조공품에는 금속도 포함되어 있어서, 주변 국가들로부터 청동을 조공 받고 그것을 녹여 청동기를 주조했다. 구리의 탄소 환원 온도는 155도이며, 단단하게 만들기 위해 주석을 넣은 청동의 녹는점은 800도 정도다. 청동기는 초고온을 만드는 정련 기술이 없어도 만들 수 있었다.

### ■ 각지의 청동기 사정

서양에서는 기원전 4000년경의 로스 밀라레스(Los Millares) 고분에 매장된 물품 중에서 청동기가 발견되어, 당시 이미 청동기 문명이 존재했음을 짐작할 수 있다.

인도에서는 기원전 2300년경에 인더스강 유역에서 구리와 청동의 거푸집 주조 야금술을 사용한 흔적이 발견되었다. 인도에 철기 문화가 전래한 시기는 기원전 1020년경이다.

중국에서는 기원전 1650년경에 청동기 문명이 시작되었다. 은주(殷周) 시대인 기원전 1085년에는 세계 최대의 청동기인 후모무정(后母戊鼎)을 제작할 수 있는 수준에 이르렀다.

---

3  **조공**  주변 국가가 공물을 바쳐 황제를 군주로 인정하면 황제는 답례품을 보내는 정치적 의식. 조공하러 온 외교 사절단이 상호 간에 경제 활동을 할 경우는 조공 무역이라고 부른다.

금속 관점에서 본 고대 문명의 사건은 청동기와 함께 발흥해 철기로 이행하는 과정을 반영한다. 재미있는 사실은 세계 각지에서 거의 같은 시기에 청동기와 철기가 사용되기 시작했다는 것이다. 우리가 상상하는 것 이상으로 신속하고 광범위한 문화 교류[4]가 있었음을 엿볼 수 있다.

## ◉ 철의 이용과 문명의 발흥

철이 발견된 것과 강철이 발견된 것은 그 의미가 크게 다르다. 철은 산불 등으로 지표의 철광석이 환원되어서 자연히 생길 가능성이 있다. 반면에 강철은 철에 탄소가 들어간 것으로, 인위적으로만 얻을 수 있다.

철광석을 녹여서 강철을 만드는 기술은 메소포타미아에 있었던 히타이트에서 시작되었다. 사실 철 자체만을 놓고 보면 운철은 기원전 5000년에 이미 사

● 바다 민족의 침략 경로 ●

---

4 **신속하고 광범위한 문화 교류** 이족 보행을 하는 인류는 전 세계로 흩어져서 그곳에 정착하는 특성이 있다. 과거의 인류는 국경 때문에 이동에 제약을 받는 현대인에 비해 이동 범위가 훨씬 넓었다. 게르만족은 훈족에게 쫓겨 대이동을 한 것 외에도 기원전 1000년 이후로 끊임없이 이동했다. 동서의 교류는 육로인 실크로드를 통해서만 이루어진 것이 아니었으며, 알렉산드리아와 인도처럼 바닷길을 통한 교역도 빈번하게 일어났다.

용되고 있었고, 해면철도 기원전 2500년에는 사용되고 있었다. 다만 운철은 너무 단단한 데다가 양이 적었고, 해면철은 너무 물렀다. 도구로 사용할 수 있는 철은 강철 또는 주철이다.

히타이트에서는 기원전 1800년경에 강철을 만들고 있었다. 이것이 가장 오래된 강철이다. 기원전 1400년경에는 칼리베스 출신의 야금술사가 제철 기술을 혁신해, 해면철에 침탄 처리를 함으로써 강철을 만들었다. 당시는 강철이 구리보다 8배 비싼 가격으로 거래되었다.

가장 오래된 강철이 발견된 곳은 튀르키예의 카만 카레휘위크 유적[5]이다. 현재는 기원전 1800년의 지층에서 강철의 조각이 발견되고 있다. 이것이 발견되기 조금 전인 2005년에는 기원전 1500년경의 강철 조각이 발견되었다는 보도가 있었다. 앞으로도 계속 파 내려가면 더 오래된 시대의 강철 조각이 출토될 가능성이 있다.

## ◉ 바다 민족

제철 기술로 거대 제국을 건설했던 히타이트는 아나톨리아의 카스카족과 공방을 벌인 데다가, 기원전 13세기경 갑자기 발칸반도에 출현한 바다 민족의 침공을 받아 국력이 소모되었다. 여기에 그동안 독점하고 있었던 고도의 제철 기술도 주위로 퍼져 나갔다.

바다 민족은 서쪽 바다에서 찾아와 철기 문명을 자랑하던 히타이트 제국을 멸망시키고 세계의 맹주였던 이집트에 싸움을 건 무장 세력이다. 이들이 실존했다는 물적 증거는 거의 없지만, 이집트 신왕국 시대의 전승 기념비와 신전 비문에 "이집트가 바다 민족에게 승리했다"라는 기록이 남아 있다.

---

5  **카만 카레휘위크 유적**  튀르키예에 있는 수 세대에 걸친 유적. 파 내려가면 청동기와 철기 구조물이 출토된다. 일본의 중근동 문화 센터가 조사를 계속하고 있다. 현재는 기원전 1800년의 지층에서 탄소강이 출토되었으며, 이것이 세계에서 가장 오래된 강철이다.

## ■ 이집트의 비문

앞서 언급한 비문[6]에 따르면 바다 민족은 아나톨리아와 시리아, 팔레스티나를 지나서 히타이트를 침략했고, 육로와 해로로 나일강 삼각주 지역을 남하해서 이집트에 왔다고 한다. 통솔자는 없었다고 하는데, 에게해 출신의 해적 집단이 었을 것으로 추측된다. 그리스의 왕국들을 습격해서 약탈과 파괴를 자행해 미케네 문명을 쇠퇴시켰다. 그러나 어떤 금속으로 만든, 어떤 무기를 사용했는지도 명확하지 않다.

## ⊙ 고대의 철

### ■ 연철, 단단한 주물, 무른 주물

사실 고대의 철에는 여러 종류가 있었다. 연철, 단단하고 잘 깨지는 주물, 단단하고 잘 깨지는 주물을 열처리해 무르게 만든 주물, 이렇게 세 가지다.

중국과 인도, 메소포타미아의 철기 문명은 주물을 사용했다. 이집트에서도 철을 사용하기는 했지만, 실제로 사용한 것은 탄소가 거의 들어 있지 않은 연철이었다. 연철은 무르기 때문에 두들겨서 안에 있는 이물질을 빼내고 사용했다.

### ■ 연철 정련

연철은 금속의 산화물을 고체인 상태에서 일산화탄소나 수소 등과 반응시켜 산소를 추출함으로써 금속만 남긴 것이다. 이것을 환원이라고 부른다. 환원을 통해 마치 해면(스펀지)처럼 구멍이 송송 뚫린 금속을 얻는다.

철의 생산 방법을 간단히 설명하면, 철광석 등의 산화철을 탄소로 환원해 철로 바꾸는 것이다. 금속의 산화 환원 반응은 엘링감 도표로 설명된다. 다음에 나오는 도표에서 구리와 철, 규소는 온도가 높아짐에 따라 우상향하는데, 이것은 온도가 높아지면 산화물이 불안정해진다는 의미다. 반면에 탄소는 온도가

---

6　**비문**　바다 민족으로 생각되는 민족의 침략을 막아냈다는 내용이 있는 비문으로는 이집트 신왕국 제19왕조의 파라오 메르넵타의 전승 기념비(기원전 13세기)와 신왕국의 최전성기였던 제20왕조의 파라오 람세스 3세의 신전 비문(기원전 12세기)이 있다. 바다 민족의 침략은 일시적인 것이 아니라 상당히 장기간 지속되었다.

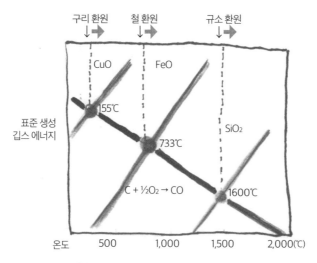

구리 환원　　철 환원　　규소 환원

CuO　　FeO

155℃

표준 생성
깁스 에너지

SiO₂

733℃

C + ½O₂ → CO

1600℃

온도　　500　　1,000　　1,500　　2,000(℃)

● 교차하는 점의 온도가 정련으로 금속을 얻을 수 있는 온도 ●

높아짐에 따라 우하향하며, 이것은 고온이 되면 일산화탄소가 점점 안정됨을
의미한다. 요컨대 고온이 되면 산화물은 불안정해지며, 탄소가 산소를 빼앗아
일산화탄소가 되는 반응은 안정된다. 이 메커니즘을 이용해 산화 금속에서 금
속을 얻는[7] 것이다.

　고온을 만드는 기술이 없을 때는 철광석에서 고체를 유지한 채로 철을 만들
수 있다. 노의 온도를 733도 정도로 높이면 쉽게 만들 수 있다. 이러한 철은 탄
소가 거의 포함되어 있지 않아서 무르며, 게다가 고체 상태를 유지한 채로 만
들어지기 때문에 내부에 이물질이 남아 있다.

■ 중국의 특수한 사정

중국은 어떨까? 중국에는 이집트처럼 청동을 조공하는 주변 국가가 없었다.
즉 무기에 사용할 금속을 스스로 조달해야 했다. 그래서 풍부한 철광석을 사

---

7　**산화 금속에서 금속을 얻다**　대부분 금속, 구체적으로 말하면 한자로 적을 수 있는 금속(철鐵, 구리銅, 주석錫 등)은 목탄과
　함께 광석을 태워서 얻을 수 있다. 오늘날과 같은 대규모 공장이 없었던 고대에는 간단한 구조의 노만을 사용해서 금속
　을 얻었다.

용해 철을 만들기 시작했다. 풀무와 노의 구조를 궁리해 점차 고온 정련을 할 수 있게 됨에 따라, 철 속에 탄소가 많이 함유된 선철을 얻을 수 있게 되었다.

선철이 고온에서 녹으면 금속에 들어 있었던 이물질이 위로 떠오른다. 그러면 이물질을 제거하기 위해 두드릴 필요가 없다. 이렇게 녹은 철을 모래 거푸집에 부어 넣어 제품을 만드는 주조가 시작되었다.

주조품은 그대로 실용품으로 사용되었지만, 한 가지 난점이 있었다. 충격을 주면 유리처럼 깨진다는 것이다. 깨지지 않는 주조품은 없을까? 엘링감 도표를 보면 1,600도에서 고체인 규소 산화물로부터 규소가 환원되지만, 1,600도는 너무 높은 온도다. 그러나 쇳물에 녹아든 규소 산화물은 더 간단히 환원되며, 규소는 용선 속에 들어간다. 규소가 많은 선철은 주조한 뒤에 열처리를 가하면 끈기가 있는 주철로 변한다. 이렇게 해서 실용적인 주조품이 완성되었다.

고온 정련 기술을 획득한 중국과 그 기술이 필요하지 않았던 이집트는, 결과적으로 다른 금속을 사용하게 되었다.

### ■ 1000년은 뒤처졌던 서양의 제철업

역사를 살펴보면 서양은 상당히 최근까지 직접 환원법으로 얻은 연철을 두드

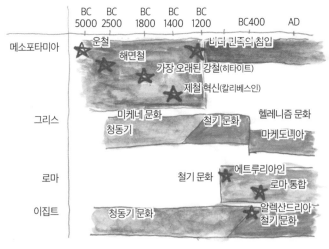

● 청동기에서 철기로의 이행 ●

려서 철제품을 만들었다. 그러던 것이 주조품으로 바뀐 시기는 '농부로'에서 발전한 고로[8]가 널리 확산한 뒤다. 고로를 사용하면 높은 온도를 만들어낼 수 있기에, 규소가 녹아든 선철을 얻고 그것을 녹여서 거푸집에 부어 만든 주조품이 거래되기 시작했다.

고로에서 나온 탄소 성분이 많은 주철은 쉽게 깨지기 때문에 고온에서 탄소 성분을 줄이는 다양한 방법이 고안되었다. 선철보다 탄소의 함유량을 낮춘 철을 강철(鋼)이라고 부른다. 참고로 직접 환원법으로 얻는 탄소를 포함하지 않은 철은 연철이라고 부른다.

철의 시대가 본격적으로 시작된 시기는 에이브러햄 다비 2세가 1735년에 코크스 고로를 확립한 뒤다. 그 뒤로는 고로에서 얻을 수 있는 녹은 선철이 철 만들기의 기점이 되었다.

## ◉ 청동기에서 철기로 이행한 그리스

### ■ 청동기 시대의 그리스

실크로드의 서쪽 너머에 있는 그리스와 로마는 유럽의 입구로서 아시아나 중근동과도 밀접한 관계를 맺었으며, 이집트와도 오래전부터 때로는 침략하고 때로는 우호 관계를 맺는 등 깊게 관여해왔다. 당시의 그리스와 로마는 온갖 문화의 측면에서 빼어남을 자랑했다.

세계사에서는 그리스 시대가 끝나고 로마 시대가 시작된다. 그러나 실제로는 매우 천천히 이행되었다. 또한 그리스 시대에서 로마 시대로의 이행은 청동기에서 철기로의 이행이기도 했다.

그리스 금속 문화의 주역은 청동기[9]다. 여기에는 주변 국가인 히타이트와 이집트의 영향이 컸다. 그리스에 철기 문명이 들어온 시기는 국력이 정점을 찍고

---

8  **고로**  노의 높이가 높아서 굴뚝 효과를 통해 공기를 아래에서 빨아들이는 구조로 만들어진 철의 정련로

9  **주역은 청동기**  그리스 호메로스가 쓴 「일리아스」는 트로이아 전쟁을 묘사한 서사시다. 그리스의 아킬레우스와 일리온(트로이)의 헥토르 이야기에서는 청동으로 만든 갑주와 검이 등장한다. 이야기는 헥토르의 장례식으로 막을 내리지만, 아킬레우스 또한 이후에 일리온을 공격했을 때 발의 급소(아킬레스건)에 화살이 관통해 목숨을 잃는다.

내리막길에 들어선 뒤로, 실용적인 무기나 공구류에 철이 사용되면서 철기 시대로 이행되어 갔다.

## ■ 소국 난립

바다 민족 사건으로 히타이트가 쇠퇴한 뒤, 국경을 맞대고 트로이 왕국[10]이 건국됐으며 바다 민족의 구성 민족이 각지에 정착했다. 구약성경에 등장하는 필리스티아인(블레셋인)[11]이나 훗날 이탈리아로 이주해 철제품 제조 기술을 로마에 전수한 에트루리아인[12] 등이다.

이윽고 미케네 문명[13]은 쇠퇴하고, 그리스 암흑시대로 불리는 대혼란기가 시작된다. 또한 이 시기는 청동기 시대에서 철기 시대로 넘어가는 시기이기도 했다.

## ◉ 로마의 확장

그리스 시대에서 로마 시대로 이행한 뒤 로마의 철 사정은 그다지 흥미로운 점이 없다.

로마는 국가 확장 전략으로서 타민족을 살육하는 대신 수용하는 정책을 시행했다. 로마 문명을 받아들이게 하고, 그 후 철을 만들게 해 군대를 무장·편성한 뒤 다시 침략하기를 반복했다. 그렇게 북쪽으로는 스코틀랜드, 남쪽으로는 스페인까지 영토를 넓혔으며, 이 과정에서 유럽의 삼림은 벌거숭이가 되었

---

10 **트로이 왕국** 호메로스의 일리아스가 실화라고 믿은 독일의 하인리히 슐리만(1822~1890)이 1870년에 사재를 투입해 발굴했다. 발굴된 것은 기원전 2500년경의 청동기 문명 유적으로, 인접국인 히타이트의 기록에도 등장한다. 기원전 1240년경에 트로이 전쟁으로 멸망했다.

11 **필리스티아인(블레셋인)** 기원전 12세기에 히타이트를 침략했던 바다 민족의 구성원이 가나안 지방의 지중해 연안에 식민지를 개척해 세력을 구축했다. 고대 이스라엘의 주된 적으로, 구약성경에도 종종 등장한다. 전사 골리앗과 다윗의 싸움이 유명하다. 이미 철의 정련 기술을 보유하고 있었다.

12 **에트루리아인** 에트루리아는 기원전 8세기부터 기원전 1세기에 로마 북부와 인접했던 도시 국가다. 고대 그리스와는 다른 문화로, 뛰어난 건축 기술과 제철 기술을 보유했다. 훗날의 로마의 특성은 에트루리아에 원형을 두고 있다. 바다 민족의 침략으로 도피한 리디아인의 자손이라는 설이 있다.

13 **미케네 문명** 고대 그리스 청동기 문명은 기원전 3200년경부터 시작되었는데, 그중에서도 에게 문명은 미케네와 트로이를 포함하는 가장 오래된 문명이다. 미케네 문명은 기원전 1600년경부터 전성기를 구가했지만 기원전 1200년경에 바다 민족의 침략으로 몰락했으며, 그 뒤로 그리스 암흑시대가 시작되었다. 그리고 이때 철기 문명으로 이행되었다.

# 청동병

청동은 고대부터 화폐나 상(像)을 만드는 데 사용됐다. 청동의 표면은 녹청이라고 부르는 푸른색 녹으로 뒤덮이는데, 이 녹청이 청동을 수천 년 동안 부식으로부터 지켜준다. 그런데 제2차 세계대전 직후, 대영 박물관의 청동상에 갑자기 구멍이 송송 뚫리기 시작했다. 청동이 병에 걸렸다고 해서 이것을 '청동병(Bronze disease)'으로 불렸다.

대팻밥
↓
아세트산

아세트산구리의
가스와 반응해
아세트산 생성

병의 원인은 전쟁 당시 청동상을 나무 상자에 넣어서 옮길 때 완충재로서 집어넣었던 대팻밥이었다. 대팻밥에서 발생한 아세트산이 청동에 달라붙어 청동상에 구멍을 냈던 것이다.

---

다. 에트루리아로부터 빼앗은 철 제조 기술은 국토 확장 기술이기도 했다.

## ◉ 청동기 문명

### ■ 왜 청동기인가?

청동은 구리와 주석의 합금이다. 그런데 구리 광석과 주석 광석은 기원이 다른 까닭에 동일한 광맥에서는 얻을 수 없다. 즉 광석을 환원했더니 우연히 청동이 만들어지는 상황은 일어나기 어렵다.

고대 문명에서 청동을 사용한 사실이 당연하다 보니 왜 청동인지에 관해서는 생각하는 일이 거의 없다. 그러나 이 책에 정리된 연표를 보면 기원전 4000년부터 기원전 800년까지 세계 각지에서 청동기 문명이 발생했음을 알 수 있다. 청동이 관련된 사건을 연표에서 발췌하면 다음 도표와 같다.

| | |
|---|---|
| BC 4000년 | 로스 밀라레스 고분의 부장품에 청동제 도끼(스페인) |
| BC 3900년 | 소아시아, 조기 청동기 시대에 돌입 |
| BC 3300년 | 박트리아, 전기 청동기 시대에 돌입 |
| BC 3100년 | 팔레스티나, 초기 청동기 시대에 돌입 |
| BC 2600년 | 페르시아만 문화 번성, 메소포타미아로부터 구리, 주석, 납 반입(수메르) |
| BC 2500년 | 아르고스의 성채, 초기 청동기 시대에 돌입(그리스) |
| BC 2350년 | 니네베에서 아카드 왕 사르곤 1세의 청동제 두상(아카드) |
| BC 2300년 | 인더스 계곡에 구리, 청동의 거푸집 주조 야금술 |
| BC 2200년 | 레반트, 중기 청동기 시대 |
| BC 2100년 | 메소포타미아의 국가들, 마간의 구리 수입 |
| BC 1950년 | 시나이 구리 광산 개발 재개 |
| BC 1900년 | 소아시아의 퀼테페에 고대 아시리아의 구리 무역 거점(아시리아) |
| BC 1850년 | 인더스 계곡에 초기 아리아인 유적, 낙타의 문양이 새겨진 청동 도끼 |
| BC 1650년 | 중국에서 청동기 문화 시작(중국) |
| BC 1500년 | 중국 장쑤성에서 청동기 주조(은, 殷) |
| BC 1450년 | 청동기의 기본형 완성(은) |
| BC 1260년 | 반 치앙 문화, 철제 날을 가진 청동기 |
| BC 1200년 | 루리스탄 청동기 문화(이란) |
| BC 1120년 | 제사용 청동기의 제작 기술 양식 완성(은) |
| BC 1120년 | 중국 안양에서 출토된 청동 세 발 솥에 새겨진 금문(은) |
| BC 1100년 | 중국 주(周) 초기, 청동과(靑銅戈)의 끝부분에 철을 사용한 철원동과(鐵援銅戈), 철인동월(鐵刃銅鉞) |
| BC 1100년 | 중국의 청동기 문화, 예니세이강 유역에도 전파, 카라수크 문화(러시아) |
| BC 1085년 | 은주 시대, 가장 큰 청동기인 후모무정(后母戊鼎) 제작(은) |
| BC 1050년 | 한반도에서 청동기 문화 시작 |
| BC 841년 | 중국 주, 수도의 내란으로 청동기 기술서가 동방에 유출, 중국 각지에서 제작(주, 周) |
| BC 820년 | 중국 주, 청동기 제조에 분주법 도입(주) |
| BC 800년 | 중국 주, 청동기 세 발 솥이 중심(주) |
| BC 727년경 | 중국에서 연철, 주철 기술. 철기 시대로(춘추) |
| BC 675년 | 중국의 청동 화폐(진의 포전, 제와 연의 도전, 초의 의비전)(춘추) |
| BC 650년 | 랴오닝식 청동기 문화가 한반도에 전파 |
| BC 600년 | 중국 청동기 명문(銘文) 글자체의 분화(춘추) |

● 청동기와 관련된 사건을 발췌한 연표 ●

## ⊙ 청동과 주석 광석의 기원

주석 광석은 존재하는 장소가 한정되어 있다. 그런 주석 광석이 어떻게 채취되어 모였고 구리 광석과 조합되기에 이르렀을까?

첫 번째 설은 금광석과 사석(砂錫)이 함께 채취되는 까닭에, 사석이 금광석의 맥석(광석과 함께 광상을 형성하는 광물로, 경제적인 가치가 없는 것 - 옮긴이) 또는 부산물로써 이미 채취되고 있었다는 것이다. 그러나 모든 상황에 이 가설을 적용하는 것은 무리가 있다.

두 번째 설은 구리 광석의 맥석이 주석 광석이었다는 것이다. 그러나 고대에는 맥석이 아니라 사석을 사용했으며, 구리 광석과 주석 광석은 광석의 기원이 다르다.

세 번째 설은 자연 혼합이다. 주석을 함유한 산화구리 광석을 나무나 목탄으로 가열했거나 산화구리 광석과 주석 광석이 구별하지 않고 함께 목탄으로 가열했다는 설이다. 황화주석과 구리 광석의 혼합물을 제련했다는 설도 있다. 이런 조합 속에서 주석 광석의 진정한 가치가 발견되어 청동의 제조라는 흐름으로 급속히 전개되었다는 것이다. 다만 모든 지역에서 자연 혼합이 있었는지는 명확하지 않다.

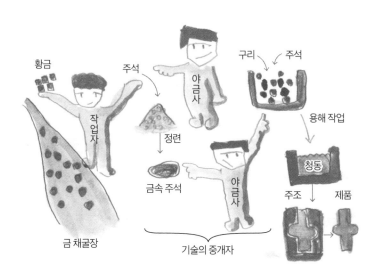

● 구리에 주석을 넣게 된 경위는 여러 설이 있다 ●

네 번째 설은 인위적인 혼합이다. 구리와 주석이 혼합되어 있는 천연의 광석을 골라서 제련했다는 설, 주석 광석과 구리 광석을 혼합했다는 설, 이미 제련된 구리에 주석 광석과 목탄을 넣고 다시 제련했다는 설이 있다.

어느 하나의 설이 정답이라기보다 다양한 사례가 조합되어서 청동이 만들어진 것으로 생각된다.

## ◉ 청동 제조 기술이 성립된 실제 경위

실제로는 다음과 같은 단계를 거쳐 청동 생산이 시작되었을 것으로 보인다.

먼저 사금 광산에서 일하는 사람이 사석 상태의 주석석(주석의 주요 광석)을 발견한다. 그리고 이미 금이나 구리, 납의 생산에 관한 기본적인 지식이 있었던 야금사가 이 주석석을 환원한다.

이렇게 해서 얻은 주석은 납과 구별되지 않았다. 그리고 청동 제조를 위해 주석이 구리에 첨가된다. 아마도 초기에는 개량된 구리를 얻기 위해 제련 이전의 단계에 구리 광석과 사석을 섞었을 것이다.

초기의 청동 중에는 납이나 안티몬이 포함된 것이 종종 있었다. 이윽고 주석 광석을 첨가하는 것이 양질의 청동을 제조하는 데 도움이 된다는 사실을 알게 되면서 사석을 첨가하게 되었고, 이에 따라 청동에서 납이나 안티몬의 함유량은 점점 감소해 갔다.

청동 기술의 기원에 관해서는 아직 정설이 없다. 다만 금속 문명이 청동에서 시작된 것은 사실이다. 이 사실을 받아들여 여러 가지 설을 궁리해보는 것도 금속의 관점에서 역사를 즐기는 방법일지 모른다.

## ◉ 후모무정

후모무정(后母戊鼎)은 중국 은(殷)[14] 시대의 청동기다. 현존하는 청동기 중에서

---

14 **중국 은** 기원전 17세기부터 기원전 1046년에 실존했음이 입증된 중국에서 가장 오래된 왕조다. 상(商)이라고도 부른다. 주나라에 멸망한 뒤 남은 세력은 중국을 떠돌며 장사를 했는데, 그들을 가리켜 '상나라 사람'이라고 부른 것에서 '상인'이라는 말이 탄생했다.

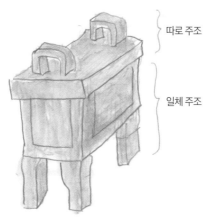

따로 주조

일체 주조

800킬로그램의 청동제 솥

● 후모무정 ●

는 세계에서 가장 크며, 1939년에 도굴된 것이 발견되었다. 과거에는 사모무정(司母戊鼎)으로 읽었지만, 현재는 명칭이 바뀌었다. 내벽에 '후모무(后母戊)[15]'라는 금문이 있다.

후모무정은 네 발이 달려 있으며 중량이 800킬로그램이 넘는 직육면체의 거대한 청동기다. 청동의 합금 성분은 구리 84.77퍼센트, 주석 11.44퍼센트, 납 2.76퍼센트, 기타 0.9퍼센트로, 초기 청동기의 조성이다. 먼저 네 발과 상자 부분을 일체 주조한 다음 상부의 솥귀 부분을 따로 주조해 결합하는 방법으로 제작되었다. 총중량이 1톤이 넘는 청동을 용해·주조하기 위해 200~300명의 주조 기술자가 공동 작업했다.

---

15 **후모무** 은 왕조의 제22대 왕인 무정의 부인이 사망한 뒤, 아들인 제23대 왕 조경이 어머니를 위해서 만들었다.

# 3-2 로마와 중국: 서쪽의 로마 문명과 동쪽의 중국 문명이 탄생하다

## ⊙ 연대 해설

### ■ 서양 문명의 발흥

기원전 1000~기원전 1년은 동서 문명의 발흥기다. 그리스, 로마, 헬레니즘으로 이어지는 서양 고대사와 주, 춘추, 진으로 이어지는 중국 고대사 속에서 강철 제품이 활약했다. 또한 인도에서는 독자적인 제철 기술이 탄생했다.

메소포타미아는 이미 세력이 약해진 상태였다. 기원전 850년에는 프리기아에서 화폐의 원형이 되는 휴대 가능한 은 알갱이가 사용되었다. 그리스에서는 철 정련이 시작되었지만, 과거의 영광은 찾아볼 수 없었다. 시대의 중심은 로마로 넘어갔다.

로마 시대의 시작은 로마에 종속되어 있었던 에트루리아의 야금 공예와 깊은 관계가 있다. 에트루리아는 기원전 675년에 최전성기를 맞이하지만, 기원전 396년에 로마에 정복당해 철 야금 기술을 빼앗기고 역사의 무대에서 사라졌다. 한편 제철 기술을 손에 넣은 로마는 철제 무기를 사용해 영토를 확장했다.

로마에 앞서서 번영을 누렸던 그리스에 관해서도 언급하고 넘어가겠다. 기원전 356년에 마케도니아에서 태어나 아리스토텔레스[16]의 가르침을 받은 알렉산드로스 대왕[17]은 그리스를 통일하고 인도까지 동방 원정을 떠나 광대한

---

16  **아리스토텔레스**  [고대 그리스] 기원전 384~기원전 332년. 소크라테스의 제자인 플라톤의 제자. 그리스 철학에서 불, 물, 흙, 공기의 4대 원소론으로 물질을 설명했다. 기묘한 설이지만, 제자들을 통해 세계로 확산했으며 근세 서양에서 재발견되었다.

17  **알렉산드로스 대왕**  마케도니아 왕의 아들로 태어난 알렉산드로스는 선왕이 초빙한 가정교사 아리스토텔레스에게 13세부터 16세까지 학문과 교양을 배웠다.

영토를 손에 넣었다. 그 후 알렉산드로스 대왕이 세상을 떠나자 영토가 넷으로 분열되었는데, 그와 함께 공부했던 프톨레마이오스[18]가 그중 하나인 이집트를 차지해 프톨레마이오스 왕조를 세우고 알렉산드리아[19]를 건설했다. 알렉산드리아에는 세계의 정보 발신원이 되는 무세이온[20]이라는 기관이 있었으며, 금속 기술도 이곳으로 모여들었다.

## ■ 동양 철 문명의 발흥

중국은 기원전 770년까지 계속된 은주 시대 이후 춘추전국시대를 맞이했다. 기원전 500년에는 남부의 오나라에서 폭풍로라고 부르는 고로를 사용해 선철을 만들기 시작했다. 또한 전국시대의 말기에는 단조 철검과 철과(鐵戈)가 표면 침탄 경화법[21]으로 만들어져 무기로 사용되었다.

인도로 눈을 돌리면, 기원전 800년경에 다마스쿠스에서 도검으로 만들면 아름다운 문양이 드러나며 예리한 다마스쿠스강이 만들어지고 있었다.

기원전 1000~기원전 1년의 세계사에서는 그리스, 로마, 마케도니아로 이어지는 기나긴 전쟁의 역사를 뒷받침한 철제품이 눈에 띈다. 중국에서도 전란이 계속됨에 따라 무기로서 철제품이 주된 화제가 되었다. 인도의 아름다운 다마스쿠스 검 역시 전쟁을 뒷받침한 철제품이다.

---

18 **프톨레마이오스** 프톨레마이오스라는 이름의 인물로는 알렉산드리아에서 활약한 천문학자와 알렉산드리아를 만든 프톨레마이오스 1세가 있다. 후자는 알렉산드로스 대왕과 함께 아리스토텔레스의 가르침을 받은 사이다. 알렉산드로스 대왕의 사후에 영토를 계승해 프톨레마이오스 왕조를 세웠다.

19 **알렉산드리아** 알렉산드로스 대왕이 뜻을 이루지 못하고 요절한 뒤, 프톨레마이오스가 그의 유지를 이어받아 새로운 수도 알렉산드리아를 건설했다. 그리고 아리스토텔레스의 가르침을 따라서 수도의 중심에 학원과 부속 대도서관을 건설했다.

20 **무세이온** 헬레니즘 시대에 건설된 학당. 프톨레마이오스 1세가 부속 시설로서 알렉산드리아 대도서관을 병설했다. 국왕의 재산으로 수많은 학자나 연구자를 불러 모았으며, 그 결과 그리스와 이집트의 문화가 융합되었고 연금술의 기초가 탄생했다.

21 **표면 침탄 경화법** 강철의 직접 환원으로 무른 연철을 만든 다음 이것을 두드려서 성형한다. 다만 이것만으로는 무른 철제품이 만들어지기 때문에 목탄과 함께 가열해 표면을 통해서 탄소를 침투시켰다. 그 결과 표층이 단단해져 철을 실용적인 무기로 사용할 수 있게 되었다.

## ⊙ 에트루리아인

### ■ 로마 문화에 흡수된 매력적인 에트루리아

시오노 나나미의『로마인 이야기』를 보면 로마인을 다른 민족과 비교하는 부분에서 "기술력은 에트루리아인보다 뒤떨어진다"라는 구절이 나온다. 기원전 900년경에 등장한 에트루리아는 기원전 396년에 로마에 병합되어 점차 쇠퇴해 갔는데, 당시부터 에트루리아인은 지중해의 민족과는 다른 매력적인 민족으로 인식되었다. 에트루리아인의 사고방식이나 습관은 공화제 로마[22]에 흡수되어 갔다.

에트루리아는 제철 기술을 보유한 민족이었다. 현지의 광산과 엘바섬의 철광석을 가져와서 정련해 철제품을 제조한 뒤 카르타고와 페니키아, 그리스 등의 주변 국가에 수출했다. 말하자면 가공 무역을 한 것이다.

### ■ 로마인 이야기[23]

『로마인 이야기』의 서문에는 이런 구절이 있다.

"로마인들은 자신들이 지력은 그리스인보다 뒤떨어지고, 체력은 켈트(갈리아)인이나 게르만인보다 뒤떨어지며, 기술력은 에트루리아인보다 뒤떨어지고, 경제력은 카르타고인보다 뒤떨어 진다고, 스스로 인정했다. 그럼에도 왜 로마인만이!"

---

22 **공화제 로마**  기원전 509~기원전 27년. 왕정을 폐지하고 공화제를 채택하자 로마 국왕과 각 도시 동맹이 사라졌고, 동맹 도시 에트루리아와는 적대 관계가 되었다. 로마에서 에트루리아인이 사라졌기 때문에, 로마인은 에트루리아의 기술을 스스로 발전시켜야 했다. 이에 따라 에트루리아는 우방국이 아니라 침략 대상국이 되었다.

23 **로마인 이야기**  세계를 석권한 로마인이 평범한 민족이었음이 열거되어 있다. 지혜의 그리스, 무력의 갈리아와 게르만, 제철 기술의 에트루리아, 무역의 카르타고에 둘러싸여 있던 로마는 개별적인 요소에서는 다른 민족보다 뒤떨어졌다. 그러나 역시 결국 승패를 결정하는 것은 종합력과 단결력이다. 로마는 이를 증명했다.

## ■ 철 이야기[24]

앞의 『로마인 이야기』 문장을 읽고 필자는 철의 장점에 관해 이렇게 생각했다.

"철강인들은 철이 고귀함에서는 금이나 은보다 뒤떨어지고, 가공성에서는 구리보다 뒤떨어지며, 내식성에서는 알루미늄보다 티타늄보다 뒤떨어지고, 내구성에서는 마그네슘보다 뒤떨어 진다고, 스스로 인정한다. 그럼에도 왜 철만이!"

대놓고 표절이지만, 필자는 나름 마음에 든다.

## ■ 수수께끼의 나라 에트루리아

역사가인 헤로도토스는 "에트루리아인은 트로이 전쟁 무렵에 멸망한 나라에서 이주한, 철을 만드는 민족"이라고 썼다. 현지의 토착민이라는 설이 유력하지만, 언어가 그리스어와 거리가 멀기 때문에 그다지 연구가 진행되지 않았다.

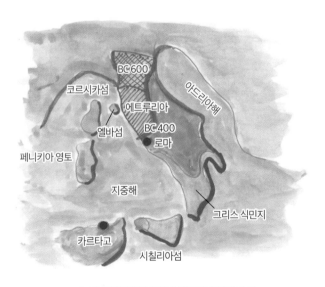

● 로마에 병합되기 전의 에트루리아 영토 ●

---

24 **철 이야기** 염치없는 소리지만, 좋은 표현을 발견하면 나도 모르게 모방하고 싶어진다. 『로마인 이야기』에서 이 문장을 읽고 곧바로 머릿속에 떠오른 것이 평범한 금속인 '철'이었다. 비천한 금속이라든가 싸구려라는 인식이 있지만, 세상에서 사용되는 금속의 98퍼센트가 바로 '철'이다. 다른 우수한 금속이 있음에도 말이다.

로마에 제압당하고 철 생산 기술을 빼앗긴 에르투리아는 역사의 무대에서 퇴장한다. 급속히 팽창하는 강대한 제국을 정비할 기술 기반을 로마에 제공하고 말이다.

에트루리아의 고대 제철 유적에서 발견된 당시의 철은 목탄의 불을 사용해서 철광석으로부터 얻은 조잡한 해면철[25]로, 고급 철은 아니었음이 밝혀졌다. 로마인은 이 제철 기술을 바탕으로 영토를 확대해나갔다.

## ◉ 알렉산드리아와 학원

### ■ 알렉산드로스 대왕의 유지

기원전 331년, 마케도니아의 알렉산드로스 대왕은 이집트의 해안에 이상적인 그리스 도시 '알렉산드리아'를 건설하려 했다. 다만 실제로는 이곳에 수개월 머물면서 구상만 하고 떠났으며, 결국 다시 돌아오지 못했다. 이곳에 도시가 설계되고 건축이 시작되었을 때는 알렉산드로스 대왕의 친구이며 이집트의 마지막 왕조를 세우는 프톨레마이오스 시대가 되어서였다. 그는 이집트에서 프톨레마이오스 왕조를 열고 기원전 305년에 수도를 알렉산드리아로 옮겼다.

알렉산드리아는 이집트에 위치하면서도 헬레니즘 문화의 일대 거점이 되어갔다. 문화의 중심지는 도시의 중앙에 있는 알렉산드리아 도서관이었다. 이곳에 그리스와 이집트의 책들이 모여들었고, 전 세계의 학자가 모여서 연구와 논쟁을 했다. 이 지식의 전당 무세이온의 대도서관은 알렉산드로스 대왕과 프톨레마이오스의 가정교사였던 아리스토텔레스의 학원 리케이온[26]을 모델로 삼은 것이었다. 아리스토텔레스도 플라톤의 학원인 아카데메이아[27]에서 공부했다.

---

**25 조잡한 해면철** 로마인의 눈에 에트루리아는 철제품을 만들어 내는 기술 선진 도시 국가로 보였지만, 실제 철제품은 직접 환원법으로 만든 까닭에 이물질을 많이 내포하고 있었다. 과거의 히타이트 같은 세련된 제철 기술은 아니었다.

**26 리케이온** 기원전 335년, 그리스 아테나이 교외에 있는 리케이온 신전에 아리스토텔레스의 학원이 개설되었다. 제자인 알렉산드로스 대왕의 지원을 통해서 개설된 것이었다. 아리스토텔레스는 산책로를 걸으면서 강의했기 때문에 소요학파로 불렸다.

**27 아카데메이아** 기원전 387년, 플라톤은 아테나이의 영웅 아카데모스의 숲에 학원을 개설했다. 지명을 학원명으로 사용한 것이었는데, 후세가 되자 교육 기관에 '아카데미'를 붙이는 것이 유행했다. 플라톤의 스승인 소크라테스도 학원을 찾아와 학생들과 토론했다.

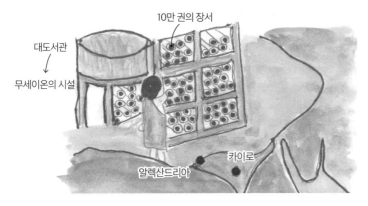

그림 라벨:
- 10만 권의 장서
- 대도서관
- 무세이온의 시설
- 카이로
- 알렉산드리아

● 알렉산드리아와 무세이온 ●

## ■ 알렉산드리아 도서관의 영고성쇠

알렉산드리아 도서관은 프톨레마이오스 왕조 시대부터 로마 제국 시대에 걸쳐 세계 최대의 도서관이었다. 활발한 교역으로 풍요로웠던 역대 이집트 왕들은 전 세계에서 책을 모아 학자들에게 연구시켰다. 그렇게 모은 책의 수는 30만 권에 이른다고 한다.

학자들도 배출해 유클리드와 아르키메데스가 이곳에서 연구를 했다. 기하학과 천문학, 의학도 크게 발전했으며, 그리스의 아리스토텔레스식 원소론이나 이집트의 미라 제작 등을 통해서 얻은 시약과 야금술 지식도 체계화되어 갔다.

그러나 학문의 집합소였던 대도서관은 단기간에 소실되고 말았다. 이집트는 이윽고 로마의 영토가 되었고, 로마는 점차 크리스트교도의 힘을 억제하지 못하게 되었다. 414년에는 알렉산드리아에서 유대인을 추방하고 이교도를 박해하는 일이 발생했다.

크리스트교도들은 그리스의 흐름을 이어받은 신플라톤주의[28] 학문을 이단

---

28 **신플라톤주의**  3세기부터 6세기에 걸쳐 헬레니즘 세계에 등장했던 사상. 이데아를 제창하는 플라톤의 사상은 크리스트교 세계에서 큰 반감을 샀지만, 신플라톤주의는 그리스의 신과 크리스트교의 신을 동일시하는 절충안을 통해서 서양에 확산되었다.

으로 여겼다. 결국 폭동이 일어났고, 폭도들이 도서관을 습격했다. 알렉산드리아 도서관의 책들은 거의 전부 불태워졌으며 수많은 학자가 알렉산드리아를 떠났다.

640년에는 아라비아인이 알렉산드리아를 습격해 함락했다. 그러나 그리스의 과학은 아라비아인의 손에 동방의 시리아로 전파되었고, 그곳에서 비잔티움과 바그다드로 전파되었다. 유럽에서 모습을 감춘 그리스의 과학 기술이 아라비아 세계, 이슬람에서 번성하게 된 것이다.

시간이 흘러 유럽이 종교가 지배하는 정신의 암흑시대로부터 빠져나오자, 알렉산드리아에서 연구되었던 그리스와 이집트의 과학 기술과 사상이 이슬람 문화를 통해 유럽으로 돌아왔다. 이것이 르네상스[29]의 시작이다.

## ◉ 폭풍로

중국에서는 고로를 폭풍로(Blast Furnace, 고로)라고 부른다. 고로는 녹은 선철을 연속 공급하는 철광석 제련로다. 폭풍로는 기원전 500년에 중국 남부의 오나라에서 사용되었다.

초기의 폭풍로는 이미 사용되고 있었던 청동을 녹이기 위한 용광로에서 진화·발전한 기술로 생각된다. 연료인 목탄과 철광석과 석회석을 폭풍로의 상부를 통해서 연속적으로 집어넣고 노의 바닥으로부터 공기를 불어 넣어 내부의 모든 영역에서 화학 반응을 일으키면 노의 하부에서 녹은 선철이 흘러나온다. 이때 가장 중요한 것은 노에 바람을 불어 넣는 방법이다. 대규모 폭풍로는 자연 바람이나 인력으로 불어넣는 것만으로는 조업할 수 없다.

중국에서는 31년에 두시라는 인물이 수차를 동력으로 사용하는 피스톤 풀무를 폭풍로에 적용했다. 이에 따라 송풍량과 송풍 기간이 증대되었고, 폭풍로 조업은 비약적으로 개선되어 갔다.

---

29 **르네상스** 14세기의 이탈리아에서 시작된, 고대 그리스와 로마의 문화를 부흥시키려는 운동. 중세 암흑시대의 유럽에서는 1000년 이상 크리스트교 중심의 정신세계가 지속되면서 문화의 다양성이 사라진 상태였다. 이슬람 문화로 도피했던 물질론이 근대 연금술의 형태로 되살아났다.

노

선철

풀무

(참조:『천공개물』)

● 폭풍로 ●

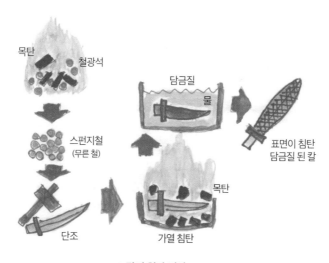

목탄

철광석

담금질

물

스펀지철
(무른 철)

표면이 침탄
담금질 된 칼

단조

목탄

가열 침탄

● 칼의 침탄 경화 ●

## ◉ 단조 철검, 철과

중국 전국시대 말기에는 철광석에서 직접 환원법으로 만든 해면철을 두드려서 성형해 도검 등을 만들었다. 다만 이 철은 너무 무르기 때문에 목탄 등과 함께 장시간 가열해 탄소가 표면에 스며들게 함으로써 표면을 강화해 강한 무기를 제작했다.

도가니법, 단조 기술, 침탄 경화 기술 등을 조합해서 만든 것이 단조 철검인 철과(鐵戈)다.

## ⊙ 다마스쿠스강

인도의 우츠강을 현재 시리아의 다마스쿠스로 가져가 그곳에서 가공한 강철을 총칭해 '다마스쿠스강'이라고 부른다. 나중에는 가공한 강재의 표면에 다마스쿠스 무늬가 떠오르는 강도 다마스쿠스강이라고 부르게 되었다.

다마스쿠스강으로 만든 도검이나 날붙이는 굉장히 잘 들어서, 날 위에 떨어트린 천이 그대로 잘렸다는 일화도 있다.

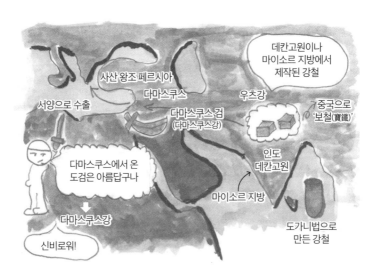

● 다마스쿠스강 ●

# 우리 집의 동탁

필자는 모조품이 분명함을 알면서도 모으고 싶어지는 나쁜 습관이 있다. 아니, 모조품임을 알기에 모을 수 있는 수집품도 있다. 그것이 바로 동탁(銅鐸)이다.

인터넷 중고 거래 사이트에 동탁이 올라온 것을 봤다. 사진을 보니 표면에 녹청이 퍼져 있는 것이 상당히 멋진 분위기였다. 2,000엔을 주고 샀는데, 도착한 물건을 보고 왜 이 가격인지 이해했다. 높이가 30센티미터 정도로 꽤 작았다. 표면을 손으로 문지르니 녹청이 벗겨지며 노란색 표면을 드러냈다.

그래도 무게가 꽤 묵직한 것을 보면 플라스틱이 아님은 분명했다. 시험 삼아 자석을 대 보니 찰싹 달라붙었다. "오, 이 동탁은 자석이 달라붙는군. 그렇다는 말은 자석이 달라붙는 신종 청동으로 만든 동탁이라는 뜻이네. 별로 크지 않은 걸 보면 야요이 후기에 만들어진 것인지도 모르겠어." 상자에서 동탁을 꺼내 잠시 일인극을 하면서 놀았다. "뭐, 주철로 만든 가짜일 가능성도 있지." 처음부터 알고 있었기에 조금은 즐거웠다.

그러나 실물을 보고 깨닫게 되는 것도 있다. 현명한 독자 여러분은 이미 알고 있겠지만, 동탁은 원통형이 아니다. 카우벨(소의 목에 거는 종)의 형태를 띠고 있다. 이 종이 거대해져서 우리가 알고 있는 동탁이 되었다. 역시 우리 조상님들은 울트라맨이나 고지라 같은 거대화 문화의 선구자였던 것이다.

청동기가 일본에 들어온 시기는 기원전 2세기다. 처음에는 단순한 형태였지만, 이윽고 흙으로 거푸집을 만들게 되면서 복잡한 형상이나 표면에 무늬가 있는 물품이 만들어지게 되었다. 거푸집의 크기도 처음에는 소형이었지만 점차 대형 청동 제품을 만들 수 있게 되었다. 다양한 크기의 구리 검과 구리창, 구리거울과 장식품의 거푸집이 오늘날까지 남아 있다.

야요이 시대 말기, 동탁은 갑자기라고 해도 이상하지 않을 만큼 짧은 기간에 모조리 매장되어 버렸다. 초기의 구리창이 부장품으로서 매장되었던 사례와는 달리, 제사나 부장품과는 상관없이 집락의 외부 등에 한꺼번에 매장된 것이다. 그것도 광범위한 장소에서 비슷한 방식으로 매장되었다. 사용을 마친 제기를 폐기했다든가 장기보관을 위해서라든가 하는 여러 가지 설이 제기되었지만, 야요이 시대 말기에 예외

없이 매장되었다는 사실을 볼 때 어떤 사회적인 공통 인식이 형성되었거나 강대한 권력의 소행일지도 모른다. 동탁의 매장에 관해서는 아직 결정적인 정설이 없으며, 금속의 관점에서 바라본 일본사의 거대한 수수께끼로 남아 있다.

멍하니 이런 생각을 하고 있는데 뒤에서 아내의 목소리가 들렸다. "또 이런 잡동사니를 사 왔네. 집을 쓰레기장으로 만들 생각이에요? 안 그래도 오래된 책이 넘쳐나는데." 아내의 잔소리를 배경으로 다이소에서 사 온 텔레비전의 회전 거치대에 동탁을 올려놓고 빙글빙글 돌리면서 바라보는 행복한 시간을 보냈다.

# 제 4 장

# 금속,
# 인류의 사상에
# 강력한 영향을 끼치다

: 금속이 만들어낸 문명과 연금술

## AD 1년

### 로마의 번영

### 제철 선진국 중국

## AD 500년

### 비잔틴 문화

### 연금술의 시작

## AD 1000년

# 서양

**AD 60년**    알렉산드리아에서 증기의 분출을 이용한 구형 엔진 등장[그리스]

**세레스의 철** ...................................................

**AD 77년**    대 플리니우스의 『박물지』 37권 제2500장. "철은 세레스가 최고이며, 파르티아가 그 다음이다."

**로마의 못** ...................................................

**AD 83년**    로마군이 영국 인치투틸에 못을 파묻고 철수

**AD 117년**    로마 제국 최대 판도: 군대의 거대화[이탈리아]

**AD 206년**    세베루스 황제, 데나리우스 화폐를 개주(改鑄). 은 함유량을 60퍼센트로 낮추다

**AD 3세기**    연금술사 조시모, 연금술의 발생과 백과사전적 저서[이집트]

**AD 350년**    북방의 노섬벌랜드에서 순수한 주석 제품이 대량 제작

**AD 364년**    시리아의 금속 전문가가 서유럽에서 은 부조 등을 만듦

**AD 425년**    올림피오도루스의 페르시안나이트에 대한 연금술[그리스]

**AD 622년**    성천(聖遷). 50만 명의 대이동(이슬람 제국)

**AD 695년**    남이탈리아에서『황금 제조의 열쇠』가 편집

**중세 그리스도상 금화** ...................................................

**AD 705년**    유스티니아누스 2세, 비잔틴 금화에 그리스도상을 주조 중세의 달러[동로마]

**AD 700년**    프랑크족, 금본위제에서 은본위제로 전환

**AD 721년**    아라비아의 연금술사 자비르 이븐 하이얀, 염화알루미늄, 백색 납, 질산, 아세트산 등의 제조법을 기록

**완전성의 총체** ...................................................

**AD 780년**    자비르 이븐 하이얀, 아라비아 연금술을 포함한 『완전성의 총체』를 저술

**AD 790년**    스칸디나비아에서 선철용 용광로

**AD 8세기**    슈타이어마르크(오스트리아 남동부), 케른텐(오스트리아 남부)에서 철의 견형로 생산

▼

## 서양(앞에서 이어서)

**AD 809년** 자비르 이븐 하이얀, 현자의 돌 익시르를 사용해 중국의 연단술과 알렉산드리아의 연금술을 융합

**AD 864년** 잉글랜드에서 석탄 사용 개시[영국]

**AD 932년** 연금술서 『라사일(Rasā'il Ikhwān al-safā)』의 저자인 이크완 알 사파(순결의 형제단) 결성

**AD 943년** 마수디 『시대의 정보(Akhbār al-Zamān)』 집필

**AD 950년** 코르도바, 50만 명의 인구와 대도서관 등으로 유럽 학문의 중심지가 됨[스페인]

## 중국

**AD 10년경** 자동차가 지나갈 수 있을 만큼 튼튼한 '주철' 다리

**AD 20년** 전한의 무제, 철을 국가의 관리하에 둠

**AD 110년** 대상(카라반)이 낙양을 출발, 중앙아시아에서 로마의 금은과 교환[한]

**AD 300년** 신라의 탈해왕, "짐은 대장장이 집안 출신이다"라고 말함. 한국에 제철 유적

### 강철의 제조
**AD 400년** 주철과 연철에서 강철 제조[중국]

### 주철 기둥
**AD 695년** 측천무후, 무주 왕조를 기념하기 위해 1,325톤의 주철 기둥을 건설[중국]

### 금단
**AD 943년** 남당의 초대 황제 이변(열조), 맹독 금단을 복용하고 사망(십국)

## 일본

**AD 0년** 금속 제품이 대륙에서 도래. 주철의 제조

**AD 0년경** 서일본에서 철기 보급, 석기는 급속히 소멸

### 동탁 · 동모
**AD 40년경** 긴키 지방에서 동탁, 서일본에서 동모 · 동검 · 동월을 제작

**AD 100년경** 후기 야요이 문화 시작, 청동기 사용

### 구리거울
**AD 150년** 주물 구리거울 도래 『위지 왜인전』

### 동탁 · 동모의 매장
**AD 240년** 나라 분지의 대규모 집락 소멸, 동탁과 동모의 일괄 매장

### 전방후원분
**AD 290년** 전방후원분(고분 시대 전기)

### 백강 전투
**AD 663년** 신라의 백강 전투에서 일본 패배, 고급 강의 수입 단절

**AD 683년** 부본전 제조, 1998년에 나라에서 발견. 제도 연도는 『일본서기』의 기록

### 화동개진
**AD 708년** 무사시노쿠니, 화동(和銅)을 헌상해 '화동개진'을 주조. 일본 최초의 화폐. 원형 속에 사각형의 구멍[일본]

### 도다이지 노사나불 좌상
**AD 749년** 나라의 도다이지, 대불 주조 개시[일본]

**AD 752년** 나라의 도다이지, 대불 건립[일본]

### 사철 채취를 위한 간나
**AD 820년** 『일본영이기(日本靈異記)』에 사철 채취를 위한 간나 조업법 기록

### 도검
**AD 980년경** 도검 제조 기술의 발달. 비젠의 마사쓰네, 교의 무네치카, 지쿠고의 미쓰요

# 4-1 문명의 번성: 로마는 번성하고, 중국은 철강 선진국으로

## ◎ 연대 해설

### ■ 로마의 번성

기원후 1~500년을 금속의 측면에서 바라보면, 서양은 알렉산드리아와 로마가 중심지였다. 한편 중국은 한 왕조[1]의 시대가 되었으며, 금속 기술이 단번에 발전해 제철 선진국이 된다. 그리고 일본에도 대륙에서 금속기가 들어오기 시작해 야요이 시대와 고분 시대를 맞이한다. 동탁과 동모가 만들어진 것도 이 시기다.

　로마의 대 플리니우스가 77년에 출간한 『박물지』에는 동방에서 온 세레스의 철이 최고이며, 파르티아의 철이 그다음이라는 기술이 있다. 에트루리아로부터 빼앗은 해면철 제조법을 계승했던 로마로서는 외국에서 유입된 철의 뛰어난 품질이 충격적이었을 것이다.

　이처럼 플리니우스는 로마가 만들고 있었던 철을 외국의 철보다 낮게 평가했지만, 사실 그 정도는 아니었다. 영국 인치투틸[2]에서 출토된 로마의 못은 훌륭한 품질의 강철로 제작되었다. 로마 제국은 117년에 영토를 최대화했지만, 이와 함께 쇠퇴하기 시작했다. 330년에는 수도를 로마에서 콘스탄티노폴리스로 옮겼고, 391년에는 알렉산드리아도 파괴되었다.

---

1　**한 왕조**　전한(기원전 206~기원후 8년)과 후한(25~220년), 400년 동안 안정 속에서 지속되었던 통일 왕조. 전란이 없으면 과학 기술과 문화가 꽃을 피운다. 중국은 철강 기술을 크게 발전시켜 제철 대국이 되어 갔다. 동서양의 교류가 활발해진 시기이기도 하다.

2　**인치투틸**　영국 스코틀랜드 중앙부의 퍼스와 킨로스에 있다. 고대 로마의 요새가 있었던 장소. 1950년대에 고고학자가 발굴 조사를 하다 땅속에서 묻혀 있었던 대량의 못을 발견했다. 87년에 묻힌 것으로 추정되고 있다.

## ■ 제철 선진국 중국

중국에서는 전한의 무제가 철을 국가의 관리하에 뒀다. 직사각형 연로, 원형 연로, 해면철을 생산하는 배로[3], 저온 초강로[4] 등 다양한 철 정련로가 만들어졌으며, 반사로에서 선철을 탈탄해 강이나 연철로 만드는 기술이 발달했다.

그런 가운데 수력 풀무가 발명되어 폭풍로(고로)에 사용되기 시작했다. 400년에는 탄소의 함유량이 많은 주철과 탄소의 함유량이 적은 연철을 녹여서 강철을 만들 수 있게 되었다. 한의 중앙 정권이 통치한 이 시대의 중국은 세계 수준을 뛰어넘는 제철 선진국이었다.

일본은 이런 제철 선진국의 이웃에 있었다. 동탁이나 동모 등 청동기 문명도 도래했지만 뿌리를 내리지 못했고, 고분 시대에 철기 문명으로 단숨에 이행했다. 이런 관점에서 보면, 일본군이 백제나 신라를 공격[5]한 것은 철기 기술을 탐냈기 때문으로 생각된다. 실제로 이후의 일본 유적에서는 철제품이 급증한다.

1~500년은 로마의 쇠퇴와 중국의 제철 선진국화가 명료해진 시기다. 한편 인도에서는 400년경에 델리의 철 기둥이 만들어졌다.

## ⊙ 철의 실크로드

### ■ 철의 회랑

역사책이나 사적을 통해서 철이나 금속의 역사를 상상하는 것은 쉬운 일이다. 그러나 이것은 어디까지나 밝혀진 사실을 바탕으로 상상하는 것일 뿐이다. 중국이나 메소포타미아, 이집트, 인도의 눈에 보이는 역사다. 그렇다면 눈에 보이지 않는 역사도 있을까? 지역과 시대를 나눠 보면 그 모습이 보이기 시작한다.

---

3   **배로**  철광석을 연철로 바꾸는 환원로. 풀무로 노에 바람을 불어 넣을 수 있는 설비를 갖췄다.

4   **저온 초강로**  초강(炒鋼)은 선철을 노에서 탈탄해 연철을 만드는 방법이다. 이것으로 강철을 만들었다는 설도 있지만, 헨리 코트의 퍼들로도 연철밖에 만들지 못했음을 생각하면 강철의 탄소 농도를 지닌 강철을 직접 만들 수 있었으리라고는 생각하기 어렵다. 탄소의 농도가 높은 선철과 낮은 연철(초강)을 만든 다음 섞어서 탄소의 농도가 중간인 강철을 만들어냈던 용해 야금로로 생각된다. 두 가지 농도의 철을 녹여서 섞는 방법은 선철을 탈탄하거나 연철에 탄소를 침투시켜서 도검을 만드는 방법보다 생산성과 품질이 안정적이었다.

5   **일본이 백제나 신라를 공격**  백제는 일본의 우호국이 된다. 일본은 당과 신라의 공격을 받은 백제를 구원하기 위해 일본 유학을 왔었던 왕자를 비롯한 백제의 남은 세력과 함께 대치했지만, 663년에 백강구 전투에서 대패했다. 이 일을 계기로 일본은 한반도 진출을 단념했으며, 고급 강철을 손에 넣을 수 없게 되었기 때문에 국내 제철업을 활성화하게 된다.

서양과 동양의 교역로를 실크로드[6]라고 부른다. 이 길은 물론 고속도로가 아니다. 아니, 안전한 길조차 아니었다. 그러나 수많은 문물이 오가며 거대한 부를 가져다준 길이었다. 단순한 통로가 아니라 많은 것을 만들어 낸 거점이기도 했다.

중국에는 "흐르는 모래의 저편에 철이 있으니, 간다라의 철[7]이로다"라는 말이 있었고, "서역의 어딘가에서 철이 난다"라고 말했다. 로마의 대 플리니우스는 『박물지』에 "중국 세레스의 철이 가장 질이 좋으며, 파르티아의 철이 그다음이다"라고 썼다. 아시아에서 수입한 철의 품질을 극찬한 것이다.

## ■ 누구도 알지 못하는 철의 고향

그런데 대 플리니우스가 극찬했던 세레스의 철이 어디에서 만들어진 것인지는 명확히 알 수 없다. 중국에서는 전매공사 격인 관철이 철을 제작했는데, 그곳에서 나온 철은 아닌 듯하다. 서역 지방이나 천축[8]에서 만들어진 것으로 생각된다.

로마도 중국도 상대가 만든 철이 우수하다고 생각한 데는 이유가 있다. 철의 산지가 신장웨이우얼이나 파미르고원 등 우리가 아직 발을 들이지 못했고 조사도 충분히 되지 않은 지역에 몰려 있었기 때문이다. 신장웨이우얼의 우루무치시에는 30톤에 가까운 거대 운철[9]이 전시되어 있다. 이것만 봐도 고대부터 철과 친숙했던 지역임을 짐작할 수 있다.

금속 자원이 풍부한 알타이산맥의 근방에서는 철을 비롯한 금속 유물이 대

---

6 **실크로드** 기원전 8세기부터 기원후 18세기 사이에 동양과 서양을 연결했던 교역로. 문물뿐만 아니라 종교와 정치, 경제 등이 실크로드를 통해서 전래되어 서로의 사회에 영향을 끼쳤다. 실크로드의 중간에 위치한 국가들의 특산품과 가공품 등을 포함해 다양한 물품이 교역의 대상이 되었다.

7 **간다라의 철** 간다라는 기원전 6세기부터 기원후 11세기에 걸쳐 현재의 파키스탄 부근에 존재했던 왕국이다. 카니슈카왕의 시대에 불교 미술·문화가 꽃을 피웠다. 알렉산드리아와도 교역했는데, 서양에서 전래된 신들의 청동상을 보고 간다라 석불을 만들기 시작했다는 설도 있다.

8 **천축** 인도의 옛 명칭

9 **30톤에 가까운 거대 운철** 1위는 나미비아의 호바 운철(66톤), 2위는 아르헨티나의 차코 운철(37톤), 3위는 그린란드의 케이프요크 운철(30.9톤), 4위는 아르헨티나의 간세도 운철(30.8톤), 5위가 이 우루무치 운철(28톤)이다.

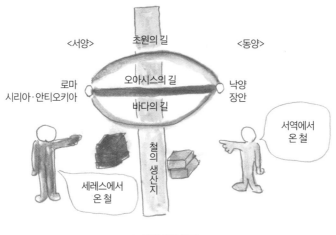

● 철의 실크로드 ●

량으로 발견되고 있다. 우리가 아직 발을 들여놓은 적이 없는 실크로드는 비단 길일 뿐만 아니라 무한에 가까운 금속 자원 위를 걷는 길이기도 한 것이다.

서역의 고대 왕국인 누란[10]에서는 후한 시대의 철기가 출토된다. 선철과 쇠 못 등이다. 누란은 7세기에 멸망했기 때문에 흔적도 거의 남아 있지 않다. 중 앙아시아에는 아직 조사되지 않은 지역도 많으며, 출입도 여의찮다. 이 봉인된 지역이 철의 실크로드다. 그 땅의 역사도 문물도 아직 장막에 가려져 있다. 과 연 그곳에는 어떤 철의 역사, 어떤 번영의 이야기가 숨겨져 있을까?

## ⊙ 중국의 제철 정책

### ■ 중국의 철 전매 제도

철 문화는 실크로드를 통해서 중국에 유입되었고, 그곳에서 일본으로 건너갔 다. 춘추 시대 말기부터 전국 시대에 걸쳐서 일어난 일이다. 군웅할거의 시대 였기에 철기는 무기의 소재로서도 귀중품이었다.

---

10 **누란** '떠도는 호수' 로프노르로 유명한 누란이지만, 언제 성립되었는지는 명확하지 않다. 4세기경에 호수가 말라붙어 서 사막화되었다. 실크로드의 분기 요충지에 위치해 교역으로 번성했지만, 정치적으로는 한과 흉노 사이에서 고뇌했다.

진과 한의 시대가 되자 철의 생산은 정치적으로 조직화되어 갔다. 철의 생산 거점은 이적(夷狄)의 땅[11]에 원료 입지형으로 점재했다. 발전기의 국가는 당연히 무기를 만들어야 했고, 무기를 만들기 위해 소재를 증산해야 했다. 특히 한은 국가 체제의 정비와 흉노 대책을 위한 방대한 비용을 마련하는 것이 시급한 과제였다.

이런 배경에서 나온 발상이 소금과 철을 중심으로 한 주요 물자를 국가가 독점하는 것이었다. 한 무제는 소금, 철, 나중에는 술까지 국가가 전매하게 했다. 이 중 철에 관해서는 철 유통업자를 최고위의 대신에 해당하는 '대농'으로 삼고 그 밑에 대와 소의 '철관'을 둬서 철의 생산과 판매의 전매화를 추진했다. '대철관'은 철광석 산지에서 철의 일관적 생산을 관리했고, '소철관'은 주조 작업만을 관리했다. 국가사업은 단순한 명목이었으며, 기술자를 구속해 가격을 통제하기가 목적이었다. 관영 제철소의 노동자는 멸망한 나라에서 끌고온 포로들이었는데, 노동 환경이 너무나도 열악했기 때문에 때때로 반란을 일으키기도 했다.

## ■ 규제 완화를 할 것인가, 말 것인가?

한의 시대에 실시된 염철회의[12]는 책으로 만들어졌다. 전매 제도를 계속해야 할지 폐지해야 할지를 놓고 벌어진 치열한 논쟁은 지금 읽어도 매우 재미있다. 논쟁의 결론은 '철관 제도는 남긴다'였다. 철 가격의 폭등이나 업자와 관리의 유착 같은 폐해도 많지만, 철의 전매를 폐지하면 흉노 대책을 위한 방대한 지출을 감당할 수 있겠느냐는 것이다. 결국 철관 제도는 당나라 시대까지 계속되었다.

---

11 **이적의 땅**  철을 의미하는 한자는 여러 가지가 있다. '鐵'은 획수가 많은 한자로 손꼽히는데, '鉄'이라든가 '銕'도 있다. 본래는 중국의 시골인 이적(夷狄)에서 온 금속이라는 의미에서 '銕'을 사용하던 것이 간략화되어 '鉄'이 되었는데, '돈(金)을 잃는(失)다니, 불길하다'라고 해서 '失'을 '矢'로 바꿔 '鈇'가 되었으며, 좀 더 위엄을 살리고자 '금속의 왕이로다'라고 해서 '鐵'를 사용하게 되었다. '鉄'는 현대에도 회사명으로 사용되고 있다.

12 **염철회의**  전한의 관리인 환관이 정리한 『염철론』에 나오는 회의. 소제(昭帝)의 시대에 열렸던 회의로, 소금과 철, 술의 국가 전매를 어떻게 할 것인가는 조정의 대표와 민간 지식인이 토론했다. 결국 술의 전매를 중지하게 되었다.

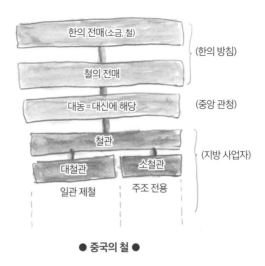

● 중국의 철 ●

철관 제도는 당연하지만 막대한 이익을 낳았다. 그런 야금업을 자본가들이 내버려둘 리가 없어서, 조업 장소가 산간벽지이기도 하다 보니 밀조가 끊이지 않았다. 실제로 『관자』에는 "조정의 철광석 산을 파헤치는 자는 용서 없이 사형에 처한다", "규칙을 어기고 왼발을 광산에 들여놓은 자는 왼발을 절단한다"라는 무서운 구절이 있다.

또한 『회남자』에는 "대장장이가 설철(쇠 부스러기)을 주워서 다시 녹여 사용하는 것을 용납해야 하는가?"에 관한 내용이 있다. 이것을 보면 설철의 사용에 관해서는 관할이 불분명했으며, 아마도 철의 밀조는 돈벌이가 되었을 것으로 생각된다.

## ⊙ 세레스의 철

제정 로마 시대의 대 플리니우스는 77년에 저술한 세계에서 가장 오래된 백과사전 『박물지』에서 "세레스의 철은 매우 질이 우수한 세계 최고의 철이다. 파르티아의 철은 그다음이다"라며 동방에서 온 철을 극찬했다. 대상이 아시아에서 가져온 철은 1세기경의 로마 시장에서 철 가공업자와 무구 대장장이들에게 매우 높은 평가를 받았던 모양이다.

예전에는 동방에서 온 세레스의 철[13]을 중국산으로 생각했었다. 그러나 아무래도 중국의 관철은 아닌 듯하다. 최근에는 중국 서역 지방이나 인도 주변의 천축에서 만들어진 철이 아닐까 추정되고 있다. 사실 한나라 시대에는 중앙아시아 부근까지 중국의 영토였기에 '중국의 철'로 뭉뚱그려도 반드시 틀린 말은 아닐 것이다.

반면 중국에서는 서쪽에서 호인(胡人)[14]이 가져온 철을 빈철(賓鐵)이라고 부르며 귀중하게 여겼다.

그렇다면 로마의 관점에서는 동쪽에서, 중국의 관점에서는 서쪽에서 온 경이로운 품질의 철을 생산한 지역은 대체 어디일까? 세레스라는 나라에 관해서는 최근 들어 다양한 설이 발표되고 있다. 종합적으로 연구한 학자의 정리에 따르면 "동쪽은 대양과 마주하고 서쪽으로도 넓게 펼쳐진 나라로, 견직물과 모피, 대량의 철 등을 수출했다"고 한다. 또한 그리스의 역사가인 크테시아스는 세레스인과 북인도인을 명확히 구별했다. 이렇게 보면 중앙아시아에 있었던 국가가 아닐까 싶다.

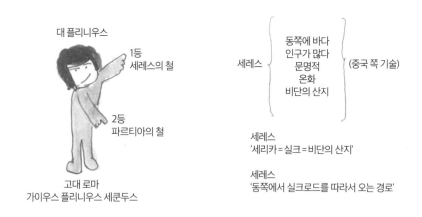

대 플리니우스

1등
세레스의 철

2등
파르티아의 철

고대 로마
가이우스 플리니우스 세쿤두스

세레스 {
동쪽에 바다
인구가 많다
문명적
온화
비단의 산지
} (중국 쪽 기술)

세레스
'세리카 = 실크 = 비단의 산지'

세레스
'동쪽에서 실크로드를 따라서 오는 경로'

● 세레스의 철 ●

---

**13 세레스의 철**  세레스는 로마의 동쪽에 있었던 고대 국가의 명칭으로, 로마에서는 세리카라고 불렀다.

**14 호인**  중국의 서방 민족을 부르는 명칭. 북방의 유목 기마 민족인 흉노를 가리킬 경우도 있다.

고대 로마는 실크로드를 통해서 한의 비단을 수입했다. 타림 분지의 아리아인은 무역을 중계했다. 로마의 수입품으로는 비단 외에 실크로드 도중의 지역에서 만든 철도 있었다. 그래서 비단길의 저편에서 온 철을 관습적으로 '세레스의 철'이라고 부른 것이 아닐까?

## ⊙ 로마의 못

### ■ 사소하지만 중요한 못

필자의 서재에는 철의 역사 컬렉션이 나열되어 있는데, 그중에서 이채를 띠는 것이 로마의 못이다. 예전에 영국의 BS 스틸에 기술을 지도[15]했을 때 선물로 받은 것이다.

오래된 못이라고는 하지만 고작 1900년 정도 전에 만들어진 것이다. 강가에 굴러다니는 암석 중에는 수십만 년 전의 것도 있으며, 지면의 모래는 수억 년 전의 것일지도 모른다. 그런 것들에 비하면 딱히 오래된 것도 아닌 셈이다. 다만 그렇다고 해도 박물관의 특등석 정도는 충분히 보장되는 모양이다. 대영 박물관의 전시실에서 똑같은 것을 발견하고 이 녹슨 못을 조금은 다시 보게 되었다.

대영 박물관의 못은 수지 속에 보관되어 있었고, 명판에 "83~87년에 로마인이 만든 못으로, 스코틀랜드의 인치투틸에 위치한 요새의 터에서 출토되었다"라고 적혀 있었다. 약 1900년 전에 만들어진 10센티미터 정도의 쇠못으로, 녹이 슬어 있지만 원형을 그대로 유지하고 있다. 대가리 부분이 단조로 튼튼하게 만들어져 있다.

---

15 **BS 스틸에 기술을 지도** 이전에 이탈리아로 지도하러 갔던 것도 있어서 수락했다. 아쉽게도 이번에는 저쪽에서 일본으로 왔다. 지도하게 된 계기가 조금 황당했는데, 모 회사의 영국 주재원이었던 필자의 대학 시절 지인이 일본에서 품질 공부를 하라면서 필자의 이름을 말한 것이었다. 그렇다 보니 첫 대면에서는 완전히 시비조였다. "이 몸에게 뭘 가르쳐 줄 거지, 젊은이?"라는 듯한 태도였는데, 이럴 때는 역시 회식이 특효약이다. 마침 벚꽃이 활짝 핀 시기였기에 근처 공원에 자리를 깔고 대낮부터 환영회를 열었다. 영국인도 신발을 벗고 자리 위에 앉아 함께 맥주를 마셨고, 이튿째부터는 태도가 부드러워졌다. 입사 6년 차에 있었던 일이다.

## ■ 귀중품이었던 철

유래를 조사해보니, 인치투틸에는 제정 로마가 스코틀랜드의 픽트족[16]을 복종시키기 위해 구축한 병참기지가 있었다. 그러나 침공 전에 장군이 해임되었기 때문에 로마군은 철수할 수밖에 없었는데, 이때 쇠못을 어떻게 처리할지가 문제가 되었다. 쇠못을 두고 가면 적이 무기로 사용할 위험이 있지만, 그렇다고 해서 가져갈 수도 없었다. 그래서 어쩔 수 없이 땅속에 묻어 버린 듯했다.

쇠못의 성분을 분석한 결과에 따르면 고탄소강과 저탄소강의 두 종류가 있었다고 한다. 어디에서 만든 철인지는 명확하지 않지만, 로마에는 다양한 종류의 강철을 만들어서 가공하는 기술이 이미 존재했음을 알 수 있다.

로마는 주변 국가를 차례차례 정복해 제국에 편입시키는 정책을 사용했는데, 이때 도구나 무기는 현지에서 조달했다. 서쪽으로는 스페인까지 진출해, 철을 생산하고자 나무를 닥치는 대로 베었다. 침공을 멈췄을 때는 대지가 벌거숭이가 된 뒤였다. 쇠못을 유심히 바라보다 어느덧 잠이 든 필자는 로마의 군대가 강철로 만든 창을 일제히 이쪽으로 향하고 공격해 오는 꿈을 꾸고 깜짝 놀라 잠에서 깨어났다.

● 로마의 못 ●

---

16 **픽트족**  스코틀랜드에 살았던 부족으로, 켈트어를 사용했다. 로마의 역사가인 타키투스는 저서 『아그리콜라 장군 평전』에 "83년, 픽트 연합군과 로마군의 전투가 있었다"라고 기록했다. 로마군이 떠나자 요새를 습격해 약탈했다고 한다. 쇠못을 땅속에 묻은 이유다.

## ⊙ 델리의 철 기둥

### ■ 녹슬지 않는 철 기둥

인도의 올드델리 근방에 있는 쿠트브 미나르[17] 경내에 세워진 철 기둥은 '녹슬지 않는 철 기둥'으로 유명하다. 5세기에 만들어진 기둥으로, 지름 40센티미터에 전체 길이 7.25미터, 지상 6미터, 굽타어로 당시의 통치자를 찬양하는 글이 새겨져 있다. 소재에 불순물이 들어 있지 않고 기후가 건조한 까닭에 1700년 동안 녹이 슬지 않은 채 원형을 유지하고 있다.

### ■ 정신이 아득해질 것만 같은 제작법

델리의 철 기둥 성분은 연철이라고 부르는 순철이다. 먼저 작은 철 덩어리를 만들고, 그것을 가열한 다음 망치로 두드리는 단조 가공으로 철 덩어리를 펴서 판을 만든다. 그리고 판과 판을 새빨갛게 가열한 다음 두드려서 붙이는 단접 가공으로 접합한다. 녹인 철을 거푸집에 부어서 만든 것이 아니라 철 기둥을 굴림대 위에 올려놓고 굴리면서 조금씩 이어 나가는 방법으로 만든 것이다.

이런 번거로운 제작법으로 철 기둥을 만들기 위해 당시의 기술자들이 했을 고생을 생각하면, 필자가 요코하마 랜드마크 타워의 철 기둥[18]을 만들 때 했던 고생은 아무것도 아니었다는 생각이 든다(두께 9센티미터의 판을 말아서 지름 90센티미터의 원기둥으로 만들었는데, 약간의 흠집만 있어도 큰 소리와 함께 파열되어 버렸다. 그러나 델리의 기술자들이 했던 고생에 비하면…).

---

17 **쿠트브 미나르** 1200년경에 인도의 델리에 건설된, 이슬람교도에게 예배를 권유하기 위한 탑. 이 부지 내에 델리의 철 기둥이 있다. 델리의 철 기둥은 415년에 찬드라굽타 2세가 건립한 것이지만 13세기에 현재의 장소로 옮겨졌다.

18 **랜드마크 타워의 철 기둥** 요코하마 랜드마크 타워에는 특수한 기둥이 사용되었다. 일반적인 고층 빌딩은 기둥에 바닥을 지탱하는 리브플레이트를 직각으로 부착하기 때문에 상자형의 사각기둥을 사용한다. 한편 랜드마크 타워는 리브플레이트가 세 방향으로 나오는 구조인데, 삼각기둥은 만들 수 없어 원기둥을 채용했다. 문제는 두께가 있는 강재를 말아서 원기둥으로 만들 때 외부에 거대한 인장력이 작용한다는 것이다. 그래서 약간의 흠집만 있어도 원기둥이 파괴되어 버렸기 때문에 제작에 난항을 겪었다. 만드는 동안에는 정말로 빌딩을 지을 수 있을지 하는 의구심까지 들었다. 개장 후 한동안은 집 근처의 해안에서 바다 건너편의 요코하마에 랜드마크 타워가 무사히 서 있는 모습을 눈으로 확인하는 것이 일과였다.

## ■ 진짜는 아니지만

철을 좋아하는 필자이지만 진짜 델리의 철 기둥은 본 적이 없다. 다만 '진짜'라고 전제한 데는 이유가 있다. 인도의 유명한 제철소를 찾아갔을 때 차창 밖으로 델리의 철 기둥처럼 생긴 것을 발견했다. 차에서 내려 관찰해보니 틀림없이 델리의 철 기둥이었다. 기둥에 새겨져 있는 굽타어까지 동일했다. '거 참 이상하네…. 여기가 델리였던가?'라는 생각이 들어서 동행인에게 물어보니, 고개를 숙이며 "가짜인데요…"라고 짧게 대답했다. 진짜라고 속일 생각으로 만든 것도 아닌데 부끄러워할 필요가 있나 생각했지만, 그쪽도 나름의 이유가 있었으리라.

그 철 기둥은 제철소가 현대의 철강으로 만든 것이었다. 그 증거로, 표면이 새빨갛게 녹슬어[19] 있었다. 진짜와는 달리 100년도 버티지 못할 것이다. 가짜 철 기둥을 보면서 이것이 현대 강철의 현실임을 느꼈다.

## ■ 고대 인도의 제철 기술

오래전부터 강철 제품은 인도의 가장 중요한 수출품이었다. 구약성경에도 인도의 강철에 관한 내용이 있다. 고대 인도인은 양질의 강철을 귀중품으로 취급했다. 인도 왕이 자신을 패배시킨 알렉산드로스 대왕에게 귀중한 선물로 강괴를 헌상했다는 기록이 있을 정도다.

인도인은 철이 자석이 되고 철검이 번개를 끌어들인다는 사실을 알고 있었다. 델리의 기둥에는 수많은 전설이 있다. "기둥은 일곱 종류의 금속으로 만들어졌다. 그래서 녹슬지 않는 것이다", "고대 인도인은 거푸집을 사용해서 15미터가 넘는 거대한 기둥을 만드는 경이로운 기술을 보유하고 있었다" 같은 전설이다. 인도의 전승에 따르면 이 기둥은 땅속 깊숙이 박혀서 지하에 사는 뱀의 왕을 꿰뚫었다고 한다.

---

19 **새빨갛게 녹슬어** 철은 녹슨다고 알려졌지만, 녹스는 것은 현대의 강철이다. 연철이나 선철은 녹슬지 않는다. 강철 중에서 녹슬지 않는 것은 일본의 옥강과 우츠라고 부르는 인도강 정도다. "선조가 만든 우츠는 녹슬지 않는데, 자손이 만든 강철은 녹이 스는군요"라고 짓궂게 놀려 볼까 생각도 했지만, 그것은 일본도 마찬가지라서 그만뒀다.

실제로는 순도가 매우 높은 연철이며, 작은 부품을 단조 가공으로 성형해 단접 접합[20]함으로써 기둥을 만든 것으로 보인다. 기계도 없었던 시대임을 생각하면 이 정도 두께와 크기의 연철 조각을 가열해서 두드려 접합해나가는 기술은 경이로운 노력과 인력의 투입을 통해서 이루어 낸 것으로 생각된다.

## ■ 철 기둥만이 아닌 철 건조물

오해하는 사람도 있을지 모르겠는데, 이렇게 만들어진 철 기둥은 델리의 철 기둥만이 아니다. 다른 철 기둥도 존재하며, 심지어 철골 구조의 사원까지도 있다고 한다. 3세기부터 10세기에 걸쳐 거대한 철 건조물을 만드는 기술이 활발히 사용되었던 듯하다.

놀랍게도 이 철 기둥은 인도의 고온 다습한 기후에서도 녹슬지 않고 있다. 그 이유에 관해서는 '철 기둥의 열전도성 때문에 수분이 날아가서'라든가 '순례자들이 기둥을 끌어안을 때 몸의 유분이 기둥에 묻어서 녹스는 것을 막아준다' 등의 설이 있으며, '이 철 기둥은 사실 청동으로 만들어졌다' 같은 미신까지 있다. 실제로는 도가니 속에서 철광석을 철로 바꾸는 도가니 정련으로 만들어진 까닭에 불순물이 적어서 녹슬지 않는 것이 아닐까 생각되고 있다.

가짜 철 기둥          굽타 문자

● 델리의 철 기둥 ●

---

20 **단접 접합**　델리의 철 기둥은 녹인 철을 거푸집에 부어서 만든 단조품이 아니다. 연철을 두드려서 판 모양으로 성형한 다음 판과 판을 가열해서 두들겨 접합하는 단조 접합으로 긴 기둥을 만들어 냈다. 녹슬지 않는 이유에 관해서는 여러 가지 설이 있지만, 어떻게 가공했는가도 커다란 흥미를 자아내는 요소다.

**500년부터 1000년까지**

# 연금술의 출현:
# 비잔틴 문화와 연금술 탄생 시기

## ⊙ 연대 해설

500~1000년에는 중국의 기세가 멈추고 서양에서 프랑크 왕국의 창립과 분열
이 일어났다. 아라비아에서는 연금술이 탄생했으며, 일본에서는 야마토 조정
의 골격이 완성되었다.

이 무렵 서양에서는 비잔틴 문화가 보급되었다. 529년에는 아테나이의 아카
데메이아 학원이 폐쇄되었고, 626년에는 콘스탄티노폴리스 공방전에서 동로
마 제국이 승리를 거두었다. 그리고 705년 유스티니아누스 2세[21]는 예수 그리
스도의 초상이 새겨진 금화를 주조하고 화폐에서 신들의 초상을 지웠다.

아라비아도 세력을 확대해, 780년에는 연금술사인 자비르 이븐 하이얀[22]이
아라비아 연금술[23]까지 포괄한 『완전성의 총체(Summa Perfectionis)』를 저술했다.
이후 서양은 약 1000년 동안 연금술을 추구하기 시작한다.

그 사이 중국에서는 695년에 측천무후[24]가 무주 왕조를 기념하는 주철 기둥
을 건조했다. 또한 943년에는 남당의 초대 황제인 열조가 중국풍의 연금술인

---

21  **유스티니아누스 2세**  [동로마] 668~711. 솔리두스 금화에 그리스도의 초상을 새기고 교회 회의를 개최하는 등 종교를
중시했다. 반면에 독재적이었으며, 슬라브인을 제압해 이주시켰다. 정적에게 코가 베이는 처벌을 받고 추방당했으나 와
신상담 후 다시 황제의 자리에 올랐다. 그러나 결국은 반란군에게 붙잡혀 처형당했다.

22  **자비르 이븐 하이얀**  [아라비아] 721~815년. 아라비아어로 연금술에 관한 수많은 책을 집필했다. 그러나 이름이 알려진
것은 그의 저서가 라틴어로 번역된 뒤다. 실존 인물인지 여러 사람이 하이얀이라는 이름으로 책을 집필한 것인지는 명확
하지 않으며, 현재도 의견이 분분하다.

23  **아라비아 연금술**  이집트에서 뿔뿔이 흩어졌던 연금술에 관한 그리스어 문헌들은 8세기 이후 아라비아어로 번역되었
다. 그 후 여기에 아라비아 사상이 가미되어, 본래 과학적이던 연금술이 '열등한 금속을 고귀한 금속으로 바꾸는 현자
의 돌'을 찾기 위한 연금술로 바뀌었다.

24  **측천무후**  [중국 무주] 624~705년. 무측천. 중국 역사에서 유일한 여성 황제. 측천이란 하늘의 의지를 따른다는 의미다.
당의 제2대 황제 태종의 후궁으로 들어와, 제3대 황제 고종의 황후가 되었다. 고종이 세상을 떠난 뒤 무주를 건국하고 여
제가 되었다. 사후에는 다시 국호가 당으로 돌아간다.

연단술로 만든 금단을 복용하고 사망하는 사건 등이 일어났다.

일본은 663년에 백강 전투에서 패해 대륙으로부터 고급 강철을 수입하는 길이 끊긴 가운데 야마토 조정의 골격이 완성되었다. 국내 화폐도 탄생해, 683년의 부본전[25]에 이어서 헌상받은 구리로 만든 화동개진[26] 등의 금속 화폐가 제작되었다. 호국을 위해 도다이지의 노사나불 좌상을 구리로 주조하고 아말감법으로 금도금했다. 이 시기부터 간나 조업법을 통한 사철 채취가 시작되었고, 900년경에는 도검 제조 기술이 발달해 수많은 명공이 등장했다.

## ⊙ 그리스도의 초상이 새겨진 금화

동로마 제국의 황제 유스티니아누스 2세의 치세에 제작된 솔리두스 금화는 뒷면에 PAX(평화)라는 글자가, 앞면에 그리스도의 초상이 새겨져 있다. 기존의 금화에는 황제의 초상이 새겨져 있었기에 이색적인 금화였다.

솔리두스 금화는 4세기의 로마 황제인 콘스탄티누스 1세의 시대부터 비잔틴 문화권에서 유통되었던 금화의 총칭이다. 로마법 대전[27]에서 금화의 순도를 정해 놓은 까닭에 11세기경까지는 순도가 유지되어 신뢰할 수 있는 통화로서 국내외에서 유통되었다. 이것이 '중세의 달러'로 불리는 이유다.

솔리두스 금화가 신뢰를 얻을 수 있었던 이유는 화폐 개주[28]를 하지 않아서다. 위정자는 재정이 어려워지면 화폐의 금이나 은 함유량을 줄이는 화폐 개주

---

25 **부본전** 683년, 측천무후의 시대에 일본에서 제작된 화폐. 708년의 화동개진보다 오래되었다. 재질은 안티몬을 함유한 구리다. 명칭은 '부민지본재어식화'(백성을 풍족하게 하려면 식사가 중요하다)라는 고사에서 유래했다고 전해진다. 다만 실제로 유통되었는지는 명확하지 않다.

26 **화동개진** 708년에 제작된 일본 최초의 유통 화폐. 화동은 당시의 연호이며, 개진은 대개 선보인다는 의미로 해석되지만 여러 가지 설이 있으며 의견이 분분하다. 화폐의 발행 목적에 관해서도 헤이조쿄를 건설하면서 노동자의 임금을 지급하기 위해서라는 둥 여러 설이 있다. 긴키 지방에서 통용되었다.

27 **로마법 대전** 534년에 동로마 제국의 황제 유스티니아누스 1세가 편찬을 지시한 법률. 동로마 제국이 된 뒤에도 로마법을 계승했다. 다만 로마 제국이 화폐 개주로 위기를 맞이했기 때문에 동로마 제국은 변함없는 화폐 체계를 견지하는 시책을 멸망할 때까지 고수했다.

28 **화폐 개주** 고금동서를 막론하고 국가의 재정이 악화하면 국가는 화폐 개주를 채용해왔다. 금의 함유량을 10퍼센트 줄이면 만들 수 있는 화폐의 양이 10퍼센트 증가한다. 모두가 채용하고 싶어 하는 시책이지만, 화폐의 품질이 나빠져 시중에서 화폐에 대한 신용이 사라지기 때문에 반드시 정세가 불안정해진다. 일본에서도 에도 시대에 수시로 화폐 개주가 실시되었다.

그리스도

평화

● 솔리두스 금화 ●

를 시행해 재정 재건을 꾀한다. 로마뿐만 아니라 수많은 정부가 그런 목적으로 화폐 개주를 해왔는데, 반드시 정세 불안으로 이어졌다.

## ⊙ 금단

필자가 집필할 때 애용하는 아이템으로 은단[29]이 있다. 많은 사람이 약초를 동그랗게 뭉치고 주위를 은으로 코팅한 작은 알갱이를 알 것이다.

그렇다면 금단도 비슷한 것이 아닐까 생각하는 사람도 있을지 모르는데, 절대 아니다. 이것을 먹으면 건강이 나빠지는 수준을 넘어서 목숨을 잃고 만다. 그런데 현대에는 상식적으로 그렇게 판단할 수 있지만 과거에는 약의 효과를 믿고 계속 복용한 끝에 죽은 왕도 여러 명 존재한다. 그중 한 명이 남당의 초대 황제인 열조[30]다. 그는 943년에 맹독 금단을 복용하고 사망했다.

그렇다면 금단은 어떤 물질일까? 중국 도교에서는 이 약을 먹으면 선인이 될 수 있다고 주장했다. 진의 갈홍이 쓴 『포박자』의 금단편에는 "불로장생을

---

**29 은단**  은단을 덮은 은색의 정체는 은박이다. 은이나 금은 위액에도 녹지 않고 몸에 흡수되지 않기 때문에 건강에는 해가 없다. 금이나 은은 맛도 없다(무맛이다). 사람들은 금박이 든 술을 맛있다고 먹지만 그것은 착각일 뿐이다. 미각에 반응하려면 먼저 금속 이온이 되어야 하지만, 금은은 그렇게 되지 않는다. 우리 주변에 있는 해가 없는 물질로는 그 밖에도 황산바륨이 있다. 위산에는 녹지 않는 까닭에 위장의 검사에 사용된다. 다만 바륨은 맹독이다.

**30 열조**  [십국 남당] 889 - 943. 이름은 이변. 오의 제위를 선양 받아 남당을 건국했다. 청렴결백하고 전쟁을 싫어했으며 선정을 펼쳤다. 토지를 나눠 주고 개간을 장려했으며 사형도 폐지했다. 다만 만년에는 도교에 빠져들어 불로불사를 목표로 금단을 계속 복용한 끝에 중독으로 죽었다.

얻으려면 금단을 복용해야 한다"라고 적혀 있다. 이름이 '금단(金丹)'인 이유는 불에 태워도 흙에 묻어도 썩지 않는 금의 성질을 불사와 동일시했기 때문이다. 금단을 복용하면 '사흘 안에 선인이 될 수 있다'고 여겨졌는데, '사흘 안에 저세상으로 간' 것을 선인이 되었다고 착각했는지도 모른다. 전형적인 금단은 단사라고 부르는 황화수은, 홍(汞)이라고 부르는 수은, 납 등을 조합해서 만들었다.

금단을 복용하고 사망한 열조는 전쟁을 좋아하지 않았으며 선정을 펼쳤다. 가난한 자를 도왔고, 올바르지 않은 것을 매우 싫어했다. 그런데 이런 진지한 성격의 소유자는 일단 무엇인가를 믿으면 남들이 뭐라 하든 듣지 않는다. 수상쩍은 도사가 하는 말을 곧이곧대로 믿은 열조는 주위의 조언도 듣지 않고 금단을 계속 복용하다 목숨을 잃고 말았다.

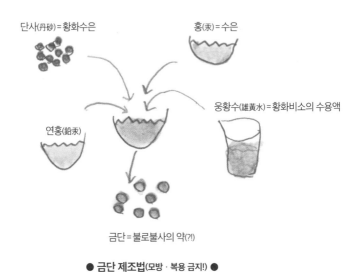

● **금단 제조법**(모방 · 복용 금지!) ●

# 신화와 금속

필자 책상 위에는 이즈모에 있는 가나야고 신사의 가나야고 신 부적이 있다. 가나야고 신은 여성으로, 이즈모에 강림해 제철을 가르쳐 줬다고 한다. 제철은 제련할 때 불을 다루는 까닭에, 사람들은 고대부터 제철을 신성시하며 다양한 제철신을 섬겨 왔다.

그리스 신화에서는 황소로 변신한 제우스가 절세 미녀 에우로페를 등에 태우고 돌아다녔던 토지가 유럽으로 여겨지고 있다. 그곳에는 토착민인 켈트족이 살고 있었다. 그리고 제우스의 아들인 헤파이스토스가 불과 금속 가공의 신으로 등장한다. 그는 대장장이 신인 키클롭스를 조수로 삼아 그리스의 영웅과 왕들의 무기, 장식 도구를 다수 만들어 냈다. 헤파이스토스의 아내는 미의 여신 아프로디테(비너스)다.

필자가 좋아하는 전쟁의 여신 아테나는 헤파이스토스가 만든 무적의 방패 아이기스를 사용했다. 이지스함의 이지스가 바로 아이기스의 영어 발음이다. 아이기스는 본 것을 전부 돌로 만들어 버리는 마녀 메두사를 페르세우스가 퇴치할 때 활약했으며, 그 후 메두사의 머리가 장식되었다. 전쟁용 검은 아직 청동으로 제작되었지만, 무적의 금속 강철로 만든 것도 등장했다. 트로이 전쟁에서 명성을 떨친 아킬레우스의 검도 강철로 만든 것이었는지 모른다.

제철의 신 중에는 외눈박이 신이 많다. 앞에서 언급한 키클롭스도 그렇고, 이라크의 유적에 있는 얼굴이 태양처럼 생긴 외눈 여신 테라코타, 중국의 산해경 등에 등장하는 외눈 사람, 스코틀랜드의 고지에 사는 외눈 외팔 외다리의 요정 파한 등은 제철과 관계가 있다. 일본의 고사기에 등장하는 대장장이의 신 아메노마히토쓰노카미도 마찬가지다. 외눈은 제철할 때 화염을 바라보다 눈을 다치기 때문으로 이야기된다.

제철과 관련해서는 뱀이나 용을 퇴치한 이야기도 많다. 8개의 머리와 꼬리를 가진 거대한 뱀 야마타노오로치를 퇴치한 이야기뿐만 아니라, 튀르키예의 톱카프 궁전의 서펜타인(뱀 기둥)이라든가 용신 일루얀카스에게 술을 먹여서 퇴치한 이야기를 묘사한 히타이트 유적의 부조 등 세계 각지에 뱀이나 용을 모티프로 삼은 전설이 존재한다. 뱀의 탈피를 영원한 생명과 연결하고 여기에서 철의 강인함을 연상했을 것이다.

신과 관련된 존재로 요괴가 있다. 그 대표 격이 일본의 갓파다. 갓파는 물가에 사는 요괴다. 등에는 등딱지가 있고, 머리의 정수리에는 접시가 있으며, 손에 물갈퀴가 달려 있거나 다리가 비늘로 덮여 있기도 하다. 갓파는 일본 각지에서 다양한 이름으로 불린다. 필자는 오사카에서 자랐는데, 어렸을 때 아무것도 안 하고 늘어져 있으면 할머니께서 "가타로 같구나"라고 말씀하셨다. 가타로는 갓파를 뜻한다. 또한 갓파를 '효스베'라고 부르는 지역도 있다. 이처럼 명칭은 지역마다 다르지만, 어떤 지역에서든 갓파는 물가에서 웅크리고 있거나 물가를 서성거리는 요괴였다.

먼 옛날, 일본에서는 제철 원료를 물가에서 채집했다. 갈대 같은 수변 식물의 뿌리에 수산화철이 퇴적되어 있었기 때문이다. 철분은 육지에서 흘러드는 토사에 포함되어 있다. 그리고 풀뿌리에 사는 박테리아가 그 철분, 즉 3가철 이온을 2가철 이온으로 환원하고 수산화철의 형태로 뿌리 주변에 부착시킨다.

현대에도 일본 각지의 습지대에 있는 갈대나 논에 있는 벼의 뿌리 주변에서는 다카시코조라고 부르는 어묵처럼 구멍이 뚫린 막대 모양의 산화철 덩어리가 발견된다.

가나야고 신사

대장장이 신 헤파이스토스

테라코타 외눈 여신

야마타노오로치

이것은 수산화철이 마른 것이다. 수산화철이 굉장히 커진 것을 철분(鐵糞)이라고 부르는 경우도 있다.

　고대의 사람들은 이 수산화철을 제철에 이용했다. 이것은 일본만의 이야기가 아니다. 스웨덴을 비롯한 각국에도 호소철(湖沼鐵)을 제철의 원료로 사용했다는 기록이 있다. 일본에서는 효즈(효스) 신사를 중심으로 이 수산화철을 이용했었다. 고대어로 조직을 '베(部)'라고 하는데, 효스의 베(조직)에 속한 사람이 물가에서 허리를 숙이고 수산화철을 채집하는 모습은 마을 사람들의 눈에 이상하게 보였을 것이다. '효스'의 '베', 즉 '효스베'가 물가에서 철분을 줍는다. '강에 사는 사람=가타로', 즉 '가타로'가 강에 있다며 갑론을박을 벌였을 것이다. 즉 갓파는 강에서 제철 원료를 채집하는 사람들이었다. 이렇게 생각하면 시간의 흐름 속에 감춰진 역사적 사실이 보이는 것 같은 기분이 든다.

# 제 5 장

# 금속,
# 인류의 확장을
# 촉구하다

## : 거리와 기술의 확장

## 연표 3: AD 1000~1600년

## AD 1000년

**십자군의
동방 문화 발견**

**광산 야금술의 진화**

## AD 1400년

**대항해 시대**

**광산 야금학
기술서의 간행**

## AD 1600년

## 금속의 이용

AD 1004년   카이로의 과학 도서관 '다르 알 일름' 설립

프라이베르크 은광 ·····················································

AD 1171년   프라이베르크 은광 개광, 납 · 아연 · 황동광
산출[독일]
AD 1198년   석탄을 광석 용융에 사용[독일]
AD 1200년경 금속 막대의 단신(cogging) 인발(drawing)을 구
별
AD 1205년   프로방스의 기욤, 나침반의 유효성을 증명

기계식 시계 ····························································

AD 1275년경 세인트 폴 대성당에 기계식 시계 설치[영국]
AD 1275년경 유럽에도 연금술 침입
AD 1281년   팔룬 광산 개발 개시[스웨덴]
AD 1284년   베네치아, 두카트 금화 발행[이탈리아]
AD 1307년   루돌프, 철사 제조 기계 제작[독일]
AD 1310년   최초의 탈진기를 장착한 기계식 시계
AD 1317년   베네치아에서 수은 아말감법 거울 완성[이탈
리아]
AD 1320년경 천공 기술의 발전에 따른 대포 제조
AD 1320년   자비르 이븐 하이얀의 『연금술』이 라틴어로
번역
AD 1345년   카오르 투르네 전투에서 청동 대포와 부포
사용
AD 1354년   스트라스부르 대성당의 울음소리를 내는 수
탉이 장치된 탑시계
AD 1358년   최초의 금속 스푼 사용[프랑스]
AD 1380년   샤를 5세, 연금술 금지령 공포[프랑스]
AD 1381년   아우크스부르크에서 소총 발명[독일]
AD 1382년   연금술사 니콜라 플라멜, 수은에서 은을 만들
었다고 발표[프랑스]
AD 1382년   영국의 솔즈베리 대성당에 현존하는 가장 오
래된 기계 시계 설치[영국]
AD 1402년   왕립 활자 주조소 설치

안티몬 ···································································

AD 1413년   바실리우스 발렌티누스, 안티몬 발견
AD 1415년   엔히크 항해왕자, 지브롤터 해협의 아프리카
쪽에 있는 금의 집산지 세우타 공략

▼

## 금속의 이용(앞에서 이어서)

**구텐베르크 활판 인쇄** ·····························

**AD 1450년** 구텐베르크, 마인츠에서 활판 인쇄술 발명 [독일]

**AD 1453년** 메흐메트 2세, 콘스탄티노폴리스 공격에 청동제 거포 사용

**콜럼버스** ···················································

**AD 1492년** 콜럼버스 남스페인의 팔로스 항구를 출발, 4회 항해

**AD 1511년** 대부호 야코프 푸거, 카를 5세에게 융자. 유럽의 납·은·구리의 생산 지배와 수운의 독점

**화공술** ·····················································

**AD 1540년** 비링구초, 『데 라 피로테크니아』에 화학·야금·병기 제작 기술을 저술[이탈리아]

**포토시 은광** ·············································

**AD 1545년** 남아메리카의 볼리비아에서 포토시 은광을 발견. 유럽 전체의 은 생산량 이상을 산출해, 16세기의 화폐 혁명으로 이어짐[스페인]

**데 레 메탈리카** ·········································

**AD 1556년** 게오르기우스 아그리콜라가 『데 레 메탈리카』 출간[독일]

## 철의 이용

**우츠강** ·····················································

**AD 1096년** 십자군 원정, 다마스쿠스에서 인도의 우츠강이 전래

**AD 1098년** 시토회, 프랑스 샹파뉴 지방에서 제철·단야 [프랑스]

**AD 1150년** 스웨덴, 랍피탄 고로

**AD 13세기** 베스트팔렌, 슈바벤, 헝가리에서 반용융 제철

**AD 1300년경** 수차를 사용해 거대한 풀무를 움직이는 용광로, 독일 서부 지겐의 간접 제철법이 서쪽으로 확산, 벨기에의 리에주, 프랑스의 로렌느, 샹파뉴

**선철제 대포** ·············································

**AD 1323년** 피렌체에 선철제 대포가 최초로 출현[이탈리아]

**AD 1339년** 벨기에, 나뮈르에 용광로

**목탄 고로** ···············································

**AD 1340년** 리에주에 최초의 목탄 고로

**AD 1340년** 청동제 대포, 구포가 위력 발휘

**AD 15세기** 레오나르도 다 빈치가 『코덱스 아틀란티쿠스 (Codex Atlanticus)』에서 철선의 강도를 실험[이탈리아]

**AD 1400년** 수차 구동의 수력 해머로 대형품을 단조

**AD 1410년** 크랭크를 이용한 풀무 출현

**수력 동력 고로** ·········································

**AD 1444년** 제철 고로 출현, 수차 동력을 통해 노 내부 온도가 1,000도 이상까지 상승[유럽]

**AD 1450년** 라인강 유역의 지겐에 주철포 50문 제공[독일]

**셰필드** ·····················································

**AD 1570년** 셰필드에 네덜란드인 도검 대장장이가 정착해 낫과 가위의 제조를 시작[영국]

**AD 1588년** 드레이크 등이 스페인 무적함대를 격파[영국]

# 5-1 야금의 진화: 십자군의 동방 문화 발견과 광산 야금술의 진화

## ⊙ 연대 해설

1000~1400년을 금속의 이용이라는 측면에서 살펴보면, 채굴과 이용 기술이 발달했다. 그리고 동시에 연금술이 서양에 퍼졌다. 철의 이용이라는 관점에서 살펴보면 주철의 수요가 높아진 것이 특징이다.

서양의 금속 이용은 1004년에 이집트의 카이로에 과학 도서관인 '다르 알 일름[1]'이 설립되면서 시작되었다. 이후 학술 연구의 중심은 아라비아로 넘어갔다. 1171년에는 프라이베르크 은광이 개발되었고, 이후 광산 기술은 이곳에 집결하게 된다. 1275년에는 금속을 사용한 기계식 시계가 영국의 세인트 폴 대성당[2]에 설치되었다. 그리고 1382년에는 니콜라 플라멜[3]이 "수은에서 은을 만들었다"라고 발표함에 따라, 금지령이 내려져 있었음에도 연금술은 폭발적으로 확산했다.

서양에서 철을 이용하게 된 계기는 1096년에 시작된 십자군 원정[4]으로, 그들이 가져온 다마스쿠스 검에 사람들이 흥미를 느끼면서였다. 다마스쿠스 검

---

1 **다르 알 일름**  1004년, 제6대 칼리파인 알 하킴이 카이로에 세운 '지식의 집'이다. 궁전 북쪽의 별관에 만들었으며, 그때까지 궁전에 있었던 궁전 도서관을 흡수했다. 장서는 100만 권에 이르렀는데, 그중에서도 그리스 문헌과 고대 헬레니즘의 과학 서적을 귀중하게 여겼다.

2 **세인트 폴 대성당**  604년에 런던에 건설되었다. 초대 성당은 화재로 소실되었고, 제2대 성당은 바이킹이 불태웠으며, 제3대 성당이 1240년에 재건되었다. 기계식 시계는 이 제3대 성당에 설치되었다.

3 **니콜라 플라멜**  [프랑스] 1330~1418년. 출판업자. 연금술에 관여했다는 설도 있지만 진위는 분명하지 않다. 다만 연금술에 관한 책을 다수 써서 당시의 연금술 열풍을 부채질했던 것은 사실이다.

4 **십자군 원정**  제1회, 1096년. 약 200년 동안 7회에 걸쳐 실시되었다. 성지 예루살렘을 이슬람 세력으로부터 탈환하는 것이 목표였다. 원정을 호소했던 교황의 권위는 떨어졌고, 반대로 황제와 국왕의 권위는 높아졌다. 또한 지중해의 교역이 활성화되어 이탈리아 북부의 상인 도시들이 큰 힘을 갖게 되었다.

에는 우츠강$^5$이 사용되었다. 제철 기술은 혁신을 거듭했고, 1323년에는 주철제 대포가 출현했다. 이에 따라 더욱 많은 양의 주철이 필요해져, 1340년에는 벨기에 리에주에 최초의 목탄 고로가 건설되었다.

이 시대는 금속과 철에 대한 실학적인 정련 기술·제품 가공 기술이 발달했으며, 한편으로 연금술사도 공존하는 시기였다.

## ⊙ 프라이베르크 은광

### ■ 은광의 발견

프라이베르크는 체코의 국경과 가까운 곳에 있는 독일의 도시로, 옛날부터 광산업이 발달해 번성했다. 1168년에 마을 확장 공사를 하다 은광석을 발견했고, 1171년에 은광을 개광되자 납, 아연, 황동석 등이 산출되기 시작했다.

광산에는 부흥기와 쇠퇴기가 있다. 기나긴 쇠퇴기를 거쳐, 1520년대에는 작센주의 호경기 등에 힘입어 광산 마을이 난립했다. 그 후 전쟁으로 큰 타격을 받기도 했지만 은광에서는 계속 은이 산출되었다.

### ■ 프라이베르크 광산 대학교

1765년, 광산·야금 기술자의 육성을 목표로 세계에서 가장 오래된 광산 대학교인 '프라이베르크 광산 대학교$^6$'가 창립되었다. 이 대학교는 메이지 시대에 일본의 광산과 철광 기술자들이 유학하였던 곳이기도 하다. 특히 레데부르 선생$^7$에게 가르침을 받은 유학생이 많았다고 한다. 현재는 프라이베르크 공과 대학교가 되었다.

---

5  **우츠강**  인도의 데칸고원 부근에서 제조되었던 강철. 철광석과 목탄을 도가니 속에서 가열해 직접 환원법으로 연철을 만든 다음 침탄을 해서 강철을 만들었던 것으로 생각되고 있다.

6  **프라이베르크 광산 대학교**  [독일] 18세기 중반의 서유럽에서는 산업혁명의 추진과 발전을 위해 공과 대학교의 수요가 높아졌다. 그리고 1765년, 13세기부터 은광의 채광·야금이 발달했던 이곳에 광산 대학교가 설립되었다. 일본에서는 메이지 시대에 수많은 일본인 유학생이 이곳에서 공부했다.

7  **레데부르 선생**  [독일] 1837~1906년. 아돌프 레데부르. 어려운 환경에서 공부해 제철소에서 야금, 조업 관리 기술자로 일한 뒤 1884년에 프라이베르크 광산 대학교의 야금학·주조학 교수가 되었다. 많은 일본인 유학생을 받아들여 일본의 제철업 탄생을 지도했다.

● 필자가 소장하고 있는 프라이베르크 광산 200주년 기념우표 ●

## ■ 광물 컬렉션

광산과 인접한 대학교에는 방대한 양의 광물이 수집되어 있다. 프라이베르크 근방에는 광산이 많으며, 광산 마을도 많다. 퀴리 부부가 분리에 성공한 폴로 늄이나 우라늄은 이 지역의 피치블렌드[8]가 시작이었다.

## ⊙ 목탄 고로

## ■ 고로의 탄생

현재의 제철업은 고로법을 사용해 철광석에서 녹은 선철을 만들고 있다. 이 고로법이 출현[9]한 것은 16세기의 유럽이다. 라인강 부근의 어딘가에서 고로가 발명되어, 위에서 목탄과 철광석을 투입하고 아래에서 공기를 불어 넣는 방법으로 철광석에서 녹은 철을 추출했다.

---

8　**피치블렌드**　섬우라늄석을 가리킨다. 피치는 검은색의 형태가 일정하지 않은 덩어리다. 콜로이드 또는 포도의 형상이며, 일반적인 광석 같은 결정 구조를 갖지 않는다. 퀴리 부인은 이 피치블렌드의 정제를 거듭한 끝에 방사성 원소를 분리해 내는 데 성공했다.

9　**고로법이 출현**　고로의 원형은 1300년대에 발명된 농부로다. 여기에서 노의 높이가 높아지고 용적이 커진 고로가 출현했다. 위에서 석탄과 목탄을 던져 넣고 아래에서 공기를 불어 넣어 선철을 만든다. 이 단순한 구조는 700년이 지난 지금도 건재하다.

## ■ 고로의 송풍

고로 속에서는 철이 추출되는 반응이 일어난다. 고로 속 온도가 높을수록 효율적으로 선철을 생산할 수 있다. 초기에는 사람이 풀무로 바람을 불어 넣었지만, 이윽고 강가에서 수차를 사용하게 되었다. 수차를 사용하게 되면서 송풍이 안정되었다. 자본가가 대두하자 자본의 힘으로 선철을 양산할 수 있는 고로는 아주 좋은 설비 투자 대상이 되었다.

## ■ 목탄 고로의 단점

고로를 이용한 철 생산의 걸림돌은 원료인 목탄이었다. 목탄 고로법은 대량의 목탄을 소비하기 때문에 삼림 자원이 고갈된 것이다. 유럽 대륙에서 영국으로 넘어가 급속히 확대되었던 철강 생산은, 영국의 삼림이 감소함에 따라 급속히 축소되었다. 목탄 고로는 스웨덴과 러시아 등 삼림 자원이 풍부한 나라에서나 가능한 방식이다. 영국에서 삼림 벌채 금지령[10]이 발령되자 영국의 고로는 풍전등화 상황에 놓였다. 영국의 제철업이 위기에 처한 것이다.

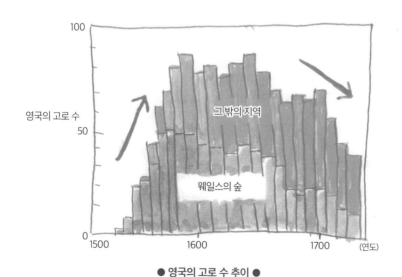

● 영국의 고로 수 추이 ●

10 **삼림 벌채 금지령** 16세기의 영국에서는 제철업이 크게 발달했다. 헨리 8세가 대포의 국내 생산을 시작하면서 대량의 목탄을 소비하게 되었고, 엘리자베스 1세의 시대가 되어 구리와 유리 등의 수입품을 국산화하고 군함과 상선을 건조함에 따라 영국의 삼림은 급속히 사라져 갔다.

# 5-2

# 야금 기술:
# 대항해 시대와 광산·야금 기술 서적

## ◉ 연대 해설

1400~1600년에는 광산학과 야금술, 펌프의 발달로 각종 실용서가 출판됨에 따라 금속의 이용이 연금술에서 화학[11]으로 변화했다. 철의 이용이라는 측면에서는 고로와 가공 기술이 발달했다.

금속의 이용은 1413년의 안티몬 발견[12]으로부터 시작된다. 때는 대항해 시대, 포르투갈의 항해왕자 엔히크[13]는 지브롤터 해협에 있는 금의 집산지를 공략했다. 또한 지팡구의 금을 찾기 위해 스페인에서 파견된 크리스토퍼 콜럼버스는 아메리카 대륙에 도착했다.

르네상스 시대 이탈리아에서는 레오나르도 다 빈치가 금속의 냉간 가공 압연기를 고안했다. 화약, 나침반과 함께 중세의 3대 발명품인 구텐베르크 활판 인쇄[14]도 발명되었고, 이후 인쇄소가 각지에 설치되어 정보의 보편화에 기여했다. 기술서의 간행도 계속되었다. 1540년에는 이탈리아의 비링구초[15]가 화

---

**11  연금술에서 화학**  금속 제조에 관여하고 있는 사람에게는 연금술이 비집고 들어올 여지가 없다. 『데 레 메탈리카』에는 연금술의 '연'자도 보이지 않는다. 13세기의 이탈리아에서 시작된 르네상스가 사람들을 크리스트교 사상의 속박에서 해방하자 연금술은 사라져 갔다.

**12  안티몬 발견**  안티몬은 고대부터 안료로서 이용되었다. 주석 대신 사용되어 구리의 녹는점을 낮췄다. 고대의 구리에서 발견된다. 타타르산안티몬은 신기한 모양의 결정인 성상(星狀) 레굴루스를 만드는데, 뉴턴은 이것이 현자의 돌이라고 믿었다.

**13  엔히크**  [포르투갈] 1394~1460년. 항해왕자. 호칭을 보면 배를 타고 세계 각지를 누볐을 것 같지만, 본인은 항해한 적이 없다. 아프리카 서해안에 탐험선을 보냈으며, 그의 사후에 탐험선이 아프리카의 최남서단인 희망봉에 도착했다. 대항해 시대를 연 인물이다.

**14  구텐베르크 활판 인쇄**  [독일] 1397~1468년. 요하네스 구텐베르크. 활판이란 활자를 나열해서 문장으로 만든 것이다. 활자는 문자가 튀어나와 있는 부품으로, 녹는점이 낮은 납 등의 금속을 주조해서 만든다. 활판을 사용해 똑같은 문장을 인쇄할 수 있게 된 덕분에 인간은 손으로 옮겨 적는 작업에서 해방되었다.

**15  비링구초**  [이탈리아] 1480~1537년. 반노초 비링구초. 독일에서 채광과 야금에 관한 지식을 얻었으며, 교황의 명령으로 대포와 화약을 제조했다. 그 지식을 살려서 최초의 야금학의 교과서인 『데 라 피로테크니아』를 집필했다.

학·야금·병기 제작 기술을 다룬 『데 라 피로테크니아(화공술)』를 저술했고, 1556년에는 독일의 게오르기우스 아그리콜라(1494~1555)가 광산 야금술에 관한 책인 『데 레 메탈리카』를 출간했다.

광산의 발견도 있었다. 1545년에 스페인은 남아메리카의 볼리비아에서 포토시 은광[16]을 발견했다. 포토시 은광에서는 유럽 전체 은 생산량보다도 많은 양의 은이 산출되었고, 이것이 16세기의 화폐 혁명으로 이어졌다.

철의 이용이라는 측면에서는 고로의 송풍 방법 개선 등이 진행되었다. 풀무가 개량되고, 수력 동력 고로가 출현했다. 수차 동력으로 바람을 불어 넣음으로써 노의 내부 온도를 1,000도 이상으로 높일 수 있게 되었다.

1540년 아우구스트 코터[17]가 발사된 탄환에 회전을 줘서 착탄의 정밀도를 향상하기 위해 총신에 강선(라이플링)[18]을 파는 기술을 개발한다. 1570년에는 셰필드에 네덜란드인 도검 대장장이가 정착해 낫과 가위를 만들기 시작했다. 1558년에는 영국의 드레이크 등이 스페인 무적함대[19]를 격파했고, 이후 영국은 국력을 키워 나갔다.

## ◉ 대포 이야기

대포는 화약의 연소력을 이용해서 대형 탄환을 발사해 적 진영을 파괴하고 인명을 살상하는 병기다. 이런 병기는 먼 옛날의 활에서 시작되어, 총, 대포, 항공기를 이용한 폭격, 최근에는 미사일 등으로 발전해왔다. 대포라는 병기의 도덕

---

**16 포토시 은광**  1534년에 현재의 볼리비아에서 발견된 거대 은광. 수은을 사용한 아말감법으로 은을 정련했다. 스페인 본국으로 보내진 방대한 양의 은은 은화의 가치를 떨어트렸고, 1세기에 걸쳐 서양의 물가가 몇 배로 상승하는 가격 혁명을 일으켰다

**17 아우구스트 코터**  [독일] 뉘른베르크의 대장장이인 아우구스트 코터가 강선을 발명했다. 하지만 내포의 내벽에 강선을 파는 기술의 난이도가 높고 탄환이 강선을 따라서 회전하려면 내벽보다 큰 탄환을 밀어 넣어야 했기 때문에 실용화에는 이르지 못했다.

**18 강선(라이플링)**  대포 등의 포신 내벽에 나선형의 홈을 가공한 것. 탄환에 선회 운동을 부여하면 중앙부로 향하려 하는 자이로 현상이 일어나 직진성이 높아진다.

**19 스페인 무적함대**  1588년 영국과 스페인은 종교 문제와 네덜란드에 대한 간섭, 영국 함선의 해적 행위 등을 이유로 전쟁에 돌입했다. 스페인 무적함대는 영국 함대와의 결전에 나섰지만, 해전 경험이 없는 사령관 등의 원인으로 칼레 해전에서 패배를 맛봤다.

적 문제는 별개로 치고, 대포는 오래전부터 존재했다.

대포의 역사를 되돌아보면 철의 역사와 겹치는 측면이 있다. 이야기는 15세기까지 거슬러 올라간다. 아직 강철이 없었던 시대다. 화약을 폭발시켜서 포탄을 날리려면 튼튼한 포신이 필요한데, 당시 입수할 수 있는 철은 무른 연철이었다. 그래서 연철로 주조한 외관을 끼운 길이 약 5미터의 대포가 제작되었다. 그 후 1470년경에는 약실을 주철로 만든 주철 대포[20]가 제작된다.

대포의 구조는 15세기 말엽에 거의 완성된다. 바뀐 점은 주철이나 연철로는 점점 강력해지는 화약의 위력을 견뎌낼 수 없게 되자 재질을 청동으로 되돌린 것이다. 처음에는 철제였던 대포가 점차 청동제로 바뀌었고, 프랑스 혁명 이후 나폴레옹이 황제가 되었을 때는 청동 대포가 사용되었다. 파리의 앵발리드[21] 등에 가면 청동 대포가 늘어서 있다. 청동 대포에서 다시 철제 대포로 돌아간 것은 프로이센-프랑스 전쟁 이후다.

1862년 당시 독일은 여러 나라로 갈라져 있었는데, 그런 독일을 통일하자는 기운이 높아지는 가운데 프로이센 정부는 군비 확장을 시도했다. 당시 재상이었던 오토 폰 비스마르크는 예산 위원회에서 이른바 '철혈 연설'을 했다. "독일에서 프로이센의 지위는 우리나라의 자유주의가 아니라 힘을 통해서 결정될 것이오. 그리고 지금의 거대한 문제는 연설이나 다수결이 아니라 철(병기)과 피(병사)를 통해서 해결해야 할 것이외다." 이 '철과 피'는 프로이센의 슬로건이 되었고, 연설 이후 프로이센은 독일 통일에 나선다. 여기에서 말하는 철은 대포왕이라는 별명이 있는 알프레드 크루프가 제공하는 주강 대포와 철도망이었다.

당시의 청동 대포보다 녹는점이 높은 주철 대포는 청동 대포와 비교했을 때

---

20 **주철 대포**  당시 주조할 수 있는 철은 탄소의 함유량이 높은 선철을 녹인 주철이었다. 그래서 주철을 거푸집에 부어 넣고 일체 성형으로 대포를 만들었는데, 주철은 충격에 약한 탓에 발사의 충격으로 포신이 깨져서 날아갔다. 대포의 위력과 폭발의 위험성이 공존했던 것이다.

21 **파리의 앵발리드**  파리 중심부에 있는 옛 부상병 간호 시설. 현재는 전쟁 박물관으로 사용되고 있다. 돔 구조의 교회에는 나폴레옹 일족의 묘가 있다. 중앙 정원에서 주위를 둘러보면 청동 대포가 둘러싸고 있어서, 나폴레옹 시대에는 청동 대포가 사용되었음을 실감할 수 있다.

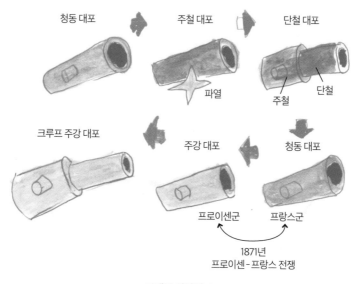

청동 대포　　주철 대포　　단철 대포

파열　　주철　　단철

크루프 주강 대포　　주강 대포　　청동 대포

프로이센군　　프랑스군

1871년
프로이센-프랑스 전쟁

● 대포 이야기 ●

속사가 가능했는데, 이 차이는 매우 컸다. 훗날의 프로이센-프랑스 전쟁에서 프로이센은 촘촘한 철도망을 완성해 군대의 기동력을 높였다. 그리고 1871년 파리 공방에서는 압도적인 포탄의 소나기[22]를 내려서 청동 대포로 무장한 프랑스군에 승리했다.

　한편 세계 정세를 인식한 막부 말기의 일본은 반사로를 사용해 주철 대포를 만들려 했다. 다만 발상 자체는 좋았으나 결과는 실패로 끝났다. 간단히 말하면 양질의 고로철을 손에 넣지 못한 것이 원인이었다.

## ◉ 아그리콜라의 『데 레 메탈리카』

필자는 학창 시절에 채광 야금의 흐름을 이어받은 자원공학과에서 자원 정제 공학을 공부했다. 옛날부터 광석에서 금속을 추출하는 기술에 매력을 느꼈기

---

22　**포탄의 소나기**　나폴레옹 3세의 프랑스와 프로이센의 비스마르크가 이끄는 독일 연합의 전쟁인 프로이센-프랑스 전쟁
　　에서 활약한 크루프의 주강 대포는 청동 대포가 한 발 쏘는 동안 세 발을 쏠 수 있었다. 주강 대포를 앞세운 독일군은 프
　　랑스군을 화력으로 압도했고, 나폴레옹 3세가 스당 전투에서 포로가 됨에 따라 전쟁은 막을 내렸다.

때문이다.

그런 광산 야금술의 최고봉이 『데 레 메탈리카』[23]다. 게오르기우스 아그리콜라라는 라틴어 필명을 사용했던 게오르크 바우어가 쓴 책으로, 그의 사후인 1556년에 간행되었다. 당시의 광산업·야금업 전반에 관한 기술과 지식을 집대성한 책이다.

『데 레 메탈리카』는 참으로 재미있는 책이다. 당시는 연금술이 유행하던 시기여서 수상쩍은 실험을 하는 자들이나 일확천금을 꿈꾸며 추상론에 빠져든 자들이 많았는데, 이 책은 그런 자들의 언동이 유치한 헛소리로 느껴지게 한다. 말하자면 현장에서 잔뼈가 굵은 베테랑이 관념론에 빠진 입만 산 인텔리들의 헛소리에 대항해서 쓴 실용 노하우 서적이라고나 할까? 초판은 라틴어로 출판되었고, 이듬해에 독일어 번역서가 나왔다. 애초에 독일인이니 처음부터 독일어로 썼으면 됐지 않나 하는 생각도 들지만….

1912년에는 나중에 미국 대통령이 되는 후버 부부[24]가 영어로 번역했고, 1968년에는 사이구사 히로토가 일본어로 번역했다. 필자는 후버의 번역서와 사이구사의 번역서를 소장하고 있는데, 사이구사의 번역서는 내 장서 가운데 가장 비싼 책이다. 굉장히 두껍지만 읽는 맛이 있어서 어느 페이지를 펼치든 몰입해서 읽게 된다. 다만 너무 두꺼운 죄(?)로 아내가 실내 빨래 건조대가 쓰러지지 않도록 지탱하는 데 사용하는 모습을 봤을 때는 일순간 정신이 아득해졌다.

『데 레 메탈리카』의 1권부터 6권은 광산업 전반에 관한 내용이고, 7권부터 12권에는 야금 기술과 관련해 개별 금속과 광물의 성분 분석·제련법이 기재되어 있다. 예쁜 목판화가 많고 그림 속에 기호가 표시된 것이 현대의 도해 해설서와 다르지 않다. 또한 내용이 간결하고 불필요한 배경은 생략하는 등 현장 작업자도 한눈에 이해할 수 있도록 배려했다. 도해 서적도 집필하는 필자

---

**23 데 레 메탈리카**  표제는 "금속에 관하여"지만, 내용은 광산에서의 탐광부터 시작해 광석에서 금속을 추출하는 야금까지 광범위하다. 당시의 설비와 도구가 그림과 함께 상세히 해설되어 있다.

**24 후버 부부**  [미국] 1874~1964년. 허버트 후버. 부인은 루 헨리 후버. 대학교를 졸업한 뒤 오스트레일리아에서 광산 기술자가 되었고, 이어서 중국 청나라에서 광산 개발에 관여했다. 1907~1912년에 부부가 함께 아그리콜라의 『데 레 메탈리카』를 번역했으며, 훗날 허버트 후버는 미국의 제31대 대통령이 되었다.

로서는 아그리콜라에게 가르침을 받고 싶어질 정도다. 물론 현실적으로 불가능한 일이지만….

● 게오르기우스 아그리콜라 ●

현장·현물을 철저히 중시해, 서문에도 "직접 보고 들은 것, 신뢰할 수 있는 사람에게서 얻은 정보가 아니면 적지 않았다"라고 썼다. 인터넷에서 검색하거나 SNS에서 본 정보는 절대 사용하지 않았다고 명언한 것이다. 다만 참고한 책[25]이 있음이 나중에 밝혀지기는 했다.

또한 판화에서 알 수 있는 점은 광산 야금술이 실학 그 자체이며 놀라울 만큼 기계화가 진행되어 있었다는 사실이다. 이 두꺼운 『데 레 메탈리카』는 나의 애독서다.

## ◉ 금각만을 봉쇄한 거대한 쇠사슬

### ■ 전쟁과 쇠사슬

요즘은 쇠사슬이라고 하면 자전거의 도난 방지용 사슬이나 닌자의 사슬낫, 배의 닻에 연결된 사슬 정도밖에 떠오르지 않겠지만, 쇠사슬은 역사 속 중요한 사건들에도 등장한다. 여기에서는 『삼국지』의 '적벽대전'에 등장하는 연환계[26]보다도 스케일이 큰 쇠사슬을 소개하겠다.

때는 1453년, 장소는 튀르키예의 이스탄불이다. 이곳은 당시 동로마 제국, 즉 비잔틴 제국의 수도로서 콘스탄티노폴리스라고 불렸는데, 오스만 튀르키

---

**25 참고한 책**  아그리콜라의 『데 레 메탈리카』가 간행된 해는 1556년이다. 한편 비링구초의 『데 라 피로테크니아』는 1540년에 간행되었는데, 삽화의 해설 방식 등이 매우 닮았다. 그러나 비링구초는 독일에 가서 광산 야금술을 공부했다고 말했다. 무승부라고 해야 하나….

**26 연환계**  병사의 뱃멀미를 막기 위해 배들을 쇠사슬로 연결하는 대책. 그러나 이 어리석은 계책 때문에 위군은 적이 공격해 왔을 때 신속하게 응전하지 못했다.

예 제국의 젊은 술탄인 메흐메트 2세[27]가 초대형 대포와 수많은 함선을 이끌고 콘스탄티노폴리스를 침공하려 하고 있었다. 이에 맞서 동로마의 군대는 요새를 보강하고 바닷길의 입구인 금각만[28]에 900미터의 쇠사슬을 설치해 함선의 침입을 방어했다. 이 사슬은 지금도 남아 있다. 대체 어떤 쇠사슬일까?

## ■ 해상 봉쇄

쇠사슬은 수도와 인근의 대장장이를 소집해서 쇠고리를 급조시켜 연결한 것으로 생각된다. 연철로 만들었으며, 크기도 모양도 저마다 다른 수제품이었다. 단면의 형상이 6센티미터에 길이가 40센티미터, 폭이 25센티미터인 거대한 사슬로, 고리의 형태는 제각각이다. 사용한 철의 총중량은 90톤이 넘었다고 하는데, 철의 양산이 가능했을 리도 없기에 나라 전체에서 긁어모은 철기를 가열하고 두들겨서 접합하는 단조 가공법을 통해 만든 것으로 보인다.

　해상 봉쇄를 하려면, 당연하지만 사슬을 고정하기 위한 도구나 무게 때문에 해저에 가라앉지 않게 하기 위한 도구 등도 필요했다. 고정 도구는 잡아당기면 집게가 닫히는 구조로, 놀랍게도 제철소에서 슬래브를 크레인으로 매달아 올리는 기구[29]와 똑같다.

## ■ 산으로 간 배

동로마 제국의 해상 쇠사슬 봉쇄 자체는 성공적이었지만, 메흐메트 2세가 한 수 위였다. 오스만 튀르키예군은 보스포루스 해협을 지나는 도중에 상륙했다. 게다가 병력뿐만 아니라 함선까지 뭍으로 끌어 올린 다음, 목제 레일을 깔고

---

27 **메흐메트 2세**　[튀르키예] 1432~1481년. 오스만 제국의 제7대 술탄. 제국의 판도를 지속해서 넓혔기에 정복자로 불렸다. 콘스탄티노폴리스를 공략해 동로마 제국을 멸망시켰다. 공략에 청동제 거포인 우르반을 사용했다.

28 **금각만**　만의 입구에 건설된 테오도시우스 성벽이 적으로부터 콘스탄티노폴리스를 지킨다. 파도가 잔잔하고 수비가 옅은 금각만은 주요 공격 대상이었다. 제4차 십자군과 오스만 제국의 군대가 금각만을 통해서 콘스탄티노폴리스를 공략했다.

29 **매달아 올리는 기구**　겉모습은 굉장히 단순해서, 집게가 매달려 있을 뿐이다. 다만 슬래브의 자중을 이용해 조이는 구조로서 조이는 힘이 매우 강하기 때문에 미끄러져 떨어지거나 하는 일은 없다. 오히려 조이는 힘이 너무 강해서 집게가 측면을 파고드는 바람에 상처가 생겨 곤란할 때도 있다.

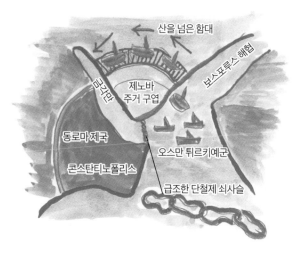

● 금각만을 봉쇄한 거대 쇠사슬 ●

올리브기름을 발라서 산 너머로 옮겼다. 그리고 70여 척을 금각만의 쇠사슬 안쪽 해역에 띄움으로써 기습에 성공한 것이다.

　이렇게 해서 동로마 제국은 괴멸당했고, 수도 콘스탄티노폴리스는 이스탄불로 개명되어 오스만 제국의 수도가 되었다. 금각만을 지켰던 쇠사슬은 현재 튀르키예의 박물관에 전시되어 당시의 공방을 우리에게 이야기하고 있다.

## ◉ 콜럼버스

### ■ 의욕에 불탔던 콜럼버스

크리스토퍼 콜럼버스는 서쪽으로 항해한 끝에 아메리카 대륙에 도착했다. 이탈리아의 제노바에서 성장한 그는 젊은 시절부터 항해를 경험했으며, 포르투갈에서 살 때 서쪽으로 항해하면 인도에 도달할 수 있을지 모른다는 아이디어를 떠올렸다. 이윽고 스페인으로 이주한 그는 그곳에서 인도로 가는 서쪽 항로를 왕실에 제안해 후원을 받아 대항해를 했다. 이 경위에 관해서는 다양한 이야기가 있다.

　여기에서는 진위가 불명확한 이야기가 아니라 콜럼버스가 왜 이렇게까지 인도로 가는 데 열정을 불태웠는지에 관해 금속의 관점을 섞어 가면서 이야기하려 한다.

## ■ 젊은이들을 열광시킨 마르코 폴로의 베스트셀러

콜럼버스의 애독서는 200년 전에 출판되어 베스트셀러가 되었던 마르코 폴로의 『동방견문록』[30]이었다. 콜럼버스의 유품 중에 있었던 『동방견문록』을 보면 군데군데 메모가 적혀 있는데, 그것은 물론 지팡구[31]의 황금에 관한 내용이 기술된 부분이었다. 페이지의 여백에 어떻게 하면 황금으로 돈을 벌 수 있을지 이런저런 아이디어를 빼곡하게 적어 넣었다. 이것을 봤을 때, 적어도 콜럼버스가 『동방견문록』에 매료되었던 시기가 있었음은 분명하다. 그래서 서쪽으로 항해해서 인도에 도달할 수 있다면 도중에 지팡구를 비롯한 풍요로운 나라를 만날 수 있으리라고 생각했는지도 모른다. 누구나 그렇듯이 그에게도 황금을

콜럼버스

마르코 폴로

동방견문록

● 마르코 폴로와 콜럼버스의 지팡구 황금 전설 ●

---

30 **마르코 폴로의 『동방견문록』**　[이탈리아] 1254~1324년. 베네치아 출신. 소년 시절에 아버지와 원에 갔을 때 쿠빌라이 칸의 마음에 들어 24년 동안 원의 외교관으로 살았다. 귀국 후 제노바와의 전쟁에서 포로가 되었는데, 투옥 중에 쓰기 시작해 석방 후 출판한 『동방견문록』이 베스트셀러가 되었다. 이 책을 읽은 솔직한 감상을 말하면, 황당무계한 것이 굉장히 재미있다.

31 **지팡구**　『동방견문록』에서는 일본을 지팡구라고 불렀다. 그리고 히라이즈미에 금으로 장식된 콘지키도(금색당)가 있고 송과 무역을 할 때 금으로 대금을 지급하는 등 금이 많은 나라라고 소개했다. 다만 원이 일본의 수도 교토에 침공했다는 등 잘못된 기술이 많아서, 마르코 폴로가 외교관이던 시절에 이슬람 상인에게서 들은 풍문을 기록한 것이 아닐지 이야기된다.

향한 욕망이 있었다.

## ⊙ 셰필드

### ■ 셰필드의 인상

영국의 셰필드는 과거에 철강업이 번성했던 도시다. 필자는 2019년 여름에 이 곳을 방문했는데, 비가 내리는 거리는 자분한 인상이었다. 역 근처의 오래된 펍에서 맥주와 함께 먹었던 피시앤칩스의 끝내주는 맛은 지금도 혀가 기억하고 있다. 셰필드는 금속의 역사에서 날붙이, 도가니 제강, 베서머 전로라는 세 가지 기술이 탄생한 장소다.

### ■ 날붙이의 도시

14세기의 셰필드는 날붙이 제조로 유명한 도시였다. 이 무렵에 저술된 제프리 초서의 『캔터베리 이야기』[32]에서는 스타킹 속에 셰필드에서 만든 나이프를 숨기고 다니는 오만한 방앗간 주인이 등장한다. 당시의 셰필드는 이미 고급 나이프로 유명했던 듯하다. 지금도 독일의 졸링겐, 일본의 세키와 함께 날붙이의 3S[33]로 불린다.

### ■ 도가니법

셰필드가 제강 도시로서 유명해진 것은 18세기 중엽에 이주한 시계 제작사 벤저민 헌츠먼[34]의 덕분이다. 당시의 강철은 품질의 변동이 컸기 때문에 그는 강

---

32 **제프리 초서의 『캔터베리 이야기』** [영국] 1343~1400년. 시인. 캔터베리 대성당으로 가는 도중에 있는 여관을 무대로, 성직자와 여관 주인 등 다양한 직업을 가진 사람들이 이야기를 나눈다. 방앗간 주인의 이야기에는 야한 요소와 익살스러운 요소가 섞여 있는데, 여러 가지 의미에서 조금 위험한 내용이다.

33 **날붙이의 3S** 졸링겐은 독일의 지명이다. 중세의 농민이 무장을 시작해, 날붙이의 도시로 발전했다. 근대화가 진행됨에 따라 수공업으로 날붙이를 만드는 곳은 이제 존재하지 않는다. 이는 셰필드도 마찬가지로, 전통적인 공방은 찾아볼 수 없다. 세키는 가마쿠라 시대에 도검 제작을 시작해, 무로마치 시대에 크게 발전했다.

34 **벤저민 헌츠먼** [영국] 1704~1776년. 도가니 주강의 제법을 개발했다. 도가니 속에 연철과 침탄강, 촉매제를 넣고 코크스로 강하게 가열해 녹인 결과, 강철의 품질이 극적으로 향상되었다. 다만 이 지역의 칼을 가는 기술자들은 처음에 "강철이 너무 단단하다"라고 불평했는데, 프랑스로 수출하니 그곳에서는 대호평이었다. 역시 어느 시대에든 불평을 늘어놓는 고객은 가까운 곳에 있기 마련이다.

철의 품질을 안정화할 방법을 궁리했다.

당시에 일반적으로 사용되었던 방법은 퍼들법과 도가니법이다. 퍼들법은 선철 덩어리를 노에서 고온으로 만든 다음 봉으로 이겨서 연철을 만들고 여기에 침탄을 하는 방법이다. 한편 도가니법은 인도가 기원으로, 순수한 철광석을 목탄과 함께 도가니에 넣어 녹이고 작은 강괴를 망치로 두드려서 얇은 판이나 막대로 만드는 방법이다.

헌츠먼은 이 도가니를 반사로에 넣어서 가열한다는 아이디어를 떠올렸다. 그러면 균일하게 가열할 수 있고, 밀폐된 도가니에 연도의 황 가스가 들어가지 않으며, 게다가 강철을 액체 상태로 얻어 작은 거푸집에 부어 넣을 수 있다. 헌츠먼의 도가니법으로 만든 강철은 순도가 높아 기계 부품이나 기계류에 적합했다.

필자는 2019년 여름에 셰필드를 찾아가 도가니법 공장이 있었던 터를 견학했다. 도가니를 집게로 노에서 꺼낸 다음 액체 강철을 거푸집에 주입하던 장소는 정말로 좁은 공간이었다. 길게 나열되어 있는 도가니들을 바라보고 있으니 조업하던 당시 기술자들의 모습이 눈앞에 보이는 기분이었다.

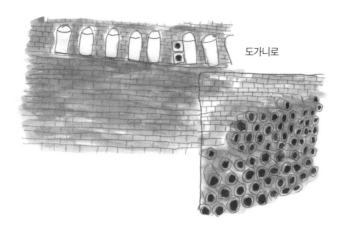

도가니로

● 셰필드 ●

## ■ 베서머 전로

셰필드에서 탄생한 세 번째 기술은 1856년에 만든 베서머 전로다. 비가 내리는 가운데 강변에 위치한 박물관 입구에 우뚝 서 있는 거대한 전로[35]와 대면한 나는, 개구부에서 맹렬한 화염이 뿜어져 나오던 당시의 모습을 상상했다.

셰필드는 금속의 역사를 좋아하는 여러분이라면 반드시 즐겁게 관광할 수 있는 도시다. 다시 한번 방문해서 구석구석까지 즐기고 싶다.

---

35 **우뚝 서 있는 거대한 전로** 셰필드의 돈강에 있는 '켈햄섬 산업 유산 박물관'의 입구에는 베서머 전로가 서 있다. 너무나도 자연스럽게 전시되어 있는 까닭에 필자는 평소처럼 제철소 안에서 설비 점검을 하는 듯한 착각에 빠지고 말았다.

# 『신곡』에 등장하는 금속

이탈리아 단테 알리기에리(1265~1321)의 『신곡』은 14세기에 집필된 거대한 서사시다. 주인공인 단테가 영원한 연인 베아트리체를 찾아서 베르길리우스의 안도를 받으며 지옥과 연옥, 천국을 헤매는 이야기다.

『신곡』은 이탈리아에서 기계식 시계가 기술된, 가장 오래된 기록이다. 기계식 시계는 13세기 말엽부터 보급되기 시작했다. 정밀도는 나빠도 동일한 간격으로 시각을 나타내는 최초의 도구였으며, 기계식 시계의 등장으로 사람들은 시간을 공유할 수단을 손에 넣었다. 시인은 그런 과학 분야도 대담하게 작품에 도입한 것이다.

'천국편 제10곡'에는 시계의 구조가 묘사되어 있다. 묘사가 정확한지는 둘째 치고, 윤열 시계의 구조를 묘사한 것임에는 틀림이 없다. 윤열은 톱니바퀴가 맞물려 있는 시계 구조를 가리킨다. 단테가 목격한 거대한 윤열 시계는 피렌체 우골리노 백작의 시계관이었다.

단테의 시대는 시계관 같은 거대한 기계식 시계가 만들어지기 시작한 시기였다. 런던의 웨스트민스터 대성당이나 세인트 폴 대성당에 탑시계가 설치되었다는 기록도 있다. 당시의 시계탑은 현재 남아 있지 않고 기록도 없기 때문에 톱니바퀴의 재질이 무엇인지는 명확하지 않지만, 청동이었을 것으로 생각된다.

우골리노 백작의 시계관(기아의 탑)

단테의 신곡　지옥편　천국편

● 단테가 묵었던 우골리노 백작의 시계관 ●

제 6 장

# 금속,
# 인류의 욕구를
# 자극하다

: 산업혁명을 향한 준비

## AD 1600년

철의 생산지가
영국으로 이동

미시 관찰과 이단 과학

## AD 1700년

제1차
원소 발견 러시

코크스 고로와
도가니 주강

## AD 1800년

## 금속의 이용

현미경
AD 1665년 로버트 훅의 『마이크로그라피아』에 100배로 확대한 바늘 끝, 50배로 확대한 면도날의 그림 게재[영국]
AD 1669년 헤닉 브란트, 인을 발견[독일]

플로지스톤설
AD 1696년 게오르크 슈탈이 『치모테크니아 펀다멘탈리스』를 발표. 연소(燃素)의 존재를 주장하고 플로지스톤으로 명명[독일]

코발트
AD 1733년 게오르크 브란트, 코발트를 발견[스웨덴]

몰리브덴
AD 1744년 칼 빌헬름 셸레, 망간과 몰리브덴 발견[스웨덴]
AD 1747년 파리 광산 학교 창설[프랑스]

백금
AD 1748년 안토니오 데 울로아, 백금을 발견[스페인]

니켈
AD 1751년 악셀 프레드릭 크론스테트, 광석에서 니켈을 추출[스웨덴]
AD 1762년 파리 과학 아카데미가 『예술과 기술에 관한 설명』 간행 개시[프랑스]

라부아지에
AD 1772년 앙투안 라부아지에, 질량 불변의 법칙[프랑스]
AD 1774년 요한 고틀리브 간, 망간 발견[스웨덴]

볼타 전퇴
AD 1775년 알레산드로 볼타가 볼타 전퇴, 전지를 발명
AD 1777년 라부아지에가 『연소 일반에 관한 보고서』를 통해 플로지스톤설을 추방함[프랑스]
AD 1782년 라이헨슈타인, 텔루륨 발견[오스트리아]
AD 1783년 엘후야르 형제[스페인]가 텅스텐 분리[독일]
AD 1789년 라부아지에, 『화학원론』을 출판. 33원소를 크게 네 종류로 나누고, 연소를 올바르게 설명해 철강 이론을 궤도에 올려놓음[프랑스]

▼

## 금속의 이용(앞에서 이어서)

**AD 1789년** 마르틴 하인리히 클라프로트, 우라늄 발견 [독일]

**AD 1793년** 베리만[스웨덴]과 엘후야르[스페인]가 텅스텐을 발견[독일]

**AD 1797년** 루이니콜라 보클랭, 크롬을 발견[프랑스]

## 철의 이용

**양철**
**AD 1618년** 작센에서 양철 공장 가동

**더드 더들리**
**AD 1619년** 더드 더들리, 석탄을 사용해 철을 만드는 직접 환원의 특허를 취득[영국]

**천공개물**
**AD 1637년** 송응성이 쓴 『천공개물』에 고로와 수차를 이용한 풀무의 그림, 퍼들로의 원형의 그림이 실림[중국]

**AD 1641년** 아일랜드의 찰스 쿠트가 경영하는 제철로 3기가 반란으로 파괴. 아일랜드의 숲은 17세기 말에 완전히 황폐화

**AD 1650년** 양철 공장 창설. 전쟁으로 중단[프랑스]

**AD 1665년** 더드 더들리, 『메탈럼 마르티스』 간행[영국]

**딘 숲**
**AD 1667년** 앤드루 야란톤, '영국 철강업의 중요성' → 딘 숲 주변에는 6만 명이나 되는 철 산업 종사자가 살고 있었음[영국]

**반사로**
**AD 1678년** 클러크 부자가 에이번 협곡에서 반사로 발명 [영국]

**다비**
**AD 1708년** 다비 1세, 콜브룩데일로 이주, 제철 회사 창업 [영국]

## 철의 이용(앞에서 이어서)

**AD 1722년** 르네 레오뮈르, 『단철을 강철로 바꾸는 방법과 주철에 가단성을 부여하는 방법』 출간[프랑스]

**스베덴보리**
**AD 1734년** 에마누엘 스베덴보리가 『데 페로(De Ferro)』 출간

**AD 1735년** 다비 2세가 코크스 고로에서 단철용 선철 생산[영국]

**AD 1740년** 셰필드가 녹인 가연철이라는 전인미답의 위업을 통해 버밍엄의 도검을 세계적으로 만듦

**도가니 주강법**
**AD 1740년** 헌츠먼이 스웨덴 봉강을 침탄하고 도가니에서 녹여 강철을 만드는 도가니 주강법 개발 [영국]

**AD 1766년** 크래니지 형제가 반사로를 만들고 연료와 금속을 분리해 정련[영국]

**아이언브리지**
**AD 1779년** 윌킨슨, 다비, 프리처드 등이 세번 계곡에 세계 최초의 주철제 교량 완성[영국]

**AD 1782년** 금속 재료의 아버지 스벤 린만이 『철의 역사』를 저술[스웨덴]

**AD 1783년** 헨리 코트, 연철 제조 압연법에 증기기관을 적용[영국]

**퍼들로**
**AD 1783년** 헨리 코트와 피터 어니언스가 각기 독자적으로 반사로에서 퍼들로를 고안[영국]

**영국 고로**
**AD 1790년** 코크스 고로 81기, 목탄 고로 25기[영국]

▼

# 철 생산 전야: 영국으로 이동한 철 생산과 미시 관찰 발명

## ⊙ 연대 해설

1600~1700년을 금속의 이용이라는 측면에서 살펴보면, '눈으로 보는 금속'과 '망설(妄說)로 보는 금속'이다. 철의 이용 분야에서는 영국으로 건너간 고로법이 중심이 되었다.

　금속의 이용이라는 측면에서는 1665년에 영국의 로버트 훅[1]이 현미경으로 바늘의 끝부분과 면도날 등을 관찰하고 그 모습을 『마이크로그라피아(Micrographia)』[2]에 소개했다. 1696년에는 게오르크 슈탈이 연소(燃素)의 존재를 주장하며 플로지스톤설을 발표했다. 이 설은 1777년에 라부아지에가 논파하기까지 약 80년 동안 유럽의 화학계를 지배했다.

　철의 이용이라는 측면에서는 1618년에 작센에서 양철 생산이 시작되었다. 1665년에는 영국의 더드 더들리가 『메탈럼 마르티스(Metallum Martis)』[3]에서 철의 직접 환원에 관해 기술했다. 중국으로 눈을 돌리면, 1637년에 송응성이 수차를 이용해서 풀무를 움직이는 고로와 반사로를 『천공개물』에 그렸다.

　영국으로 건너간 고로는 숲 주변에 난립했다. 앤드루 야란톤에 따르면 1677년

---

1　**로버트 훅**　[영국] 1635~1703년. 실험과 이론의 양 측면에서 과학 혁명을 견인했다. 만년의 훅은 성격이 급하고 자존심이 강해서 논쟁이 벌어지면 상대를 심하게 몰아붙였기 때문에 모두에게 미움을 받았다. 타인의 아이디어를 자신의 것으로 만들기도 했다. 왕립 협회의 일이 너무 바쁜 나머지 신경이 곤두서 있었던 것이 원인이었다.

2　**마이크로그라피아**　1665년에 로버트 훅이 간행한 현미경 도감. 곤충과 식물, 바늘 끝과 면도날 등을 현미경으로 관찰하고 미세 조직을 스케치했다.

3　**메탈럼 마르티스**　1665년에 출판된 더들리의 저서. 라틴어로 쓴 "전쟁의 신 마르스의 금속"이라는 작은 제목 아래에 "석탄, 역청탄이나 숯, 혹은 불완전한 금속을 녹여서 제련해 완전한 금속으로 정련하는 연료로 만들어진 철"이라는 큰 부제가 적혀 있다.

에는 딘 숲[4] 주변에 약 6만 명이 살고 있었다. 1678년에는 영국의 클러크 부자가 에이번 협곡에서 반사로를 발명했다.

## ⊙ 플로지스톤

### ■ 게오르크 슈탈

18세기 후반에 서양 세계를 지배했던 학설이 있다. 게오르크 슈탈[5]이 『치모테크니아 펀다멘탈리스(Zymotechnia fundamentalis)』[6]에서 제창한 플로지스톤설이다. 이 설은 금속의 산화 환원 거동을 교묘히 해설했으며, 당시 아직 잔재가 남아 있었던 연금술도 적절히 도입했다.

플로지스톤은 '연소(燃素)[7]'라는 물질이다. 물질이 연소하면 플로지스톤이 방출되어 불꽃이 보인다. 그리고 재가 남는데, 금속은 이 재와 플로지스톤이 결합한 것이다. 플로지스톤을 대량으로 집어넣을 수 있는 금속은 강해진다. 반대로 재에 플로지스톤을 소량밖에 집어넣지 못하면 무른 금속이 된다.

### ■ 단단한 철

단단하고 잘 깨지는 선철은 플로지스톤을 과도하게 잃어버리면 강철이 되며, 여기에서 플로지스톤을 더 잃으면 무른 연철이 된다. 그리고 연철을 태우면 플로지스톤은 불꽃이 되어서 빠져나가고 재가 남는다. 이것이 정련 방법이라고 설명되었다. 슬슬 그럴듯하지 않은가?

---

4 **딘 숲** 영국의 남서부에 있는 고대 삼림. 남쪽에는 아이언브리지가 있는 세번강이 흐르고 있다. 철광석과 석탄의 매장량이 풍부하고 삼림에서 목탄도 얻을 수 있어서 고대부터 제철업이 활발했다.

5 **게오르크 슈탈** [독일] 1659~1734년. 게오르크 에른스트 슈탈. 플로지스톤설을 제창했다. 본래는 요한 요아힘 베커가 1663년경에 먼저 자신의 저서에서 이 아이디어를 발표했지만, 그때는 주목받지 못했다. 한편 그리스어에서 유래한 명칭을 채용한 슈탈의 설은 널리 퍼졌다.

6 **치모테크니아 펀다멘탈리스** 1697년에 간행된 서적으로, 번역하면 '화학의 기초'라는 의미다. 책에서는 플로지스톤의 성질을 불로는 파괴되지 않는다든가, 플로지스톤의 색에는 황의 성분이 포함되어 있다든가, 냄새가 있다는 둥 제멋대로 정의했다.

7 **연소** 플로지스톤. 연소하는 물질에서 방출되는 물질이다. 1697년에 독일의 슈탈이 자신의 저서에서 발표해 화제가 되었다. 역사의 흐름을 알고 있는 오늘날의 시각에서 바라보면 터무니없는 설이지만, 당시의 화학 지식을 전제로 생각하면 현상을 충실하게 설명할 수 있다.

## ■ 오류 과학

과학의 발전이 반드시 올바른 과정만을 거치는 것은 아니다. "금속에서 플로지스톤이 빠져나가면 재가 되고, 재에 플로지스톤이 들어가면 순수한 금속이 된다"라는 말은 상당히 그럴듯하게 들린다. 그리고 일단 믿기 시작하면 그 발상에서 벗어나기는 굉장히 어렵다.

실제로 선철에서 빠져나가는 것은 플로지스톤이 아니라 탄소다. 문제는 플로지스톤으로도 모든 현상을 그럴듯하게 설명할 수 있다는 것이다. 이것이 잘못된 해석의 무서운 점이다.

## ■ 라부아지에의 반증

플로지스톤을 몰아낸 사람은 젊은 과학자 라부아지에다. 금속에서 플로지스톤이 빠져나온 결과 재가 되는 것이라면 재는 금속보다 가벼워져야 한다. 그러나 재의 무게를 재어 보면 금속보다 무겁다. 그래서 "플로지스톤의 질량은 마이너스란 말인가?"라고 문제를 제기한 것이다.

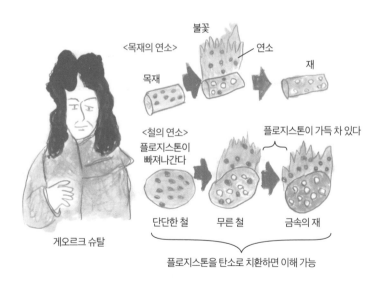

● 제법 설득력이 있는 플로지스톤설 ●

이에 대해 '보일의 법칙'의 로버트 보일[8]은 "플로지스톤은 빠져나갔지만 연소로 발생한 열이 금속에 달라붙기 때문에 무거워진 것이다"라고 반론했다. 또한 플로지스톤의 창시자인 슈탈은 "플로지스톤이 빠져나간 뒤에 공기가 들어와서 무거워진 것이다"라고 주장했다.

라부아지에에게 지혜를 보내준 것은 플로지스톤을 발견하기 위해 실험을 거듭했던 고독한 과학자 조지프 프리스틀리가 발견한 산소였다. 라부아지에는 "마침내 플로지스톤을 발견했다"라며 공표된 산소를 사용해 공개 실험을 함으로써 플로지스톤의 오류를 밝혀냈다. 이처럼 라부아지에는 화학의 기초를 쌓았지만, 프랑스 혁명은 그를 단두대로 보냈다.

## ⊙ 양철과 함석

### ■ 양철 장난감과 함석지붕

양철 장난감이라는 말을 듣고 감회가 새로워진 사람은 20세기 중반에 태어난 세대일 것이다. 필자도 그중 한 명이다. 함석지붕이라는 말을 듣고 '아, 그거!'라고 금방 떠올린 사람도 마찬가지다.

일상생활 속에서 종종 등장하는 '양철'이라든가 '함석'은 대체 무엇을 의미할까? 그 수수께끼를 파헤쳐보자.

### ■ 양철과 함석의 기술

양철은 철판에 주석을 얇게 도금한 것이다. 함석은 철판에 아연을 도금한 것이다. 그렇다면 왜 도금을 하는 것일까? 그 이유는 철이 녹스는 것을 방지하기 위해서다. 철은 옛날부터 값싸고 구하기 쉬웠으며 가공이 쉬운 등 훌륭한 성질을 많았다. 그러나 큰 결점이 하나 있는데, 바로 '녹슨다'는 것이다. 반면에 주석은 공기 속에서도 잘 녹슬지 않는 성질을 지니고 있다. 그래서 철판의 표면을 주석으로 덮으면 철판은 녹슬지 않게 된다. 이것이 양철이다.

---

8  **로버트 보일**  [영국] 1627~1691년. 기체의 부피와 압력은 반비례의 관계라는 보일의 법칙으로 유명하다. 과학자로서 선입견을 품지 않고 실험에 임했지만, 금속을 다른 금속으로 바꿀 수 있다고 믿고 실험을 거듭한 연금술사이기도 했다.

마찬가지로 철판의 표면을 아연으로 덮으면 녹스는 것을 방지할 수 있다. 이 것이 함석이다. 양철도 함석도 처음에는 공기 속에서 녹스는 것을 방지하기 위 해 사용되었다.

## ■ 양철과 함석의 용도

양철의 도금층에는 작은 구멍이 뚫려 있다. 그래서 두껍게 바르지 않으면 구멍 을 통해 철이 녹슬고 만다. 그런데 양철에는 다행히도 최적의 용도가 있었다. 바로 통조림이다. 내용물이 약산성일 경우, 철보다 주석이 더 녹기 쉬워진다. 이것을 희생방식(犧牲防蝕)[9]이라고 부른다. 요컨대 통조림에 양철을 사용하면

| 1536년 | 작센에서 양철을 제조(독일) |
|---|---|
| 1570년 | 보헤미아에서 양철을 제조(독일) |
| 1575년 | 코니시의 주석을 보헤미아로 수출하고, 보헤미아에서 양철을 수입 |
| 1618년 | 작센에서 양철 공장 가동 |
| 1623년 | 양철 제조를 시도(John Tilte의 편지)(영국) |
| 1627년 | 양철 제조를 시도(프랑스) |
| 1650년 | 양철 공장 창설 시공. 전쟁으로 중단(프랑스) |
| 1661년 | 더들리가 양철의 특허 취득(영국) |
| 1700년 | 양철을 지붕의 재료로 사용(영국) |
| 1923년 | 야하타 제철소, 양철을 첫 생산 |
| 1962년 | 초박형 양철박의 제조 |
| 1964년 | 양철용 자동 용접기 개발 |
| 1973년 | 다이와 제관, 양철 DI 캔[10] 생산 개시 |
| 1978년 | 불용성 양극 기술 개발로 음료수용 양철 캔의 생산 개시 |

● 양철 관련 사건 연표 ●

---

9 **희생방식** 두 종류의 금속이 접촉했을 경우, 한쪽 금속이 녹으면 다른 금속은 부식을 모면하는 현상. 녹기 쉬운 금속이 '비금속(卑金屬)'이고 이것이 희생해서 부식을 막는 까닭에 희생방식이라고 부른다.

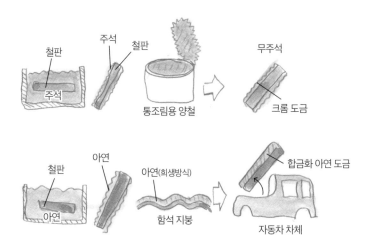

철판　　　주석　철판　　　　　　　　　무주석

통조림용 양철

크롬 도금

철판　　아연　　아연(희생방식)　　　　합금화 아연 도금

아연

함석 지붕

자동차 차체

● 양철과 함석의 용도 ●

철판에 구멍이 생기지 않는 것이다.

　한편 함석은 철판의 표면에 아연을 부착시킨 것이다. 아연은 철의 희생방식
으로 녹이나 부식으로부터 철판을 보호한다. 1805년에 영국의 실베스터와 홉
슨 등이 철에 아연을 도금하는 기술을 개발했는데, 그 뒤로 아연을 도금한 철
판이 대량으로 제작되기 시작했다. 양철의 경우는 1500년대부터 제조되었다.

## ■ 현대의 양철과 함석

양철 통조림이나 함석지붕은 이제 찾아보기 어렵다. 통조림에 사용하는 주석
이 건강에 나쁘다는 이유에서, 주석을 없앤 무주석 강판[11]이 개발되었기 때문
이다. 함석지붕도 사라졌다. 그러나 아연 도금 강판은 자동차 차체 등에 대량
으로 사용되고 있다.

---

10　**DI 캔**　1958년에 미국에서 개발된 음료수용 캔의 성형 방법. D는 드로잉(Drawing)의 머리글자로서 교축 가공을, I는 아이
어닝(Ironing)의 약자로서 훑기 가공을 의미한다. 이 두 가지 가공을 동시에 함으로써 캔의 바닥과 측면을 일체 성형한 알
루미늄 캔 혹은 강재 캔을 만든다.

11　**무주석 강판**　본래 양철은 강판의 표면에 주석 도금을 한 것인데, 주석의 인체 유해성이 화제가 됨에 따라 주석을 사용
하지 않는 방식(防蝕) 강재가 필요해졌다. 그래서 주석을 크롬으로 대체한 무주석 도금 기술이 개발되었다.

다만 현재는 합금화 용융 아연 도금 강판이 주류다. 이것은 녹인 아연 속에 강판을 담근 뒤 가열함으로써 철과 아연의 도금면에서 철과 아연의 합금층을 만들어 밀착시킨 것이다.

## ⊙ 더드 더들리

### ■ 탈목탄화의 필요성 대두

제철업의 공통적인 문제는 연료로 목재를 사용한다는 것이었다. 주위의 삼림을 베어서 목탄을 만들고 그것을 연료로 사용해 철광석에서 철을 추출했다. 요컨대 삼림 자원의 고갈은 철강업의 종언을 의미했으며, 제철소는 삼림 자원을 찾아서 계속 이동해야 했다. 이처럼 삼림 벌채가 무질서하고 광범위하게 진행되자 영국 정부는 결국 목재로 만든 목탄을 제철의 연료로 이용하지 못하도록 금지했다.

### ■ 석탄의 이용

17세기의 영국에서는 용광로나 고로에 목탄 이외의 연료를 사용하려고 시도하고 있었다. 정부도 특별 법령을 발포해, 야금에 광물성 연료를 사용함으로써 문제를 해결하도록 발명가들을 독려했다.

17세기부터 18세기에 걸쳐 영국과 그 밖에 국가들에서는 석탄을 사용해서 선철을 만들려는 시도가 거듭되었다. 그러나 당시는 아직 석탄을 코크스[12]로 바꾸는 조건을 정확히 알지 못했고, 어떤 품질의 석탄이 코크스에 적합한지도 몰랐기 때문에 실패를 거듭했다.

---

12 **코크스** 주위의 공기를 차단하고 노 속에서 쪄낸 석탄. 휘발 성분과 중유 성분이 빠져나가서 단단하지만 공기구멍이 가득한 경석(다공질의 화산 생성물로, 속돌이라고도 부른다 - 옮긴이) 같은 형태가 된다. 구성물은 탄소뿐. 석탄을 그대로 연소시키면 휘발 성분이 기체가 되어서 나오기 때문에 연소 온도가 높아지지 않는다.

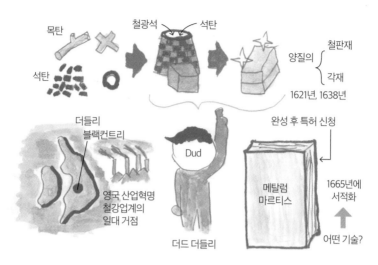

목탄

석탄

철광석  석탄

철판재

양질의

각재

1621년, 1638년

더들리
블랙컨트리

Dud

완성 후 특허 신청

영국 산업혁명
철강업계의
일대 거점

메탈럼
마르티스

1665년에
서적화

어떤 기술?

더드 더들리

● 더드 더들리와 선철 제조 ●

## ■ 석탄을 이용한 제철법 개발에 성공

석탄을 사용해 선철을 제조하는 데 최초로 성공한 인물은 영국의 더드 더들리다. 더들리는 1619년에 선철 생산에 관한 특허를 취득했는데, 특허 명세서에는 다음과 같이 적혀 있다.

"더들리는 장기간에 걸친 노력과 거금을 들인 실험 끝에 송풍용 풀무가 달린 노에서 석탄을 사용해 철광석을 제련하고 주철판 및 각재를 생산하는 비밀스러운 방법, 수단을 밝혀냈다. 그리고 목탄으로 생산한 것과 같은 양질의 선철을 얻었다. 이것은 우리 영국에서 지금까지 누구도 완성하지 못했던 발명이다."

그러나 더들리는 목탄을 사용해서 선철을 생산하고 있었던 기업가들과 소송전[13]을 벌이게 되었고, 결국 선철 제련법의 개량을 중지해야 했을 뿐만 아니라 파산까지 하고 말았다.

---

13 **소송전** 더들리뿐만 아니라 이 시기의 영국 제철 발명가들은 예외 없이 소송에 휘말려 육체와 정신 모두 피폐해졌다.

## ■ 재판과 그 후의 불행

더들리는 거의 순수한 탄소 덩어리인 코크스를 이용해 철 생산 기술을 완성했다고 주장했다. 철의 제조를 진행하고 특허를 취득한 지 1년 후, 그는 런던탑에서 시행된 재판을 위해 새로 만든 상당량의 철을 보냈다. 그 철은 '양질의 철'로 판정되었다.

더들리가 살고 있었던 블랙컨트리[14]는 영국 철 제조의 중심지였다. 이곳에는 석탄도 철광석도 풍부했다. 더들리는 이곳에 제철소를 세웠는데, 홍수에 전부 떠내려가 버렸다.

## ■ 메탈럼 마르티스

『메탈럼 마르티스』는 1665년에 간행된 더드 더들리의 저서다. 기술적인 내용은 담겨 있지 않지만, 이 책에서 더들리는 코크스를 사용해 선철을 만들었다고 명확히 말했다. 다만 그가 만든 코크스가 어떤 것이었는지, 고로에 적합한 것이었는지는 수수께끼에 싸여 있다.

## ⊙ 천공개물

## ■ 중국의 산업 기술서

『천공개물』은 17세기의 중국 명조 말기에 송응성[15]이라는 인물이 쓴 산업 기술서다. 그림과 함께 설명되어 있어서 당시의 기술 수준을 이해할 수 있는 매우 흥미로운 책이다. '천공(天工)'은 자연의 창조가 지닌 위대함을, '개물(開物)'은 인간 기술의 뛰어남을 의미한다.

천공개물에서 금속과 관련된 부분은 중권의 주조와 단조, 하권의 정련으로 전체 18장 중 3장을 차지하고 있으며, 읽는 맛이 있다.

---

**14 블랙컨트리** 영국 중부의 미들랜드 지방에 있는 공업 지대. 산업혁명 이후 영국의 철강업을 비롯한 중공업을 뒷받침해 왔다. 다수의 탄광과 철광산, 제철소가 자리하고 있어서, 대기 오염으로 거무스름한 광경이 펼쳐진다.

**15 송응성** [중국 명] 1587~1666년. 명조 말기인 1637년에 『천공개물』을 간행했다. 직후에 명조가 멸망해 국내에서는 이렇다 할 평가를 받지 못했다. 한편 일본에서는 1707년에 가이바라 에키켄이 인용하기 시작해 널리 알려졌다. 1912년에 일본에서 유학 중이던 중국인이 발견해 중국에서 재평가되었다.

## ■ 주조

『천공개물』에서는 흙을 어머니로 삼아서 금속이 탄생하고 어머니인 흙이 거푸집이 되어서 금속이 형체를 갖추는 것이 주조라고 설명한다.

그리고 일곱 종류의 주조에 관해서 언급했다. 먼저 세 발 솥[16]과 종[17] 등 커다란 물건의 주조에 관해 해설하고, 이어서 가마, 동상, 포, 거울, 주화 등을 주조하는 거푸집의 재질과 만드는 방법에 관해 자세히 이야기한다. 특히 주화의 주조 방법은 종류별로 그대로 재현할 수 있을 만큼 자세히 해설했다.

## ■ 단조

『천공개물』에서는 금속에 손을 대서 형태를 다듬는 조작이 단조라고 이야기한다. 제일 먼저 철의 단조가 등장해 숙철과 강철을 단련하는 법을 설명한다. 이어서 도끼, 괭이, 줄, 송곳, 대패, 톱, 정, 닻, 바늘, 구리 세공의 10종류의 단조

● 천공개물 ●

---

**16 세 발 솥**  냄비처럼 생긴 몸체에 3개의 발이 달린, 액체를 끓이는 도구. 고대 중국에서는 은부터 서주에 걸쳐 몸체가 사각형인 것도 출현했다.

**17 종**  소리를 내기 위한 금속제 기구. 내부에 매달아 놓은 추 또는 외부의 나무 기둥 등으로 두드려서 소리를 낸다. 청동 또는 주철을 주조해서 모양을 만든다. 일본의 동탁도 종의 일종이지만, 후기의 동탁은 소리보다 형상 자체를 중시하게 된다.

도구에 관해 이야기했다.

## ■ 정련

정련에 관한 부분에서는 대지가 금, 은, 구리, 철, 주석이라는 5종류의 금속을 낳았으며 각각에 역할이 있음을 거듭해서 이야기한다. 그리고 하나하나의 금속을 얻는 방법부터 시작해 사용법까지 해설했다.

## ■ 『천공개물』의 활용법

송응성이 『천공개물』을 쓴 이유에 관해서는 여러 가지 설이 있다. 보통 국가의 지도자에게 보여줄 산업 기술 매뉴얼이었기 때문에, 최첨단의 기술이 아니라 당시 중국에서 일반적으로 사용되던 기술을 기재한 것으로 추측되고 있다. 그런 만큼 실용서로서 가치가 높다.

---

Column

# 외눈 동자

외눈 동자는 일본의 요괴 이야기에 등장하는 대표적인 요괴 중 하나다. 산속에 살고 있으면서 마을 사람들을 놀래킨다. 그런데 이 외눈 동자는 철과 관계가 있다.

외눈 동자는 다타라 제철장에서 일하는 사람에 대한 두려움이 만들어 낸 요괴다. 다타타 제철장에서는 조업 중에 대나무 대롱으로 노의 내부를 들여다봐야 했는데, 한쪽 눈으로 노의 내부를 계속 들여다보면 눈이 타서 격렬한 통증을 느꼈을 터이며 이윽고 실명했을 것이다. 그러나 노의 내부 상태를 관찰하는 것은 꼭 필요한 일이었다. 그래서 한쪽 눈이 멀면서도 계속 관찰했을 것이다.

다타라 제철장에는 이런 이유로 한쪽 눈을 실명한 사람이 많이 살고 있었는데, 이 것이 평범한 사람들 눈에는 기이한 광경으로 비쳤을 것이 분명하다. 이런 기이한 분위기가 다타라 제철장에서 일하는 사람들을 요괴로 만들어 간 것이다.

# 삼장법사의 숙제

약 20년 전, 어느 대학교의 연구자에게서 편지를 받았다.

"선생님의 책을 읽고 남만에서 도래한 회취법의 존재를 알았습니다. 저는 대학교에서 오랫동안 산스크리트어를 연구해왔는데, 연구자들 사이에서는 불교 경전에 나오는 '먼지를 털어서 부처를 꺼낸다'라는 문언의 의미가 오랫동안 수수께끼였습니다. 혹시 이것이 회취법을 의미하는 것으로 해석할 수 있지 않을까요?"

"편지 감사합니다. 회취법은 금이나 은을 납에 녹여서 추출하는 방법입니다. 수은을 사용하는 아말감법과 함께 매우 오래된 방법이지요. 구약성경에도 등장할 정도입니다. 그러므로 불교의 경전에 나오더라도 이상한 일은 아닙니다."

"이제 분명해졌습니다. 이것은 틀림없이 현장(삼장법사)이 경전을 갖고 돌아와 중국어로 번역할 때 잘못 번역한 것으로 생각합니다."

시공을 초월한 거대한 스케일의 수수께끼를 해명하는 데 금속이 도움이 되었는지도 모르겠다. 다만 회취법이 일본에 전래된 것은 비교적 최근으로, 1500년대가 된 뒤다. 남만에서 전래한 회취법 덕분에 순도가 높은 구리나 은을 채집할 수 있게 되었다. 이 시기는 금의 생산량이 급증해서 상대적으로 은의 가격이 높아지고 금의 가격이 떨어진 상황이었기에 세계적으로 '골드러시'가 아니라 '실버러시'가 일어났다. 독일의 프라이베르크 은광, 남아메리카의 포토시 은광, 일본의 이와미 은광이 세계의 3대 은 공급지였다.

## 1700년부터 1760년까지
# 발견과 혁명: 제1차 원소 발견 러시와 고로법의 진화

### ⊙ 연대 설명

1700~1760년에서 주목할 사건은, 금속의 이용 분야에서 금속 원소의 발견 러시, 철의 이용 분야에서 코크스 고로의 발명이다.

금속 분야에서는 먼저 1702년에 독일의 슈탈이 완성한 플로지스톤설이 맹위를 떨쳤다. 이런 환경에서 1773년에 스웨덴의 게오르크[18]가 코발트를 발견했고, 1744년에는 역시 스웨덴의 칼 빌헬름 셸레[19] 등이 몰리브덴을 발견했으며, 1748년에는 스페인의 안토니오 데 울로아[20]가 백금을 발견했고, 1751년에는 스웨덴의 악셀 프레드릭 크론스테트[21]가 니켈을 추출하는 데 성공했다.

철의 이용은 1708년에 영국 콜브룩데일에서 에이브러햄 다비가 코크스 고로를 이용하는 회사를 창업하면서 시작되었다. 다비의 회사는 1718년부터 증기 기관의 부품을 제조했고, 1729년부터 궤도용 철제 차륜을 제조하기 시작했다.

1735년, 다비 2세가 코크스 고로를 사용해 단철용 선철을 제조하기 시작했다. 1740년에는 무기의 제조를 시작했으며, 1743년부터 고로 송풍기에 뉴커먼

---

**18  게오르크 브란트**  [스웨덴] 1694~1768년. 1642년에 코발트를 발견했다. 사기 연금술사의 정체를 폭로하기도 했다. 금속에는 6종류가 있으며, 반금속(하프메탈)에도 수은, 비스마스, 아연, 안티몬, 비소, 코발트가 있다고 말했다.

**19  칼 빌헬름 셸레**  [스웨덴] 1742~1786년. 금속과 유기산을 다수 발견했다. 1774년에 바륨과 망간, 1778년에 몰리브덴, 1781년에 텅스텐을 발견했다. 금속의 독성에 대한 경계심이 약해서 무엇이든 혀로 맛을 보는 습관이 있었는데, 이 때문에 중독으로 일찍 사망했다.

**20  안토니오 데 울로아**  1716~1795년. 해군 사관. 남아메리카에서 체류 중에 콜롬비아의 핀토 강에서 은과 닮은 금속을 발견하고 은과 같은 것이라는 의미의 플라티나라는 명칭으로 보고했다. 사실은 약탈을 통해 스페인으로 반입되고 있었지만, 가공할 수가 없어서 버려지고 있었다.

**21  악셀 프레드릭 크론스테트**  [스웨덴] 1672~1765년. 광물의 분석 실험 방법으로 취관분석을 도입했다. 1751년에 니켈을 발견해, 베르셀리우스로 이어지는 11종류의 금속 발견 러시의 계기가 되었다. 사실 니켈은 오래전부터 의도치 않게 발견되고 있었다. 구리나 은의 광석과 구별이 되지 않는데 구리 정련을 해도 구리를 추출할 수 없었기 때문에 "쿠페르니켈(악마의 구리)이다", "악마인 니켈의 장난이다"라고 부른 것이 어원이라고 한다.

● 현재도 남아 있는 코크스 고로의 터 ●

증기기관을 사용했다.

1734년, 에마누엘 스베덴보리[22]는 저서 『데 페로(De Ferro)』에서 자연과학과 광산 야금술을 정리했다. 1740년에는 영국의 벤저민 헌츠먼이 도가니 주강법을 발명했다.

## ⊙ 에이브러햄 다비

### ■ 다비 부자

코크스 고로를 발명한 사람은 영국의 다비 부자다. 콜브룩데일의 제철 회사를 소유한 다비 가문은 고로 조업의 개선을 위해 창의적인 궁리를 거듭했다.

코크스는 화석 연료인 석탄으로 만드는 제철용 연료다. 제철업에 석탄을 사용하는 기술은 더드 더들리를 비롯해 전 세계에서 개발을 진행하고 있었다. 그렇다면 왜 다비 2세를 '코크스 고로의 발명자'라고 부르는 것일까?

---

22 **에마누엘 스베덴보리**  [스웨덴] 1688~1772. 1747년까지의 전반생은 과학자, 후반생은 신학 저술가로 살았다. 1734년에 철학과 야금학을 결합한 저서를 출판했으며, 철과 구리의 정련 분석에 관해서 썼다.

## ■ 현장 실험의 산물

그것은 거듭된 실험과 연구의 산물이었다. 1709년, 아버지인 다비 1세는 고로에 코크스를 사용하기 시작했다. 그러나 이것은 코크스의 성능도 조업 조건도 알지 못하는 상태에서 시작한 것이었다.

코크스를 사용해서 선철을 얻는 제련에는 어떤 조건이 필요할까? 다비 2세는 그 조건을 전부 알기 위해 노력했다. 그의 아버지는 이루지 못한 난제였다. 때로는 몇 주 동안 용광로 곁을 떠나지 않으며 다양한 종류의 석탄을 시험하고, 코크스를 만드는 온도를 바꿔 보고, 불순물을 슬래그로 만들어 제거하기 위한 가장 좋은 용제를 모색했다.

코크스 고로가 제대로 가동하게 된 것은 양질의 코크스를 얻기 위한 조건을 찾아낸 1735년 이후다. 아버지가 조업을 시작한 뒤 26년이라는 세월이 흐른 뒤였다.

다비 2세의 연구 결과는 현대의 고로에도 활용되고 있다. 제철이라고 하면 철광석에 관심이 쏠리는 경향이 있는데, 제철에서 가장 중요한 요소는 코크스의 품질[23]이다. 코크스의 품질이 안정되면 고로 조업도 안정된다. 코크스의 품질이 안정될 때 비로소 여러 가지 조업 조건의 적정화가 효과를 발휘하는 것이다.

## ■ 다비 2세의 행운

코크스를 사용할 때, 고로에 보내는 공기의 양을 늘릴 필요가 있다. 다비 2세에게 행운이었던 것은 증기기관을 동력으로 삼는 송풍 설비를 사용할 수 있었던 점이다. 이전과 같은 수차 동력으로는 코크스 고로의 조업이 불가능했다.

비록 제임스 와트의 강력한 증기기관이 아니라 당시 광산의 배수 등에 사용되었던 뉴커먼 증기기관이었기는 하지만, 그래도 코크스 고로 조업이 가능할

---

23 **코크스의 품질**　코크스는 석탄을 쪄서 탄소 성분만을 남긴 것으로, 경석처럼 구멍이 잔뜩 뚫려 있는 숯덩이다. 그래서 큰 힘이 가해지면 부서져 가루가 된다. 고로 조업은 상부에서 철광석의 층과 코크스의 층을 교대로 삽입하고 그 둘을 서로 반응시켜 녹인 철을 만들어 내는데, 이 반응이 일어나는 동안 코크스가 가루가 되지 않고 본래의 형태를 유지해야 한다. 가루가 되어서 구멍이 사라지면 녹인 철이 아래로 떨어지지 않게 되며, 노의 하부에서 불어 넣은 공기도 위로 올라가지 못하게 된다. 고온에서도 튼튼한 코크스를 만드는 것이 코크스 고로를 장시간 안정적으로 가동하는 비결이다. "다비 2세가 코크스 고로를 발명했다"라는 말은 이 튼튼한 품질의 코크스를 만드는 기술을 확립했다는 의미다.

● 다비의 고로 터 ●

| | |
|---|---|
| 1708년 | 다비 1세, 콜브룩데일로 이주, 다비의 제철 회사 창업 |
| 1709년 | 다비 1세, 코크스 제철법(주조용 선철) 발명 |
| 1718년 | 다비의 제철 회사, 증기기관의 부품 제조 개시 |
| 1729년 | 다비의 제철 회사, 궤도용 철제 차륜 제조 개시 |
| 1735년 | 다비 2세가 코크스 고로에서 단철용 선철 생산 |
| 1740년 | 다비의 제철 회사, 무기 제조 개시 |
| 1743년 | 다비 2세가 고로 송풍기에 뉴커먼 증기기관을 사용하다 |
| 1749년 | 다비 2세, 회사의 부지에 궤도 부설 |
| 1779년 | 존 윌킨슨[24] 등이 세번 계곡[25]에 세계 최초의 주철제 교량[26] 완성 |
| 1780년 | 다비의 제철 회사, 와트식 증기기관의 제조 개시 |

● 다비 가문(영국) 관련 사건 연표 ●

---

24 **윌킨슨** [영국] 1728~1808년. 아이언브리지의 실현을 추진한 인물. 대포의 포신 속을 파내는 선반을 개발하고, 증기기관을 사용해 고로의 송풍 효율을 개량했다.

25 **세번 계곡** 웨일스의 캄브리아 산지에서 브리스틀 해협에 이르는 영국에서 가장 긴 강. 전체 길이 354킬로미터. 콜브룩데일의 철제품은 이 강을 이용해서 운반되었다.

26 **주철제 교량** 1781년에 개통된, 세계 최초의 주철로 만든 아치교. 길이 60미터. 제철소가 위치한 지명을 따서 '콜브룩데일교'라고 불리지만, 단순히 '아이언브리지'라고 부르기도 한다.

만큼 고로에 보내는 공기의 양을 증가시킬 수 있었다.

그 후의 코크스 고로 개발은 송풍 기술을 중심으로 활발히 진행되었다. 어째서일까? 그것은 생산성과 비용 대 효과를 생각했을 때 고로 한 기에서 생산할 수 있는 선철의 양을 증대시키는 것이 필수 과제였기 때문이다. 현대 제철업도 전혀 다르지 않다.

# 6-3

## 증기와 전기:
## 산업혁명과 전기 이용의 시작

### ◉ 연대 해설

#### ■ 주인공의 난립

1760~1800년을 금속 이용이라는 측면에서 살펴보면, 라부아지에부터 나폴레옹까지 수많은 주인공이 등장한 시기다. 과학 사상이 확립되고 새로운 금속 원소가 잇달아 발견된 시기이기도 하다. 또한 철의 이용에 관해서는 증기기관과 주철이 주역으로 떠올랐다.

　금속의 이용이라는 측면에서 먼저 주목해야 할 것은 1772년에 라부아지에가 발견한 질량 보존의 법칙이다. 라부아지에는 1777년에 「연소 일반에 관한 보고서(Mémoire sur la combustion en général)」[27]를 발표해 80년 동안 위세를 떨쳤던 플로지스톤설을 몰아냈다. 또한 1789년에는 『화학원론(Traité élémentaire de Chimie)』을 간행해 그때까지 밝혀진 33개 원소를 크게 네 종류로 나누었으며, 연소를 이론적으로 설명해 철강 이론을 올바른 궤도에 올려놓았다.

#### ■ 원소 발견 러시

새로운 금속 원소도 속속 발견되었다. 1774년에는 스웨덴의 요한 고틀리브 간[28]이 망간의 분리에 성공했고, 1779년에는 프랑스의 루이니콜라 보클랭이 크롬을 발견했으며, 1781년에는 페테르 야코프 옐름이 몰리브덴을 분리해냈다. 또

---

**27**　**「연소 일반에 관한 보고서」**　라부아지에는 연소를 '물질과 기체가 결합하는 것'으로 정의하고, 훗날 그 기체를 산소라고 명명했다. 기존의 플로지스톤설은 연소를 '물질에서 플로지스톤이 빠져나가는 것'이라고 정반대로 정의했는데, 어느 쪽이 옳은지는 이후에 밝혀진다.

**28**　**요한 고틀리브 간**　1774년에 칼 빌헬름 셸레가 망간을 발견했고, 같은 해에 조수인 요한 고틀리브 간이 연망간석을 환원해 금속 망간을 분리해내는 데 성공했다.

한 1781년에는 셸레와 베리만이 텅스텐을 발견했고, 1783년에 엘후야르 형제가 분리에 성공했다. 1782년에는 오스트리아의 프란츠 - 요제프 라이히슈타인[29]이 텔루륨을 발견했으며, 1789년에는 독일의 마르틴 클라프로트[30]가 우라늄을 발견했다.

## ■ 전지, 증기기관, 반사로의 발명

이 시기의 발명품으로서 주목해야 할 것은 1775년에 이탈리아의 알레산드로 볼타가 발명한 볼타 전퇴다. 이 발명으로 또다시 금속 원소 발견 러시[31]가 일어난다.

철의 이용이라는 측면에서는 1765년에 제임스 와트[32]가 증기기관[33]에 응축기를 부착해 성능을 대폭 향상했다. 또한 철강 정련 분야에서는 1766년에 영국의 크래니지 형제가 반사로를 만들었다. 1776년에는 와트의 증기기관이 처음으로 고로 송풍기에 사용되었다. 그리고 1779년에는 다비 3세 등이 세번 계곡에 세계 최초의 주철제 교량인 아이언브리지를 완성했다.

1782년, 스웨덴의 스벤 린만이 『철의 역사(Försök til Järnets Historia)』를 저술했다. 1783년, 영국의 헨리 코트가 증기기관을 사용해서 연철을 압연하는 기술과 퍼들로라고 부르는 반사로를 고안했다. 이를 통해 선철에서 연철을 만들고

---

29 **프란츠 - 요제프 라이히슈타인** [오스트리아] 1742~1826년. 텔루륨을 발견했다. 분리에 성공한 사람은 샘플을 의뢰받은 마르틴 클라프로트다. 텔루륨이라는 이름의 유래는 로마 신화에 등장하는, 지구를 의미하는 대지의 여신 텔루스다. 이름은 아름답지만 독성이 있어서, 산화물이 몸에 들어가면 마늘과 비슷한 악취를 내는 디메틸텔루라이드를 생성한다. 광산의 광부가 텔루륨에 피폭되면 건강이 이상이 발생한다.

30 **마르틴 클라프로트** [독일] 1743~1817년. 마르틴 하인리히 클라프로트. 약제사의 조수였다. 우라늄, 지르코늄, 세륨을 발견했으며, 텔루륨과 티타늄의 분리를 의뢰받아서 확인했다.

31 **금속 원소 발견 러시** 계측 방법과 분리 방법이 발명되자 수년 사이에 새로운 금속 원소들이 잇달아 발견된다. 이번 발견 러시는 전지의 발명에서 비롯되었으며, 전기 분해를 통해 새로운 원소가 잇달아 발견되었다.

32 **제임스 와트** [영국] 1736~1819년. 영국의 산업혁명을 뒷받침한 와트식 증기기관의 발명자. 증기기관은 본래 광산의 배수를 위한 동력으로 이용되었는데, 처음에는 힘이 약했다.

33 **증기기관** 초기의 증기기관은 뉴커먼식으로, 찬물로 실린더 내부의 증기를 식혀서 왕복 운동을 시키는 방식이었다. 한편 와트식은 실린더 한쪽의 증기를 외부의 복수기로 보내는 동시에 다른 쪽에 증기를 보냄으로써 강력한 회전 동력을 얻었다. 와트식 증기기관은 공장과 탈것에 이용되었다.

압연하는 기술이 갖춰졌다. 이처럼 중요한 발명을 한 헨리 코트이지만, 그의 말년은 불행했다. 1790년, 영국에는 81기의 코크스 고로와 25기의 목탄 고로가 있었다.

## ⊙ 불행했던 헨리 코트

### ■ 두 개의 획기적인 특허

헨리 코트(1740~1800)는 18세기 후반의 영국 산업혁명기에 활약했던 제철업자다. 당시 코크스 고로는 이미 발명되어 있었다. 그러나 선철에서 양질의 강재를 만들기 위해서는 대량의 목탄이 필요했는데, 헨리 코트는 퍼들로를 발명해 이 문제점을 해결했다.

그의 발명은 1785년과 1783년에 취득한 두 개의 특허로 구성되어 있다. 전자는 석탄으로 가열한 반사로에 선철을 집어넣어 반용융 상태로 만들고 휘저어서 연철 덩이를 만드는 퍼들법의 특허이고, 후자는 그것을 망치로 두드려서 슬래그를 제거한 뒤 다시 가열해 롤러로 압연하는 기술의 특허였다. 1790년대가 되자 헨리 코트가 발명한 퍼들법[34]은 빠르게 채용되어 갔다.

필자는 2019년에 영국의 텔퍼드[35]에 있는 빅토리안 타운[36]에서 이 퍼들법의 실물을 봤는데, 간단한 노와 증기기관으로 움직이는 망치의 실물을 보고 영국 산업혁명의 낭만을 느꼈다. … 이렇게 마무리하고 다음으로 넘어갈 수도 있지만, 지금부터는 영국 철강의 흑역사에 관해 언급하려 한다.

---

**34 퍼들법** 헨리 코트가 발명한 퍼들법은 고로에서 만들어진 선철을 높은 온도로 가열해 녹인 뒤 선철에서 탄소 성분을 제거하는 방법이다. 기존의 방법은 코크스를 태운 고온의 연소 가스로 선철을 녹였는데, 연소 가스에 코크스에서 나온 불순물이 들어 있기 때문에 녹인 철이 그 불순물에 오염된다는 문제점이 있었다. 그러나 퍼들법은 코크스의 연소 가스로 노 속에 있는 벽돌을 가열한 다음 연소 가스를 빼내고 그 고온의 벽돌 사이에 새로운 공기를 통과시킴으로써 고온의 공기를 얻었다. 이 조업이 가능한 노를 반사로라고 부른다. 반사로에서 만들어진 불순물이 들어 있지 않은 고온의 공기를 사용해서 선철을 녹이면 불순물에 오염되지 않은 좋은 품질의 철을 얻을 수 있다.

**35 텔퍼드** 영국의 아이언브리지가 있는 세번 계곡의 마을. 런던에서 버밍엄을 경유해 3시간 정도 기차 여행을 하면 갈 수 있다.

**36 빅토리안 타운** 아이언브리지에서 수 킬로미터 떨어진 곳에 있는 역사박물관. 본래 고로 공장과 연철 공장이 있었던 장소로, 설비가 그대로 보존되어 있다. 석탄을 사용하는 증기기관과 주철 제작 작업을 실제로 볼 수 있는 감동적인 곳이다.

● 헨리 코트 ●

## ■ 영국 철강의 흑역사

헨리 코트의 만년은 비참했다. 전 재산을 잃고 실의와 원한 속에서 세상을 떠난 것이다. 루트비히 베크는 저서 『철의 역사(Die Geschichte des Eisens)』에 이렇게 썼다. "조국을 위해서 커다란 선행을 했는데 그것이 오히려 재앙으로 돌아온 불쌍한 발명가에 대한 이런 대접은 영국의 명예로운 방패 문장에 묻은 검은 얼룩으로서 영원히 지워지지 않을 것이다."

사건의 발단은 퍼들법의 보급이었다. 이 과정이 만들어 내는 강철의 품질은 압도적이었다. 해군성은 코트의 철이 스웨덴 철[37]보다 우수하다고 판정하고, 그때까지 닻 등을 만들기 위해 스웨덴에서 수입했던 철을 전부 코트의 철로 대체한다는 결정을 내렸다.

코트는 대량 주문을 감당하기 위해 특허권과 이익의 절반을 담보로 왕립 해군 재무국의 주계관에게 자금을 빌려서 공장을 확장했다. 그런데 그 주계관이 갑자기 세상을 떠났고, 그 후 코트가 빌렸던 자금이 해군의 공금이었음이 밝

---

**37 스웨덴 철**  서양에서 고로법이 널리 확대되는 가운데, 스웨덴은 품질이 매우 우수한 철을 생산한 까닭에 특별한 위치에 있었다. 17세기와 18세기에는 스웨덴이 세계의 철강을 선도했다. 타국의 철에 비해 품질이 우수했던 이유는 인 성분이 적은 철광석에 있었다.

혀졌다. 그 결과 코트는 빌렸던 자금을 반환해야 했을 뿐만 아니라 담보였던 특허를 해군성에 압류당했다. 특허의 가치가 제대로 감정되었다면 막대한 이익을 얻어서 재기할 수 있었겠지만, 고작 100파운드로 감정되었다.

코트는 특허의 반환을 요구했으나 해군성은 응하지 않았다. 공장은 주계관의 아들에게 넘어갔고, 이익을 내기는 했지만 코트는 공장에서 쫓겨난 뒤였다. 특허료를 내고 싶지 않았던 동업자가 입을 다문 것도 코트에게는 악재였다. 코트는 특허료도 연금 보장도 받지 못한 채 파산 상태로 세상을 떠났다.

### ■ 그리고, 영국의 셰필드 경의 연설

"와트와 코트의 새로운 발명[38]으로 얻은 이익은 북아메리카의 손실을 메우고도 남음이 있다. 이 발명들은 영국에 철 무역의 지배권을 가져다줄 터이므로⋯."

## ⊙ 라부아지에

### ■ 라부아지에의 업적

앙투안 라부아지에(1740~1794)는 평생에 걸쳐 근대 과학을 확립했고, 프랑스의 행정 간부를 겸임하는 가운데 여러 분야에서 과학 기술의 진보에 공헌했다. 기구(氣球) 조종, 프랑스의 광산 지도, 시가지의 조명, 파리의 상수도, 화약의 이용 방법, 대규모 모델 농장 등, 그가 한 일은 셀 수 없을 만큼 많다.

여기에서는 금속의 역사에 한정해서 라부아지에의 업적을 살펴보도록 하겠다. 그가 활동한 시기는 바로 베르사유 장미의 시대, 마리 앙투아네트와 프랑스 혁명, 단두대의 시대였다.

---

**38 와트와 코트의 새로운 발명**  와트의 발명은 제임스 와트가 발명한 강력한 증기기관이고, 코트의 발명은 헨리 코트가 발명한 퍼들법이다. 또한 북아메리카의 손실은 식민지였던 미국이 독립해 세금이 들어오지 않게 된 것을 가리킨다. 즉, "미국을 잃었지만 괜찮다. 영국의 공업은 새로운 발명인 증기기관과 퍼들법으로 만든 철로 산업혁명을 이루어 막대한 이익을 내고 있으니까"라는 의미다. 그러나 와트도 코트도 영국 내에서는 특허 소송으로 몸과 마음이 만신창이였다. 국가에 부를 가져다준 발명가가 제대로 된 보답을 받지 못하고 있는 현실을 아는지 모르는지, 정치가는 국회에서 위풍당당하게 연설했다.

## ■ 라부아지에의 출생과 성장

라부아지에는 1743년에 유복한 상류 중산 계급의 가정에서 태어났다. 그의 학창 시절에는 드니 디드로[39]의 『백과전서(Encyclopédie)』[40]가 출간되었다. 『백과전서』는 당시의 프랑스 지식인인 볼테르와 루소, 몽테스키외, 수학자인 달랑베르 등이 집필한 백과사전으로, 과학의 미래는 사색이 아니라 실험에 있다고 주장했다. 젊은 라부아지에에게 큰 영향을 끼쳤음은 틀림이 없다.

## ■ 라부아지에의 생활

라부아지에의 재능은 23세에 왕립 과학 아카데미[41]의 회원이 될 만큼 뛰어났다. 그리고 이후의 행보가 흥미로운데, 민간 징세 조직에 징세 청부인으로 취직했다. 이에 관해서는 생활비와 과학 연구를 계속하기 위한 자금을 벌어들이려는 목적이었다고 말하는 사람도 있다. 어쨌든, 징세 기관에서 일한 덕분에 충분한 수입을 올려 연구를 계속할 수 있었던 것은 분명한 사실이다.

　그리고 라부아지에는 민간 징세 조직의 책임자의 딸인 마리안과 결혼했다. 두 사람은 매우 금슬이 좋았으며, 아내는 라부아지에의 연구에 삽화를 그리고 영어를 못하는 남편을 위해 논문을 번역하는 등 재능을 발휘했다. 훗날 라부아지에가 세상을 떠난 뒤 영국 왕립 연구소를 창시한 귀족과 재혼[42]하고, 나폴레옹 시대에 영국의 화학자 험프리 데이비가 훈장을 받을 때도 중요한 역할을 하지만, 여기에서는 이 정도만 이야기하겠다. 부부는 행복한 나날을 보냈

---

39　드니 디드로　[프랑스] 1713~1784년. 유물론 사상가. 장바티스트 달랑베르(1717~1783) 등과 함께 백과전서를 편찬했다. 약 100명이 집필에 참여했는데, 이들 백과전서파는 기성 지식의 권위를 부정하고 자유로운 지식의 진보를 믿었다.

40　『백과전서』　1751년에 제1권이 간행된 이래 20여 년에 걸쳐 본권 17권, 도판집 11권이 간행되었다. 항목의 수는 6만 개에 이른다. 금속 기술의 분야에서는 철광석, 주조, 단조 등으로 시작해 대장장이와 편자, 판금 가공 등을 상세하게 해설했다.

41　왕립 과학 아카데미　1600년에 창립한 영국의 왕립 협회는 과학 기술의 애호회 같은 조직이었다. 한편 1699년에 왕립으로 정식 인정받은 프랑스 왕립 과학 아카데미는 과학 연구의 활성화와 보호를 위해 설립되었으며, 국왕의 자금 원조로 윤택하게 활동할 수 있었다.

42　귀족과 결혼　[프랑스] 1758~1836년. 마리안 폴즈 라부아지에. 13세에 라부아지에와 결혼했다. 『화학원론』의 삽화를 담당했다. 라부아지에가 죽은 뒤에도 자택의 과학 살롱을 계속 개최했으며, 영국 왕립 연구소의 설립자인 럼퍼드 백작과 재혼했다.

지만, 프랑스 혁명 전야에 징세 기관을 경영한 것이 라부아지에의 운명을 바꿔 놓았다.

라부아지에는 과학 아카데미의 수많은 위원회의 위원으로도 임명되었고, 군수 산업을 위한 개선책을 제안한 것이 계기가 되어 화약 관리부의 감독관으로 임명되었다. 이에 따라 파리의 병기 공장 부지에 있는 대저택을 받았는데, 그는 그곳에 훌륭한 실험실을 만들었다.

라부아지에의 업적은 정해진 일과를 엄격히 지킨 결과라고 한다. 아침 6시에 일어나 8시까지 과학 연구를 하고, 낮에는 업무와 과학 아카데미의 각 위원회 활동을 했으며, 저녁 7시부터 3시간은 다시 과학 연구를 했다. 일요일은 자신의 실험을 하는 날로 삼았다.

## ■ 라부아지에의 업적 ①: 원소론을 무너뜨리다

라부아지에의 연구 방법은 사색이 아니라 실험이었다. 특히 화학 천칭[43]을 적대적으로 신뢰했다. 그는 기존의 4원소론처럼 물, 공기, 흙, 불이 원소라고는 생각하지 않았다. 지금은 누구나 그렇게 생각하지만, 그때까지는 물을 계속 끓이면 물이 없어지고 소량의 흙(고형물)이 되는 현상을 물이 흙으로 바뀐 것으로 인식했다.

이에 대해 라부아지에는 펠리컨[44]이라고 부르는 밀폐 용기 속에서 물을 끓여 수증기를 회수하면 본래의 질량과 차이가 없음을 증명했다. 질량 보존의 법칙[45]이다.

---

**43 화학 천칭**  파리의 예술 공예 박물관에는 라부아지에의 실험실이 재현되어 있다. 필자는 2017년에 이곳을 찾아갔는데, 그때 찍은 사진을 봐도 화학 천칭이 윗접시저울이었는지 정밀 화학 천칭이었는지 정확히 알 수가 없다. 확인하러 다시 한번 가 봐야겠다.

**44 펠리컨**  펠리컨의 부리처럼 생긴 기체 응집 장치. 이것은 필자가 촬영한 전시실의 사진에 찍혀 있었다. 라부아지에가 사용했던 것은 (아마도) 구리로 만든 기구였다. 책에는 윤곽만 그려져 있으므로 유리로 만들었다고 착각하기 쉽다.

**45 질량 보존의 법칙**  화학 반응의 전후로 질량이 변화하지 않음을 계측 결과를 통해 밝혀냈다. 지금은 당연해 보이는 법칙도 라부아지에 이전에는 당연하지 않았다. 훗날 아인슈타인이 이 생각은 낡았으며 질량은 변화한다고 말했다.

## ■ 라부아지에의 업적 ②: 플로지스톤설을 무너뜨리다

라부아지에는 펠리컨 실험의 여세를 몰아서 납의 가열 실험을 했다. 밀폐 용기 속에서 가열된 납은 슈탈 등의 말처럼 플로지스톤을 방출하고 재가 된다. 그런데 신기하게도 그 회화(灰化)는 도중에 멈춰 버린다. 이것은 이상한 일이다.

플로지스톤설에 따르면 가열하는 동안 납에서 플로지스톤이 계속 빠져나와 밀폐 용기 속의 공기에 섞여 들어가야 한다. 납과 납의 재의 중량은 증가한다. 그러나 밀폐 용기의 총중량은 변하지 않는다. 게다가 밀폐를 풀면 공기를 빨아들인다. 요컨대 납에서 무엇인가가 나온 것이 아니라 무엇인가가 납에 들어갔다[46]는 의미다.

라부아지에는 탈플로지스톤 공기[47]라고 불렸던 이 상태의 공기를 연구해, 플로지스톤 이론을 부정하고 납에 들어간 공기 속의 기체를 '산소'로 명명했다.

## ■ 라부아지에의 업적 ③: 화학 물질의 명칭 통일하다

당시는 먼 옛날부터 사용되어 온 화학 명칭을 관습적으로 사용하고 있었다. 그러나 관습적인 명칭은 화학을 혼란에 빠트린다. 라부아지에는 1787년에 『화학 명명법(Méthode de Nomenclature Chimique)』을 간행해, 모든 화합물을 관습적인 명칭이 아니라 구성 원소로 기술할 것을 제안했다. 이렇게 하면 실험을 과학적으로 할 수 있다. 또한 그는 2년 후인 1789년에 『화학원론(Traité élémentaire de Chimie)』[48]에서 화학 용어의 기초가 되는 원소를 정의했다.

---

**46 무엇인가가 납에 들어갔다**  납과 공기를 밀폐했던 밀폐 용기를 가열 반응 후에 열면 공기를 빨아들인다. 빨아들인 부피만큼의 공기가 납에 들어갔다고밖에 생각할 수 없다.

**47 탈플로지스톤 공기**  플로지스톤설에 따르면 물질이 연소할 때 물체에서 플로지스톤이 빠져나간다. 밀폐 용기에서는 플로지스톤이 가득해지면 연소가 멈춘다. 그런데 산소(라고 명명된 공기의 일부)를 밀폐 용기에 집어넣고 물체를 연소시키면 평소보다 격렬하게 탄다. 플로지스톤을 믿는 과학자들은 이것이 산소가 플로지스톤을 많이 축적할 수 있는, 즉 플로지스톤이 없는 공기이기 때문이라고 생각했다.

**48 『화학원론』**  잔뜩 기대를 품게 해서 미안하지만, 내용은 실망스럽다. 자연계에 있는 원소는 빛, 열, 산소, 질소, 수소, 비금속 원소, 금속 원소, 흙원소다! 흙원소에는 라임과 마그네시아, 알루미나 등 5개가 있다. 다만 이것은 당시의 과학 지식을 생각하면 어쩔 수 없는 일이기도 하다.

● 앙투안 라부아지에 ●

## ■ 혁명과 과학의 희생

1789년은 화학 혁명 이외에 또 다른 혁명의 해이기도 했다. 마르세유에서부터 노래를 부르면서 온 사람들이 바스티유 감옥을 습격하면서 프랑스 혁명이 시작되었다. 결국 루이 16세는 단두대에서 처형되었고, 공화제가 선언되었다.

그런 상황 속에서도 라부아지에는 과학 계몽 활동을 진행했지만, 혁명의 폭풍을 피할 수는 없었다. 그 계기는 혁명 전에 과학 아카데미가 아마추어 발명가를 대상으로 벌였던, 과학적 해석의 사소한 오류에 대한 지적이었다. 상대는 그 원한을 잊지 않고 있었다. 과학 아카데미의 회원이었던 라부아지에는 징세 청부인이었다는 이유로 그 인물에게 탄핵당해 재판에 회부되었다. 재판관은 "공화국에 과학자는 필요 없다"[49]라며 사형을 선고했고, 라부아지에는 단두대의 이슬로 사라졌다. 과학 아카데미의 책임자로서 했었던 오류 지적과 과거의 직업이 화학의 혁명가 라부아지에의 목숨을 앗아갔다.

---

**49 공화국에 과학자는 필요 없다**  징세 청부인이었던 라부아지에는 자수하지만 투옥되었다. 그리고 혁명 재판소에서 프랑스 인민에 대한 음모로 사형 판결을 받았다. 이 말은 그 당시 재판관이 한 말이라고 한다. 라부아지에는 그날 즉시 단두대에서 처형당했는데, 35분 동안 26명을 처형하는 빽빽한 일정이었다.

## ⊙ 볼타 전퇴

### ■ 전지와 전퇴

전지는 화학 반응이나 물리 반응의 에너지를 전기 에너지로 변환하는 장치를 가리킨다. 한편 전퇴는 대부분 '볼타의 전퇴'라는 숙어로 이야기된다. 그렇다면 볼타의 전퇴란 무엇일까?

볼타의 전퇴는 1800년에 이탈리아의 물리학자인 알레산드로 볼타(1745~1827)가 만든 전지다. 볼타의 전퇴는 아연판과 구리판을 교차로 포개어 쌓아 기둥 모양으로 만든 것이다. 볼타는 두 조류의 금속을 포개어 쌓으면 전류가 흐른다는 사실을 깨닫고 전퇴를 만들었다. 전퇴도 넓은 의미에서는 전지다.

지금부터는 볼타의 생애와 볼타의 전퇴가 금속에 끼친 영향에 관해 이야기하겠다.

### ■ 볼타의 생애

인류는 볼타가 전지를 발명하기에 훨씬 전부터 전기의 존재를 알고 있었다. 다만 그 전기는 마찰 등을 통해서 물체에 머무는 정전기였다. 스마트폰의 화면

● 알렉산드로 볼타와 전퇴 ●

에 보호 필름을 붙이려고 하면 먼지가 달라붙어서 실패하는 경우가 많은데, 이것은 스마트폰에 머물러 있었던 정전기가 먼지를 끌어당기기 때문이다. 또한 인류는 고대부터 번개의 존재를 알고 있었지만, 1752년에 미국의 벤저민 프랭클린[50]이 연을 날려서 실험하기 전까지는 번개가 전기임을 알지 못했다.

1775년에 볼타는 절연체 자루가 달린 금속판을 에보나이트 쟁반 위에 올려놓아서 정전기를 모으는 '기전반'을 고안했다. 1791년, 이탈리아의 루이지 갈바니[51]는 해부한 개구리에 두 종류의 금속을 대면 다리가 경련하는 현상과 관련해 이른바 갈바니 전기를 주장했다. 개구리의 몸에는 전기를 만드는 성질이 있다는 것이다.

이에 대해 볼타는 "말도 안 되는 소리"라며, 생물체가 전기를 만드는 것이 아니라 두 종류의 금속이 접촉함에 따라 전기가 흘러서 경련을 일으킨 것이라고 주장했다. 두 이탈리아인 사이에서 전기 논쟁이 벌어진 것이다. 볼타는 1800년에 구리를 양극, 아연을 음극, 묽은 황산을 전해액으로 사용한 볼타 전퇴를 만들어 갈바니를 논파했다. 요컨대 볼타의 전퇴는 논쟁에서 승리하기 위해 만들어 낸 발명품이었던 셈이다.

볼타의 전퇴가 발명되었다는 소식은 유럽의 과학자들에게 과학적 흥분을 불러일으켰다. 많은 과학자가 같은 실험을 실시해 재현성을 확인했고, 이것은 전기 화학이라는 새로운 분야의 발전으로 이어졌다.

### ■ 볼타의 영향

당시 프랑스의 제1통령이었으며 새로운 것을 굉장히 좋아했던 나폴레옹은 볼타를 마음에 들어 해, 1801년에 프랑스 과학 아카데미에서 발명품의 실증 실

---

**50 벤저민 프랭클린** [미국] 1706~1790년. 1776년의 미국 독립 선언 기초 위원. 1752년, 적란운 속으로 연을 날려서 유리병의 안팎에 주석박을 붙여 만든 라이덴병에 전기를 담는 실험을 해 번개가 전기임을 증명했다.

**51 루이지 갈바니** [이탈리아] 1737~1798년. 해부한 개구리의 근육이 떨리는 모습을 관찰해 전기를 발견했다. 다만 갈바니는 그것을, 신경을 통해서 운반되는 동물 전기, 생체 전기라고 생각했다. 이것이 갈바니 전기다. 볼타는 반대로 전기가 흘렀기 때문이라고 생각했다.

험을 실시하도록 요청[52]했다. 그리고 이때, 당시 아직 젊은이였던 영국의 험프리 데이비[53]가 초대장이 없음에도 실증 실험장에 숨어들어 볼타의 실험을 목격했다.

볼타의 전퇴의 가능성을 느끼며 영국으로 돌아간 험프리 데이비는 같은 해에 영국 왕립 연구소의 교수가 되자 공개 강의에서 볼타의 전퇴에 관해 이야기하기 시작했다. 그리고 볼타의 전퇴 규모를 더욱 키워서, 최종적으로는 1,000쌍의 다른 금속을 조합한 강력한 전지를 만들어 냈다.

데이비는 1807년부터 1809년에 걸쳐 소금을 고온에 녹이고 강력한 볼타의 전퇴를 사용해서 그 용액을 전기 분해하는 '용융 전해 장치'를 만들었다. 그리고 이것을 사용해서 새로운 금속을 발견하기 시작해, 여섯 종류의 신금속을 발견하는 성과를 올렸다.

1813년에 전기 분해에 대한 공로로 나폴레옹에게서 훈장을 수여[54]받은 험프리 데이비는 조수인 패러데이와 함께 이탈리아로 가서 볼타를 만났다. 볼타는 나폴레옹에게 작위를 받아 백작이 되어 있었는데, 1812년부터 데이비의 조수였던 젊은 패러데이는 백작의 예복을 입고 두 사람을 맞이한 볼타에 대해 "나이가 들었음에도 매우 정정했으며, 상냥하게 이야기하는 사람"이라고 일기에 적었다. 패러데이는 일기 마니아였어서, 그의 일기를 보면 당시의 모습을 생생하게 엿볼 수 있다.

볼타의 전퇴는 1836년까지 전기 분해 연구에 활용되어 신금속의 분리 등에

---

**52 실증 실험을 하도록 요청**  나폴레옹은 볼타의 발명을 절찬하며, 볼타에게 1801년의 과학 아카데미에서 강연해줄 것을 의뢰했다. 볼타의 접대를 담당한 사람은 샤를의 법칙으로 유명한 자크 샤를(1746~1823)이었다. 샤를은 며칠 동안 계속된 박물관 순례에 동행해야 했을 뿐만 아니라, 강연 전날 밤에 볼타에게 갑자기 "내일까지 두꺼운 은판과 아연판을 32장씩 준비해 주시오"라는 주문을 받았다. 이런 건 일찍 좀 말해 주지… 샤를은 밤새 정신없이 뛰어다녀야 했다.

**53 험프리 데이비**  샤를은 은판과 아연판을 구하러 국고와 도매상을 이 잡듯이 뒤졌는데, 이때 샤를을 따라다닌 사람이 훗날 마리안 라부아지에와 결혼한 럼퍼드 백작의 추천장을 가진 젊은 영국인 험프리 데이비였다. 그는 샤를의 뒤에 붙어서 아카데미에 잠입하는 데 성공했다.

**54 훈장을 수여**  1807년, 영국의 데이비는 나폴레옹에게서 볼타 훈장을 받았다. 1801년에 창설된 볼타 훈장은 전기와 관련해 벤저민 프랭클린 수준의 발견을 한 사람에게 수여되었으며, 3만 프랑의 상금도 있었다. 데이비는 나폴레옹 전쟁이 한창이던 1813년에 훈장을 받으러 프랑스로 갔다. 데이비를 추천한 사람은 마리안 라부아지에와 결혼한 영국 왕립 연구소 창설자인 럼퍼드 백작이었다.

사용되었다. 1836년까지인 이유는 그해에 영국의 존 다니엘[55]이 볼타 전지의 문제점을 개선한 다니엘 전지[56]를 발명했기 때문이다.

## ⊙ 아이언브리지

### ■ 아이언브리지란?

아이언브리지는 1779년에 영국 중서부의 세번 계곡에 건설된 길이 약 60미터의 철제 교량이다. 세계 최초[57]의 철제 교량인데, 정확히는 세계 최초의 주철제 교량이다. 주철은 용광로에서 나온 녹은 선철을 거푸집에 부어서 만든다. 아이언브리지는 부품을 조립해서 만들었기 때문에 겉모습이 엄청나게 큰 플라모델 같은 인상이다.

철이 귀중했던 시대에 철교를 만들었다가 누가 훔쳐 가면 어떻게 하나고 걱정하는 사람도 있을지 모르는데, 그렇게 크고 무거운 것을 들고 도망치기는 불가능하다. 교량을 훔칠 바에는 주철로 만든 예술품 뺨치는 정밀 주조 가구를 훔치는 편이 훨씬 효율적이다. 그런데 솔직히 말하면 필자도 현지에 가서 아이언브리지를 직접 보기 전까지는 교량 도둑[58]을 걱정했었다.

### ■ 아이언브리지 협곡

필자는 2019년에 아이언브리지를 조사하러 갔었다. 전철과 버스를 갈아타면서 근처까지 갔고, 마지막에는 걸어서 다리에 도착했다. 아이언브리지가 위치한 세번 계곡은 물가에서 오리가 놀고, 기슭은 여름풀로 뒤덮여 있었으며, 곳

---

**55 존 다니엘** [영국] 1790~1845년. 다니엘 전지를 발명했다.

**56 다니엘 전지** 볼타 전퇴는 구리와 아연의 전각을 조합한 것인데, 구리 극의 표면에 수소가 발생해서 분극을 일으키는 탓에 금방 기전력을 잃었다. 반면에 다니엘 전지는 질그릇 용기로 구리와 아연을 분리해 수소를 발생시키지 않는 구조이기에 안정적인 전지가 되었다.

**57 세계 최초** 전 세계를 뒤져 보면 "내가 세계 최초의 철교"라고 주장하는 다리가 있을지도 모른다. 그러나 일단 유네스코 세계 유산에는 아이언브리지가 '세계 최초'로 등록되어 있다.

**58 교량 도둑** 〈런던 다리가 무너져요(London Bridge Is Falling Down)〉 동요의 가사를 보면, "강철로 다리를 만들자"라고 기술자가 말하자 부인이 "휘어져서 싫어요"라고 말한다. 그래서 "그러면 금과 은으로 만들까?"라고 짓궂게 놀리자 "도둑맞지 않도록 파수꾼을 세우고, 졸지 않도록 담배로 잠을 깨워야 해요"라고 말한다. 참고로 런던 다리는 돌로 만들었으며, 강철 다리는 가사 속에서만 나온다. 물론 금과 은도 마찬가지다.

곳에 시원한 그늘이 드리워져 있었다. 아이언브리지는 관광지가 되어 있었다.

현재는 아니지만, 옛날에는 다리를 건너려면 요금을 내야 했다고 한다. 찰스 국왕도 과거에 요금을 내고 건넜다고 하며, 그때 찍은 사진이 장식되어 있었다. 사진의 설명문에는 "지금은 누구도, 소나 말, 개도 무료로 건널 수 있습니다"라고 적혀 있었다.

## ■ 관광 목적

사실 아이언브리지는 관광을 위해서 만들어졌다고 하면 "무슨 말도 안 되는 소리야?"라는 반응이 돌아올 것 같다. 그러나 현지에 가서 기록을 읽어 보니, 이 다리는 다비 3세가 만든 선철 제품의 실물 전시장이자 관광지로 기획되었던 모양이다. 실제로 다리의 모습이 가장 아름답게 보일 수 있는 장소를 선택해서 건설했으며, "개통 6개월 전부터 풍경화가를 고용해 런던에서 대대적인 홍보 활동을 펼쳤다"고 한다.

## ■ 다리의 부품을 만든 장소

아이언브리지는 1779년에 선철을 거푸집에 부어서 만든 주철제 부품을 조립해서 만든 다리다. 다만 그 부품들이 1마일 이상 떨어진 콜브룩데일 제철소에

● 아이언브리지 ●

서 주조되었는지는 확증이 없
다. 아이언브리지에서 콜브룩
데일 제철소까지 직접 걸어 봤
는데, 비탈길도 있고 해서 상
당히 힘이 들었다.

이 공장에서 주조되었다는
근거는 다리에 "콜브룩데일
설치, 1779년"이라고 적혀 있
다는 것이다. 그러나 현지 연
구 결과에 따르면, '콜브룩데
일'은 지금이야 제철소가 있

● 아이언브릿지 근처에 있는 베들럼로 터 ●

는 장소의 명칭이지만, 18세기 당시에는 계곡 전체의 명칭이었다고 한다.

사실 다비 가문은 1770년대 후반에 3기의 노를 보유하고 있었다. 다리에서
1마일 정도 떨어진 곳에 있는 '콜브룩데일로', 3마일 떨어진 곳에 있는 '호스
헤이로', 다리로부터 세번강을 따라서 460미터 정도 내려간 곳에 있는 '베들럼
로[59]'다. 필자가 베들럼로가 있었던 장소에 가 보니, 산의 비탈면을 따라서 제철
소의 터가 남아 있었다. 아이언브리지의 구성 부품인 하프리브는 길이가 21.3
미터이며 무게는 6톤에 가깝다. 이런 거대한 부품을 어디에서 가져왔을까?

1785년에 이곳을 방문한 어느 프랑스인은 이런 기록을 남겼다. "우리는 먼
저 주물 공장에 갔는데, 그곳에서는 철이 사용되고 있었다. 다리는 세번강이
흐르는 이곳에서 만들어졌다."

또한 현지의 자료에는 이렇게도 적혀 있었다. "다비가 3기의 노에서 수개월
에 걸쳐 선철을 주조했을 가능성이 있습니다. 다리에는 384톤의 철이 필요했
습니다. 아마도 통상적인 사업을 중지하고 생산했겠지요. 그리고 그 어떤 제철
소의 노도 4톤이 넘는 제품을 주조하기에는 충분치 못했습니다. 선철을 집적

---

**59 베들럼로** 아이언브리지에서 계속을 따라 수백 미터 정도 가면 매들리의 베들럼로 터가 남아 있다. 거대한 벽돌 건조물
로, 1757년에 대규모 고로가 2기 건설되었다. 현지의 석탄과 철광석을 사용해 주철을 대량 생산했다.

● 세번강에 놓인 아이언브리지 ●

해 한 번에 대량의 철을 녹여야 했는데, 그러려면 전용 노가 필요했습니다. 그래서 베들램 제철소나 그 근처에 노를 만들고 주조했을 것으로 생각됩니다. 어떤 장소였든 엄청난 노력이 필요했을 것입니다."

다리가 완성되기 전까지는 제철소가 있는 기슭에서 선적항이 있는 반대쪽 기슭까지 배로 화물을 운반했다. 그러나 세번강의 수위는 겨울에는 상승하지만 여름에는 강바닥이 드러날 정도라고 한다. 그래서 배를 띄우기가 어렵기 때문에 다리를 놓았다. 다리를 건설할 때 나룻배에 대한 보상 문제로도 골머리를 앓았다는 기술도 있었다.

## ■ 세번강

웨일스의 숲을 수원으로 삼는 세번강은 유량의 변동이 비교적 적다고 한다. 현재는 박물관이 된 다비 일족의 집[60]에서 관광객들에게 설명해주는 여성에게 "이 강은 홍수가 난 적이 없나요?"라고 묻자 "과거에 세 번 있었답니다. 1722년, 1728년, 3년 전이지요"라는 조금 놀라운 대답이 돌아왔다.

아이언브리지는 투박하지만 튼튼하다. 다리 아래를 지나가는 산책길에서 손을 뻗으면 만져 볼 수도 있다. 부식된 흔적은 조금 보이지만 여전히 튼튼하다. 다리의 색은 빨간색인데, 이것은 건설 당시에 결정한 도장색이라고 한다.

---

**60 박물관이 된 다비 일족의 집** 다비 일족은 결속력이 강했고, 퀘이커교도여서 몸치장을 하지 않았다. 집무실은 미니멀리즘 그 자체였다. 또한 전 세계의 퀘이커교도와 정보를 교환하면서 세계적인 규모 사업을 하던 방도 있었다.

그리고 접합에는 필자가 좋아하는 리벳이 사용되었다.

## ◉ 퍼들로

### ■ 선철과 연철의 미스매치

코크스 고로를 이용한 선철의 생산이 폭발적으로 증가함에 따라, 선철을 연철
로 만드는 조업이 선철의 생산량을 따라잡지 못하게 되었다.

잠시 '제련'과 '정련'의 의미를 설명하고 넘어가도록 하겠다. 제련은 주로
광석에서 금속을 추출하는 조작을 뜻한다. 대체로 고온 상태의 목탄이나 석탄
에서 발생하는 탄소 또는 일산화탄소가 광석의 산소를 제거해 금속을 추출하
는 조작이다. 정련은 금속이 된 뒤에 그 순도를 높이기 위해 불순물이나 이물
질을 제거하는 조작이다. 제련로는 광석을 녹이고 정련로는 금속을 녹인다고
생각하면 이해하기가 쉬울 것이다.

### ■ 정철로

18세기 중반에는 선철에서 연철을 얻고자 할 때 정철로를 사용하는 것이 일반
적이었다. 노의 내부에서 선철이 부분적으로 산화되고, 그것을 같은 노 속에서
다시 녹였다. 이것을 반복하면 선철에서 탄소가 완전히 빠져나가 해면철 상태
의 연철이 되고, 그것을 망치로 두들겨서 성형했다. 그러나 이 방법은 생산성
도 떨어지고 연철의 품질도 나빴기 때문에 시대의 흐름에 부응하지 못했다.

● 선철 ●                    ● 연철(퍼들철) ●

## ■ 퍼들로의 탄생

선철을 연철로 만드는 정련 과정의 개량은 18세기 후반에 시작되었다. 1766년에 영국의 현장 노동자였던 크래니지 형제(Cranege brothers)가 정철로를 반사로로 개조하는 방법을 고안했다. 정련을 할 때 금속을 연료에서 분리하기 위해 반사로의 용융실과 연소실을 화교라고 부르는 칸막이벽으로 나눴다.

이 반사로의 등장으로 정련할 때 연료에서 금속으로 들어가는 황의 양이 많이 감소해, 정철로보다 균일한 슬래그를 안정적으로 만들 수 있게 되었다. 금속과 슬래그를 잘 접촉하게 하려면 끊임없이 휘저어 줘야 했는데, 이 휘젓는 작업을 '퍼들링'이라고 부르기 때문에 퍼들법이라는 명칭이 붙었다.

## ■ 헨리 코트의 개량

퍼들법이 널리 알려지게 된 것은 영국의 발명가인 헨리 코트가 이것을 개량한 뒤다. 코트는 송풍 대신 높은 굴뚝을 채용함으로써 퍼들법을 단순화했고, 1784년에 자신의 발명에 대한 특허를 취득했다.

코트의 퍼들법은 세 가지 공정으로 나뉘어 있다. 먼저 불순물이 들어 있는 선철을 부숴서 작은 덩어리로 만들어 가열한다. 탄소의 일부는 이때 제거된다. 다음에는 이것을 철의 산화물이 많이 들어 있는 슬래그와 함께 반사로에 집어넣는다. 선철이 녹기 시작하면 탄소가 직접 산소와 결합한다. 반응을 촉진하기 위해 녹인 금속을 퍼들로 강하게 휘저으면 일산화탄소의 연소로 희푸른 불꽃이 생기면서 끓기 시작한다. 화력을 높이거나 낮추면서 백열 현상이 나타날 때까지 휘저으면, 순수한 금속이 해면철의 형태로 조금씩 모이기 시작한다.

이 해면철을 노에서 꺼내 망치로 두드려 슬래그를 빼낸 다음, 마지막으로 롤러로 압연한다. 압연 롤러는 코트의 가장 독창적인 발명품이다. 이것을 사용함으로써 해면철을 망치로 두드리는 힘든 작업이 크게 단축되어 단시간에 대량의 연철을 만들 수 있게 되었다.

● 퍼들로 ●

## ■ 퍼들법을 시험하다

필자는 2019년에 영국의 텔퍼드에 있는 빅토리안 타운을 방문했다. 이곳에서는 퍼들로의 실물과 압연기를 당시 상태 그대로 볼 수 있었다.

작은 선철 덩어리를 퍼들로 뒤집는 것은 대단히 많은 힘이 필요한 작업이었다. 반사로에 불은 없었지만, 노 앞에 서자 퍼들을 쥔 손과 얼굴에 '뜨거워!'라는 감각이 엄습했다. 또 퍼들로 앞에서 퍼들을 들어 올려 봤는데, 그렇게 무거울 수가 없었다. 몇 미터나 되는 굵은 철봉을 사용해서 휘저었던 것이다. 과거의 제철 기술자들은 틀림없이 다들 힘이 장사였을 것이라는 생각이 들었다.

## ■ 선철과 연철, 그리고 강철

퍼들로에서 만드는 철은 연철이다. 당시 공업적으로 얻을 수 있는 철은 탄소가 많은 선철, 아니면 탄소가 적은 연철뿐이었다. 탄소가 적당히 들어가 강인한 성질을 지닌 강철을 대량 생산하게 되기까지는 조금 더 시간이 필요했다.

# 슈베르트는 소음에 불평했을까?

2012년경, 나는 이메일 한 통을 받았다.

"안녕하십니까. 저는 음대에서 학생을 가르치고 있는 사람입니다. 슈베르트가 악곡 <송어>를 작곡한 장소는 오스트리아의 슈타이어입니다. 슈베르트는 '천국처럼 아름다운 곳'이라고 썼지만, 철강업이 발달한 곳이라고 들었습니다. 당시 제철소가 굉장히 시끄럽지 않았을까요? 이 아름다운 곡을 쓸 당시의 슈타이어는 어떤 곳이었나요? 궁금해서 잠을 이루지 못하고 있습니다."

"안심하십시오. 당시의 제철소는 강가에 자리하고 있었고, 수차로 작동하는 풀무를 사용해 바람을 불어넣었습니다. 그래서 그렇게까지 시끄럽지는 않았습니다."

"고맙습니다. 슈베르트를 환대했던 광산업자 파움가르트너도 제철업의 활기를 맛보고 있었던 것은 아닐까 추측했었습니다. 어쩌면 그 고양감이 슈베르트의 음악에도 반영되었는지 모르겠네요. 메일을 읽고 수차가 돌아가는 천국 같은 풍경을 떠올렸습니다."

어쩌면 내가 한 사람의 불면증을 치료하는 데 공헌했을지도 모르겠다.

1819년 오스트리아의 슈타이어

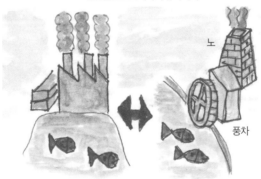

시끄러운 제철소　　　　조용한 제철소

● 슈베르트 <송어>의 작곡 장소 ●

# 제 7 장

# 금속,
# 끊임없이
# 새롭게 태어나다

: 산업혁명을 향한 여정

## AD 1800년

제2차
연소 발견 러시

철 생산은 대포와
날붙이의 소재로

강철 합금과 알루미늄

## AD 1840년

고로 조업의 이론과 개선

주기율표의 발견과
철혈 연설

제강법의 사투

## AD 1880년

## 금속의 이용

| | |
|---|---|
| AD 1800년 | 볼타, 축전지 발명[이탈리아] |
| AD 1803년 | 윌리엄 하이드 올러스턴, 백금 광석에서 로듐과 팔라듐 발견[영국] |
| AD 1803년 | 스미스슨 테너트, 백금 광석에서 이리듐과 오스뮴 발견[영국] |

데이비 ..............................................................

| | |
|---|---|
| AD 1807 ~1808년 | 데이비, 전기분해법으로 나트륨, 칼륨, 칼슘, 스트론튬, 바륨, 마그네슘 분리[영국] |
| AD 1808년 | 오스트리아의 비드만스테텐이 자그레브와 엘보겐의 운철을 잘라내 연마·에칭하자 무늬가 떠오르는 것을 발견했다는 내용이 카를 폰 슈라이버의 책에 실림 |

베르셀리우스 ...................................................

| | |
|---|---|
| AD 1813년 | 베르셀리우스, 알파벳 문자를 사용한 원소 기호 고안[스웨덴] |

패러데이 ..............................................................

| | |
|---|---|
| AD 1819년 | 패러데이 「우츠 혹은 인도강의 분석」[영국] |
| AD 1820년 | 패러데이 「개선의 관점에서 실시한 강철의 합금 실험」[영국] |

다마스쿠스 무늬 .................................................

| | |
|---|---|
| AD 1821년 | 프랑스 조병창의 기사 브랭, 강철의 다마스쿠스 무늬에 관한 연구 결과 발표. 아공석, 공석, 과공석의 메커니즘을 제창[프랑스] |
| AD 1821년 | 프랑스의 베르티에, 복합 산화물을 환원해 직접 철-크롬 합금강을 만들고 내식성이 있음을 발견[프랑스] |

강철의 합금 .........................................................

| | |
|---|---|
| AD 1822년 | 패러데이, 「강철의 합금에 관하여」에서 크롬강을 발표, 개량[영국] |

알루미늄 ..............................................................

| | |
|---|---|
| AD 1827년 | 프리드리히 뵐러, 알루미늄의 단독 분리 |
| AD 1828년 | 러시아의 야금학자 아노소프, 패러데이의 논문을 통해 다마스쿠스강의 연구를 개시. 1864년 퍼시, 「야금학·철과 강(A Treatise on Metallurgy: On Iron and Steel)」을 저술. 원시 제철로서 적철석, 갈철석의 환원법을 논함[영국] |

▼

## 금속의 이용(앞에서 이어서)

금속 조직 ·······························································
AD 1865년   헨리 클리프턴 소비, 금속 조직의 현미경 검사[영국]

멘델레예프 ·······························································
AD 1871년   멘델레예프, 미발견 원소를 예언(K, Ge)[러시아]

## 철의 이용

AD 1803년   프랑스 최초의 주철 교량인 퐁데자르 완성

리에주 대포 주조소 ···················································
AD 1803년   벨기에의 리에주 대포 주조소, 프랑스 함대의 36파운드 포 3,000문 수주

함석 ·······································································
AD 1805년   실베스터외 흡슨, 철에 아연 도금(함석)[영국]

크루프 ·····································································
AD 1811년   프리드리히 크루프, 도가니 제강법의 주강 공장 설립[독일]

러다이트 운동 ·························································
AD 1811년   러다이트 운동이 일어남[영국]

카르스텐 『철 야금학 강요』 ···········································
AD 1814년   베른하르트 카르스텐의 『철 야금학 강요』 출판. 제1판, 제3판이 후게닌의 『라위크 왕립 대포 주조소의 주조법』과 오시마 다카토의 고로 건설로 이어짐
AD 1814년   영국 제임스 스토다트, 우츠강을 담금질한 철로 날카로운 주머니칼을 만듦[영국]

라위크 왕립 대포 주조소 ···········································
AD 1826년   울리히 후게닌의 『라위크 왕립 대포 주조소의 주조법』을 오시마 다카토가 『서양 철대포 주조편』이라는 제목으로 데쓰카 리쓰조와 함께 번역

## 철의 이용(앞에서 이어서)

고로 열풍로 ·······························································
AD 1828년   제임스 버몬트 닐슨이 고로 열풍로의 축조 기술 개발[영국]
AD 1837년   미국 산업혁명[미국]

분젠 ·······································································
AD 1838년   카셀 공업학교의 교관인 로베르트 분젠이 베커하겐 제철소의 고로에서 실험. 노 내부의 반응을 밝혀내고 예열대, 환원대, 용융대를 구별[독일]

골드러시 ·································································
AD 1848년   캘리포니아주에서 금광 발견, 골드러시[미국]

베서머 전로 ·······························································
AD 1856년   베서머 전로(산성로) 개발. 녹인 선철에 공기를 전로 바닥에서 불어 넣으면 탈탄해서 강철이 만들어짐[영국]

축열식 가열로 ·························································
AD 1856년   르샤틀리에[프랑스], 지멘스 형제[독일], 축열식 가열로 발명

철혈 연설 ·································································
AD 1862년   재상 비스마르크의 철혈 연설[프로이센]

크루프 포 ·······························································
AD 1867년   크루프의 대포, 파리 만국박람회에 출품[독일]

# 7-1

## 원소와 날붙이: 제2차 원소 발견 러시와 철의 진화

◉ **연대 해설**

1800~1820년을 금속의 이용이라는 측면에서 살펴보면, 주목해야 할 점은 전기 분해를 통한 금속 원소 발견 러시와 최강자의 등장이다. 또한 철의 이용이라는 측면에서는 주철과 신흥 제철 회사의 발흥을 통해 대포의 제조가 진행되었다.

■ **금속 원소 발견 러시**

금속 원소 발견 러시는 구체적으로 다음과 같은 것이었다. 1803년에 윌리엄 울러스턴[1]이 로듐과 팔라듐을, 같은 해에 영국의 스미슨 테넌트[2]가 백금 광석에서 이리듐과 오스뮴을, 1807년에 영국의 험프리 데이비 험프리[3]가 전기 분해법으로 나트륨(소듐)과 칼륨(포타슘), 칼슘, 스트론튬, 바륨, 마그네슘을 분리하는 데 성공했다.

---

1  **윌리엄 울러스턴**  [영국] 1766~1828년. 윌리엄 하이드 울러스턴. 백금 광석을 분석하다 새로운 원소인 팔라듐과 로듐을 발견했다. 태양광 스펙트럼에 암선(暗線)이 있으며, 태양의 구성 원소가 방사광을 흡수하고 있음을 발견했다.

2  **스미슨 테넌트**  [영국] 1761~1815년. 백금 광석의 잔재에서 이리듐과 오스뮴을 발견했다. 또한 다이아몬드가 탄소임을 증명했다. 영국의 대학 교수였지만, 프랑스의 불로뉴의 숲에서 낙마해 사망했다.

3  **험프리 데이비**  [영국] 1778~1829년. 험프리 데이비 경. 초대 준남작으로 서임되었다. 왕립 연구소와 왕립 학회 소속. 전기 분해를 통해 금속 원소 6개를 발견했다. 패러데이를 발탁했으며, 광산에서 안전하게 사용할 수 있는 데이비램프를 발명했다.

## ■ 금속학의 진화

1808년, 오스트리아의 비드만스테텐[4]은 운철을 잘라내 연마·에칭하자 무늬가 떠오르는 것을 발견했다. 또한 원소를 기술하는 방법에 관해 커다란 개선이 있었다. 1813년에 스웨덴의 베르셀리우스[5]가 알파벳으로 원소를 표현하는 방법을 고안한 것이다. 이 시기에 패러데이는 금속을 집중적으로 연구해, 1819년부터 1822년까지 6편의 논문을 썼다.

## ■ 철의 진화

철의 이용이라는 측면에 살펴보면, 1803년에 벨기에의 리에주 대포 주조소[6]가 설치되었다. 1811년에는 독일의 프리드리히 크루프가 도가니 제강법의 주강 공장을 설립했다. 한편 같은 해에 영국에서는 기계가 일자리를 빼앗는다며 증기기관 등을 파괴하는 러다이트 운동[7]이 일어났다.

1814년 영국의 제임스 스토다트는 우츠강을 재발견했다. 이 우츠강의 제조와 개량은 패러데이의 초기 금속 연구의 원동력이 되었다.

이 시기의 저작물 중에서 중요한 것은 1814년에 베른하르트 카르스텐이 쓴 『철 야금학 강요(Handbuch der Eisenhüttenkunde)』다. 이 책은 훗날 네덜란드인 울리히 후게닌[8]의 책 『라위크 왕립 대포 주조소의 주조법(Het Gietwezen In's Rijks Ijzer-Geschutgieterij Te Luik)』의 기반이 되었다.

---

4　**비드만스테텐**　[오스트리아] 1753~1849년. 알로이스 폰 베크 비드만스테텐. 철운석의 단면을 불로 지지면 신기한 무늬가 떠오른다는 사실을 발견했다. 이 조직은 그의 이름을 따서 비드만스테텐 조직으로 불린다.

5　**베르셀리우스**　[스웨덴] 1779~1848년. 옌스 야코브 베르셀리우스. 원소 기호에 관해, 현재도 사용되고 있는 알파벳으로 표현하는 방법을 제창했다. 세륨, 셀레늄, 토륨을 발견했으며, 근대 화학 이론의 체계를 구축했다.

6　**리에주 대포 주조소**　리에주는 벨기에의 지명이며, 네덜란드어로는 라위크. 1815년에 네덜란드령이 되었기 때문에 라위크 대포 주조소로도 알려졌다. 리에주는 유럽 대륙에서 산업혁명이 시작된 장소로, 중공업이 활발했다.

7　**러다이트 운동**　산업혁명으로 기계의 사용이 증가하자 수공업자와 노동자가 실업을 두려워해 기계를 파괴했다. 자본가에 대한 노동 운동이라는 견해도 있다. 러다이트의 의미는 명확하지 않은데, 처음에 기계 설비를 파괴한 젊은이의 이름이라는 설도 있다.

8　**울리히 후게닌**　[네덜란드] 1755~1834년. 라위크 왕립 대포 주조소의 소장이었을 때 대포 주조법에 관한 책을 썼다. 네덜란드군 포병, 포 공병학교 교장, 프랑스에 패배한 뒤에는 프로이센의 포병, 그 후 네덜란드군 포병, 프랑스군 포병, 벨기에군 포병, 마지막으로 네덜란드의 대포 주조소 소장이라는 대포 외길 인생을 살았다.

## ⊙ 험프리 데이비

### ■ 영국 과학계의 슈퍼스타

세계에서 가장 많은 금속 원소를 발견한 사람은 누구일까? 정답은 영국의 험프리 데이비다. 그는 영국 왕립 연구소[9]의 스타 강연자이며, 전쟁 중에 프랑스의 나폴레옹에게서 '과학의 발전에 기여한' 공로로 훈장을 받은 영국인 과학자다.

어려운 환경에서 공부해 1798년에 의료 연구소의 일자리를 얻었고, 그 후 왕립 연구소의 창설에 참여했으며 1801년에 화학 분야의 연구자로 부임했다. 화학과 금속의 역사에서는 같은 시대를 살았던 스웨덴의 과학자 베르셀리우스의 경쟁 상대였고, 아직 풋내기였던 패러데이를 발탁해 키웠다.

### ■ 전기 분해

당시는 볼타의 전퇴가 발명됨에 따라 전기 분해가 유행하기 시작한 시대였다. 대중에게 과학 지식을 보급한다는 영국 왕립 연구소의 목적에 따라, 데이비는 1801년 4월에 '갈바니즘[10]'이라는 비교적 새로운 주제로 첫 강연을 했다.

강연에서 데이비는 과학적인 정보를 제공하는 동시에 장대하면서 때로는 위험한 화학 실험을 했다. 젊고 잘생긴 데이비의 강연은 여성들에게도 큰 인기를 끌었다. 1802년 데이비는 영국 왕립 연구소의 교수로 임명되었다.

### ■ 원소 발견 러시

데이비는 영국에서 전기 분해의 일인자가 되어 갔다. 볼타의 전퇴를 사용해서[11]

---

9  **영국 왕립 연구소**  1799년에 설립된 과학 교육과 연구 기관. 과학자인 럼퍼드 백작 벤저민 톰프슨 경 등이 자금을 모아서 설립했으며, 경영회원의 회비와 강연 참가비로 운영했다. 데이비와 패러데이를 배출했다. 여담이지만, 럼퍼드 백작은 프랑스로 건너가 마리안 폴즈 라부아지에와 결혼한다. 또한 데이비에게 과학 메달을 수여하도록 나폴레옹에게 추천했다.

10  **갈바니즘**  화학 작용을 통해서 발생하는 전류. 볼타가 명명했다.

11  **볼타의 전퇴를 사용해서**  1801년, 볼타 교수는 나폴레옹 집정관의 요청으로 파리의 아카데미에서 볼타 전퇴의 공개강좌를 실시했다. 이 강좌에 초대장도 없이 숨어 들어가서 전기의 가능성을 목격한 청년 데이비는 영국으로 돌아가 볼타 전퇴를 만들기 시작했고, 최종적으로는 1,000쌍의 거대한 강력 전퇴를 만들어 냈다. 소금을 고열로 녹여 전기 분해한다는 아이디어는 데이비가 생각해낸 것이다. 칼륨의 분리에 성공한 뒤에는 용융염의 종류만 바꾸면서 빠르게 새로운 금속을 분리해나갔다.

용융염을 전기 분해해, 1807년에 칼륨(포타슘)과 나트륨(소듐)을, 1808년에 바륨과 칼슘, 스트론튬, 마그네슘을 분리했다. 1809년에는 붕소의 분리에도 성공했다.

그는 붕소를 제외한 미지의 원소를 2년 동안 6종류나 발견했다. 이렇게 많은 원소를 발견한 과학자는 데이비가 유일하다.

## ■ 실험실의 사고

전성기를 구가하던 데이비는 1813년에 실험실에서 일어난 사고로 손가락과 눈을 크게 다쳤다. 삼염화질소[12]를 만들던 도중에 폭발한 것이다.

필자도 비슷한 일이 있었다. 당시 고등학교 2학년이었던 필자가 문화제에서 사람들에게 보여줄 물건을 만들 때 일어났던 사고다. 화학 실험부에 소속되어 있었던 필자는 아이오딘화질소[13]를 합성하고 있었는데, 여과지에 발라서 바닥에 뿌려 놓으면 여과지가 펑펑, 하고 폭발하며 날아오르는 모습을 사람들에게 보여줄 계획이었다. 여과지 준비를 마치고 실험 기구를 씻으려고 비커를 잡은 순간, 비커가 파열되었다. 아이오딘화질소를 녹인 용제가 나도 모르는 사이에 말라붙어서 아주 작은 진동에도 폭발하는 상태가 되어 있었던 것이다. 다행히 장갑과 고글, 실험복을 입고 있었고 용제도 얼마 남아 있지 않았던 데다가 싱크대가 깊었던 덕분에 큰 사고는 피할 수 있었다.

어쨌든 데이비는 그 부상의 영향으로 자신이 직접 실험하기를 그만두고, 때마침 제자가 되고 싶다면서 찾아왔던 마이클 패러데이[14]를 조수로 삼았다. 이

---

12 **삼염화질소** 삼염화질소는 유기 화합물과 접촉하면 폭발한다. 데이비는 당시 폭탄의 기폭제를 연구하고 있었다. 훗날 조수로 채용된 패러데이도 그 실험을 지켜보고 있었는데, 친구에게 보낸 편지에 "실험 중에 또 폭발이 일어났는데, 내가 입은 부상은 데이비 선생님에 비하면 그리 심하지 않아"라고 적었다.

13 **아이오딘화질소** 아이오딘을 암모니아에 녹이면 아이오딘화질소가 쉽게 생성된다. 아이오딘은 잘 녹지 않기 때문에 아이오딘화칼륨도 넣었던 기억이 난다. 반응물을 여과지로 모으고 습한 상태로 여과지에 발라서 바닥에 뿌리면 준비 끝. 고등학교 과학 실험의 단골로, 그 "펑!" 소리에 놀란 사람도 있을 것이다. 과학 설비가 없으면 폐액도 처리할 수가 없으니 절대 흉내 내지 않는 편이 좋다.

14 **마이클 패러데이** [영국] 1791~1867년. 전자기와 전기 화학의 창시자. 데이비에게 발굴되어, 1813년에 왕립 연구소의 화학 조수가 되었다. 그해부터 2년 동안 데이비 부부와 함께 유럽을 여행했고, 귀국 후에는 몇 년 동안 철 합금의 연구에 종사했다.

사고가 없었다면 패러데이가 세상에 등장하는 일은 없었을지도 모른다.

비슷한 물질을 합성하다 폭발 사고를 경험했던 필자로서는 오래전 일이었음에도 등에 식은땀이 나는 기분이었다. 그리고 나도 모르게 "데이비 씨, 우리 조심합시다. 다치기라도 하면 큰일이에요"라고 말하고 싶어졌다.

## ■ 대륙 여행

1812년, 귀족으로 서임된 데이비는 왕립 연구소를 퇴임[15]했고, 결혼한 뒤 집필에 전념하게 된다. 1813년, 데이비 부부는 조수 겸 하인으로서 마이클 패러데이를 데리고 프랑스에 갔다. 나폴레옹이 전기 화학 분야에서 이룬 그의 성과에 메달을 수여했기 때문이다. 양국이 한창 전쟁 중이던 시기다. 나폴레옹의 초대를 받은 데이비는 파리에 도착하자 프랑스의 일류 과학자의 접대를 받았다.

프랑스가 라이프치히 전투[16]에서 패한 직후였기에 나폴레옹을 만날 수는 없었지만, 말메종성에서 조세핀 황후[17]를 만났다. 그리고 파리에서 이탈리아로

● 험프리 데이비 ●

---

**15  왕립 연구소를 퇴임**  정확히는 1812년에 귀족 서훈과 결혼, 1812년 말에 패러데이를 알게 됨, 1813년 1월에 폭발 사고로 다침, 3월 초에 패러데이를 채용함, 4월에 퇴임이라는 흐름으로 정신없이 일이 진행되었다.

**16  라이프치히 전투**  1813년 10월에 나폴레옹의 프랑스군과 프로이센, 러시아, 오스트리아, 스웨덴 연합군이 맞붙은 전투. 프랑스군의 패배로 끝났으며, 나폴레옹은 실의하며 파리로 돌아왔다. 이 패배로 대 프랑스 대동맹이 발족했고, 프랑스는 기세를 잃었다.

**17  조세핀 황후**  [프랑스] 1764~1814년. 조세핀 드 보아르네. 나폴레옹 보나파르트의 첫 번째 부인. 나폴레옹이 즉위하자 '프랑스인의 황후 폐하라는 칭호를 받았다. 데이비 일행이 방문했을 때는 말메종성에서 여생을 보내고 있었다.

이동한 데이비는 피렌체에서 태양 광선을 사용해 다이아몬드에 불을 붙이는 데 성공함으로써 다이아몬드가 순수한 탄소로 구성되어 있음을 증명했다.

## ■ 그 후의 데이비

1815년에 영국으로 돌아간 데이비는 탄광에서 안전하게 사용할 수 있는 데이비램프[18]를 발명했다.

이야기가 나온 김에 데이비의 실패담도 하나 소개하겠다. 영국 해군은 조개나 따개비가 선박에 달라붙는 것을 방지할 목적으로 1761년부터 구리도금을 하고 있었는데, 구리가 바닷물에 부식되었기 때문에 데이비에게 해결책을 의뢰했다. 이에 데이비는 아연이나 철을 사용해서 희생방식을 실시하기로 했다. 희생방식은 구리보다 먼저 부식되는 금속을 연결해놓는 것이다. 그런데 희생방식 덕분에 구리의 부식은 사라졌지만 구리 이온이 방출되지 않자 조개와 따개비가 다시 달라붙게 되었다. 희생방식 자체는 기술적으로 성공이었지만, 이 때문에 결국 전부 제거되고 말았다.

## ◉ 베르셀리우스

### ■ 원소 기호 고안

우리가 사용하고 있는 원소 기호는 누가 생각해낸 것일까? 철은 Fe, 망간은 Mn 등 알파벳의 대문자 혹은 대문자와 소문자의 조합을 사용하는데, 사실 이것은 비교적 최근에 사용되기 시작한 방법이다. 불과 200년 전까지만 해도 원소는 동그라미나 사각형 등의 기호로 표현되었다. 라부아지에도 돌턴도 그런 기호를 사용했다.

현재의 우리가 사용하는 알파벳 문자로 나타내는 원소 기호는 1813년에 스웨덴의 옌스 야코브 베르셀리우스가 고안했다. 화학자였던 그는 소금의 전기

---

18 **데이비램프** 불꽃 주변을 촘촘한 망으로 덮어 가연성 가스가 있는 환경에서도 사용할 수 있도록 만든 안전 램프. 탄광에서 가스 폭발 사고를 막는 유익한 발명이었다. 그는 이 발명으로 수많은 생명을 구해, 평민 출신의 영국 과학자로는 최고 영예인 준남작 작위를 받았다.

분해를 연구하는 과정에서 화합물은 플러스와 마이너스의 물질로 구성되어 있음을 알게 되었다. 현재의 표현을 사용하면 이온 결합 물질[19]이다. 그래서 전기 화학과 원자론을 조합해 화학 결합을 설명하려 했다.

그런데 1개의 금속 원소와 2개의 염소 원소를 기술하려 하니 기존의 기호로는 복잡해져서 설명하기가 어려웠다. 그래서 베르셀리우스는 문자 기호와 숫자를 조합해 화합물의 조성을 표기했다. 그리고 당시 알려져 있었던 49개 원소의 원자량을 결정했다.

## ■ 원소의 발견

스웨덴의 화학 분석 수법을 터득하고 있던 베르셀리우스는 취관분석[20]을 사용해 새로운 원소를 차례차례 발견했다. 취관분석이란 목탄에 고체 시료를 채우고 취관으로 산화염 등을 내뿜어서 시료의 변색이나 용융 상태를 바탕으로 성분을 판별하는 고전적인 화학 분석 수법이다.

베르셀리우스는 1803년에 세륨, 1817년에 셀레늄, 1828년에 토륨을 발견했다. 또한 원소의 분리에도 공헌해, 1823년에 규소, 1824년에 지르코늄과 탄탈럼을 단독 원소로서 추출했다.

## ■ 베르셀리우스의 저서

저서로는 『화학 연보(Lärboki Kemien)』가 있다. 1821년부터 1848년에 유럽에서 발표된 화학 분석 분야의 서적과 논문을 전부 읽고 주석을 달면서 편집해 발행했다. 지금으로 치면 인터넷의 정리 사이트를 혼자서 운영한 셈이다.

---

19 **이온 결합 물질**  염화나트륨처럼 플러스인 나트륨 이온과 마이너스인 염소 이온이 결정을 만드는 것이 이온 결합이다. 금속의 결합 방식에는 자유 전자의 바다에서 결정을 만드는 '금속 결합'과 산소 또는 질소처럼 전자를 서로 내놓아서 결합하는 '공유 결합'이 있다.

20 **취관분석**  광물을 잘게 으깨서 목탄의 틈새에 채워 넣는다. 그런 다음 취관을 사용해서 램프의 불꽃을 시료에 불면 목탄에서 발생하는 일산화탄소에 환원되어 금속의 방울이 생기는데, 겉모습이나 통전성 등을 바탕으로 금속의 종류를 특정한다. 지금은 거의 사용되지 않는다.

● 옌스 야코브 베르셀리우스 ●

## ◉ 패러데이

### ■ 탄생과 성장

마이클 패러데이는 1791년에 런던의 가난한 대장장이 집안에서 태어났다. 학교에 다니지 못하고 9세에 제본소의 도제가 되었으며 훗날 서점의 점원이 되었는데, 일하는 짬짬이 과학 서적을 읽었다.

한편 다른 전기에 따르면 13세에 서점에 고용되어서 제본 일을 했다고 한다. 옛날에는 구입한 책에 가죽 표지를 덧붙이는 작업까지 서점의 일이었다. 어느 쪽이 사실이든 패러데이에게 유명한 책들을 읽을 기회가 있었다[21]는 것은 분명하다.

### ■ 과학을 향한 열정

그의 근면함에 흥미를 느낀 왕립 연구소 회원의 호의로, 패러데이는 1811년 당시 이 연구소에서 실시되고 있었던 데이비의 과학 강연[22]을 들을 수 있었다.

---

21 **유명한 책들을 읽을 기회가 있었다**  패러데이의 술회에 따르면, 화학은 '어린이용 화학책'으로 공부했고 전자기학은 '브리태니커 백과사전'으로 공부했다고 한다.

22 **데이비의 과학 강연**  [영국] 1801년 당시 기체 연구소에서 웃음 가스 실험으로 호평을 받았던 데이비는 왕립 연구소의 강연 조수로 초빙되어 새로운 분야인 전기 분해를 주제로 강연했다. 실험을 섞은 데이비의 강연은 여성에게도 인기를 끌며 대성공을 거뒀고, 그는 정식 강연자가 되었다.

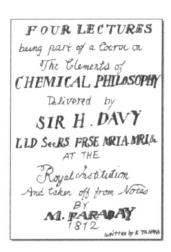

● 데이비에게 선물한 강의록 ●

그리고 강연에 감동한 패러데이는 자신의 인생을 과학 연구에 바치기로 결심했다. 데이비의 강연 중에서 특히 화학 이야기가 재미있어서, 4회의 강연 내용을 필기해 그것을 책으로 만들었다. 제본은 그에게 식은 죽 먹기였다.

## ■ 전기가 찾아오다

서점의 고용 기간이 끝나자 진로를 고민하던 패러데이는 불쑥 데이비를 찾아갔다. 깔끔하게 제본한 데이비의 강의록[23]을 선물하자, 데이비는 그 답례로 패러데이를 왕립 연구소에 초대했다. 데이비를 찾아갔을 때, 패러데이는 데이비에게 '과학의 길을 걷고 싶다'는 자신의 바람을 전했다.

그리고 전기가 찾아왔다. 데이비가 실험 중에 상처를 입고 조수가 폭행 사건을 일으키는 등의 예기치 못한 사고가 잇달아 발생한 결과, 1813년 봄에 왕립 연구원의 조수로 채용된 것이다. 물론 과학에 대한 열의를 인정받은 결과이기도 할 것이다. 어쨌든, 깔끔하게 제본된 자신의 강의록을 선물 받고 기뻐하지 않는 사람이 어디 있겠는가?

## ■ 금속학과의 만남

패러데이는 데이비에게서 화학을 직접 지도받았고, 1813년부터 1815년에 걸쳐 데이비의 프랑스와 이탈리아 여행을 수행했다. 그리고 귀국 후에는 화학 연구를 통해 착실하게 성과를 올려 나갔다. 이때부터 1822년까지의 짧은 기간 동안 패러데이는 우츠강 등의 조사, 강철과 합금의 연구에 전념했으며, 그 후

---

23 **데이비의 강의록** [영국] 1811년, 데이비보다 13세 연하인 소년 패러데이는 4회에 걸친 데이비의 연속 화학 강의를 청강했다. 요약본도 복사기도 녹음기도 없었던 시대. 소년 패러데이는 필기한 강의록 노트를 제본해 데이비에게 보냈다. 이 책에 실은 표지는 필자가 패러데이의 심정으로 그린 것(금속 학회지에 실은 것)이다.

● 마이클 패러데이 ●

전자기학의 연구에서 큰 성과를 올리게 된다.

다만 젊은 날의 패러데이에 관해서는 어느 전기에도 거의 언급되어 있지 않다. 추측이지만, 아마도 흥분감 넘치는 '소설보다 기이한' 모험 이야기이지 않을까? 기회가 된다면 나중에 또 다른 책으로 소개하고 싶다.

## ⊙ 크루프

### ■ 크루프 사는 어떤 곳?

크루프 사[24]는 독일에 있는 세계 유수의 제철, 제품 제조 회사다. 프로이센 왕국과 통일 독일 시대에 독일 중공업의 근간으로서 활약했다. 메이지 유신 이후의 일본은 당시 철강 선진국이었던 영국보다 신진기예의 독일로부터 많은 기술을 배웠다.

격동의 시대에 등장한 크루프 사의 후미 장전식 대포는 1871년의 프로이센 -프랑스 전쟁에서 청동제 대포로 무장한 프랑스군에 승리를 거뒀다. 그리고 이것을 시작으로 제1차 세계대전, 제2차 세계대전을 수행하기 위한 철강 제

---

24 **크루프 사**  [독일] 1811년에 독일의 작은 주강 공장으로 설립되었으며, 이후 병기 생산을 중심으로 유럽 열강의 군비 확장 경쟁이라는 시대의 물결에 올라탔다. 당시의 만국박람회는 신병기의 전시장이었다. 도가니법으로 제작한 거대한 주철제 크루프 포는 파리 만국박람회의 화제를 독차지했다.

| 1811년 | 프리드리히 크루프, 도가니 제강법의 주강 공장을 설립(독일) |
|---|---|
| 1833년 | 크루프 사, 회전 가공기(독일) |
| 1836년 | 크루프 사, 철도 기기의 생산 개시(독일) |
| 1847년 | 크루프 사, 프로이센 군부로부터 포신용 주괴 수주(독일) |
| 1861년 | 크루프, 대포 전용 공장 건설(독일) |
| 1862년 | 크루프 사, 유럽 대륙 최초의 베서머 전로 제철소(독일) |
| 1864년 | 크루프 사, 철광석, 제철소, 탄광 매입(독일) |
| 1867년 | 크루프의 대포, 파리 만국박람회[25]에 출품(프로이센) |
| 1878년 | 오코히라 사이조와 사카모토 슌이치, 병기 재료를 얻기 위해 독일 크루프 사 방문(일본) |
| 1884년 | 국산 원료로 크루프식 포문과 강철 포방패의 주조 성공(일본) |
| 1885년 | 노로 가게요시 서양 유학, 런던 대학교에서 기계학·전기 공학을 공부(일본). 프라이베르크 광산 대학교에서 레데부르 교수에게 철 야금학을 배운 뒤 크루프 등의 선진 조병 제철소를 시찰(일본) |
| 1893년 | 크루프강. 니켈 크롬 침탄 경화강판 |
| 1912년 | 크루프 사, 스테인리스강, 내산성 강을 개발(독일) |
| 1917년 | 크루프 사, 사정거리 130킬로미터의 장거리 대포(파리 대포) 개발(독일) |
| 1919년 | 크루프 사, 에센 보르베크 제철소. 스테인리스강의 생산 기지(독일) |
| 1923년 | 크루프 사, 질화강[26]을 발명(독일) |
| 1929년 | 크루프 사, 당시 세계 최대인 15,000톤 주조 프레스(독일) |
| 1934년 | 크루프 사의 요한센, 크루프식 직접 제철법(렌법)을 발명(독일) |
| 1936년 | 야하타, 빈광(貧鑛)과 분광(粉鑛) 처리를 위해 회전로에 주목, 크루프식 제철법을 시험(일본) |
| 1938년 | 야하타의 오하라 히사유키, '크루프식과 바셋식 제철법에 관한 시험'(일본) |
| 1939년 | 오에 산 니켈 공장의 시멘트로에서 크루프-렌법 조업 개시. 병기용 니켈-크롬강(일본) |
| 1941년 | 가와사키 제철, 구지에서 크루프-렌법 조업 개시(일본) |
| 1941년 | 크루프 사, 고온 절삭(독일) |
| 1941년 | 크루프 사, 총, 전차, 전함, 발사물을 생산(독일) |
| 1942년 | 크루프 사, 80센티미터 구경의 열차포이자 사상 최대의 대포 '도라'(독일) |

● 크루프 사 관련 연표 ●

품을 독일에 공급했다. 앞에 나오는 연표를 보면 철제 무기와 관련된 기술이 많은데, 철강과 주철 제조 기술의 연구 개발에 크게 공헌한 것도 분명한 사실이다.

## ■ 크루프의 실상

영화에서 종종 악역으로 등장하는 캐릭터 중에 죽음의 상인이 있다. 적군이든 아군이든 상관없이 무기를 팔아 치우는 상인의 이미지는 크루프의 이미지와 겹친다. 크루프는 비스마르크와 사이가 좋았으며, 전쟁으로 돈을 버는 데 주저함이 없는 상인이었다.

크루프는 가난한 대장장이였다. 프로이센의 탄광 마을의 발명가였던 프리드리히 크루프는 영국의 세필드가 독점하고 있었던 주철 제조 기술을 밝혀내고자 실험을 거듭했다. 그러나 초대 크루프는 개발에 성공하지 못한 채 빚에 시달리다 세상을 떠났다. 그 후 당시 14세였던 장남 알프레드 크루프(1812~1887)가 공방을 이어받아 연구를 계속했고, 결국 주강의 제조에 성공해 공구와 커틀러리의 제조 판매를 시작한다. 이 장남이 바로 크루프 사의 창설자[27]다.

크루프는 이윽고 증기기관의 차륜을 제조하기 시작하며 철도 사업에 뛰어들었고, 그 후 나폴레옹 이후 프랑스에서 또다시 일어난 혁명의 폭풍 속에서 대포와 총을 생산하기 시작했다. 1851년에는 런던에서 개최된 첫 만국박람회

---

25 **파리 만국박람회** 만국박람회는 1851년의 런던 만국박람회부터 시작되었다. 첫 번째 파리 만국박람회는 크림 전쟁이 한창이던 1855년에 생시몽주의를 기반으로 나폴레옹 3세의 지원을 받아서 개최되었다. 그 후 크루프 포가 출품된 1867년, 에디슨 전구가 박람회장을 장식한 1878년, 에펠탑이 건설된 1889년에 파리 만국박람회가 개최되었다.

26 **질화강** 질소를 많이 내포한 질화물투성이의 강재를 상상하겠지만, 그렇지 않다. 표면 열처리 방법 중에 질화 처리가 있다. 암모니아 분해로 활성 질소를 만들어 표면에서 확산 침투시킴으로써 표면의 경도와 내마모성을 양립시킨 강재를 질화강이라고 부른다.

27 **창설자** 크루프 사를 창설한 장남 알프레드 크루프는 대포왕으로 불렸다. 네덜란드에 유학 중이던 에노모토 다케아키 등은 1864년에 알프레드 크루프를 만나러 가서 당시 건조 중이던 군함 '가이요마루'에 탑재할 대포를 주문했다. 이후 일본에서는 크루프 사의 대포를 모델로 삼은 대포가 다수 개발된다. 참고로 일본에서는 크루프 포를 모델로 삼은 대포를 '克式(크루프식)'이라고 표기했다.

● 크루프 사의 창설자, 알프레드 크루프 ●

에 거대포를 출품해 상금을 받으며 독일의 군사화를 뒷받침하는 무기 상인이
되어 갔다. 1867년의 파리 만국박람회에서는 거대한 대포를 출품해 각국의 간
담을 서늘케 했다.

크루프가 개발한 무기는 제1차 세계대전, 제2차 세계대전을 치른 독일을 후
방에서 지원하는 역할을 했다.

## 7-2

**1820년부터 1840년까지**

# 무늬와 금속: 다마스쿠스 무늬에 대한 동경과 알루미늄의 등장

### ⊙ 연대 해설

1820~1840년을 금속 이용이라는 측면에서 살펴보면, 주된 화제는 신소재의 개발이다. 철의 이용이라는 측면에서 살펴보면, 고로에서 만들어진 철을 틀에 부어서 굳히는 주철 제품과 고로 조업의 개선이 주목할 만한 점이다.

금속의 이용에 관해서는, 1820년에 패러데이와 스토다트[28]가 우츠강을 분석해 발표했다. 패러데이는 1822년에 발표한 「강철의 합금에 관하여(On the Alloys of Steel)」[29]에서 크롬강은 녹슬지 않는다고 보고한 뒤 전자기학으로 넘어갔다.

1821년에 프랑스의 브랭은 강철의 다마스쿠스 무늬가 발생하는 메커니즘을 연구해 보고했다. 1827년에는 독일의 프리드리히 뵐러[30]가 알루미늄의 단독 분리에 성공했다.

철의 이용에 관해서는, 1722년에 르네 레오뮈르[31]가 '단철을 강철로 바꾸는 방법'과 '주철의 가단성'을 보고했다. 1825년, 영국에서는 철강의 과잉 생산에 따른 공황이 발생했다. 1826년, 네덜란드의 후게닌이 『라위크 왕립 대포 주조소의 주조법(Het Gietwezen In's Rijks Ijzer - Geschutgieterij Te Luik)』을 발표했다. 훗날

---

**28 패러데이와 스토다트** 1818년, 우츠강의 분석을 의뢰하러 왕립 연구소를 찾아온 날붙이 상인 제임스 스토다트는 당시 화학 분석자로서 명성을 떨치고 있었던 패러데이를 소개받았다. 패러데이는 스토다트의 자금 제공을 받으며 금속 연구를 진행했는데, 1823년에 스토다트가 객사하면서 연구도 중단되었다.

**29 「강철의 합금에 관하여」** 패러데이와 스토다트가 공동으로 쓴 논문의 표제(1822년 발표). 당시 연구하고 있었던 귀금속이나 크롬 등을 첨가했을 때의 성질을 상세히 연구했다. 스토다트가 사망하기 직전, 패러데이는 당시의 샘플을 나무 상자에 봉인하고 옆면에 "강철과 합금"이라고 적었다(필자가 실물 확인).

**30 프리드리히 뵐러** [독일] 1800~1882년. 뵐러는 유기 화학의 아버지로 유명하다. 유기 화합물인 요소[$(NH_2)_2CO$]를 합성했다. 또한 규소와 베릴륨을 발견했으며, 알루미늄과 이트륨을 단독 분리해 냈다. 베르셀리우스가 그의 성과를 극찬했다.

**31 르네 레오뮈르** [프랑스] 1683~1757년. 르네 앙투안 페르쇼 드 레오뮈르.

이것을 일본의 오시마 다카토가 데쓰카 리쓰조와 함께 『서양 철대포 주조편(西洋鉄熕鋳造編)』이라는 제목으로 번역했으며, 이 책은 가마이시에 고로를 만들 때 교과서가 되었다.

1828년, 영국의 제임스 버몬트 닐슨[32]이 고로 열풍로[33]의 축조 기술을 개발했다. 고로와 관련해서는 1838년에 독일인인 로베르트 분젠이 고로 내부 구조와 반응을 밝혀내고 예열대, 환원대, 용융대를 구별했다. 1837년, 미국은 산업혁명을 맞이한다.

## ⊙ 패러데이의 금속학

패러데이는 전자기학의 대가이지만, 처음에는 금속학을 연구했던 것으로 알려져 있다. 다만 연구 기간이 너무도 짧았고 또 시대를 100년 정도 앞서 있었기 때문에 최근까지 그 성과의 중요성이 정확히 인식되지 않았다.

패러데이의 강철과 합금에 관한 연구는 1819년부터 1824년까지 약 5년에 걸쳐 진행되었다. 이 기간에 패러데이는 「철에서 망간의 분리(Separation of Manganese From Iron)」, 「우츠 혹은 인도강의 분석(An analysis of wootz or Indian steel)」, 「개선의 관점에서 실시한 강철의 합금 실험(Experiments on the Alloys of Steel, made with a View to its Improvement)」, 「강철의 합금에 관하여(On the Alloys of Steel)」라는 4편의 논문을 썼다. 특히 1822년에 발표한 마지막 논문에는 엄청난 성과가 기록되어 있었는데, 그 부분은 천천히 이야기하기로 하고 여기에서는 먼저 패러데이의 출생과 성장에 관해 이야기하겠다.

패러데이는 1791년에 런던 교외에서 사는 대장장이의 아들로 태어났다. 이미 소개했듯이 제본 서점의 점원으로 일하는 동안 과학에 흥미를 느꼈고, 그후 험프리 데이비에게 왕립 연구소의 조수로 채용되었다.

---

**32 제임스 버몬트 닐슨** [영국] 1792~1865년. "고로 조업은 겨울철에 더 높은 성과가 난다. 공기가 차갑기 때문이다"라는 제철업자의 이야기를 듣고 '온도가 아니라 공기 속의 낮은 습도가 영향을 끼친 게 아닐까?'라는 생각에서 예열 공기를 불어넣는 열풍로에 착안했다.

**33 고로 열풍로** 고로 설비에는 내부에 격자형으로 벽돌을 쌓은 열풍로가 고로 본체 옆에 여러 기가 설치되어 있다. 고로의 가스 등으로 벽돌에 열을 축적한 뒤 공기를 통과시켜서 1,300도까지 예열해 고로에 불어넣는다.

패러데이는 한 편지에서 금속 연구에 흥미를 느낀 이유에 관해 "나는 금속 노동자의 아들로, 금속 제품을 파는 가게나 금속 제품을 좋아했다"라고 말했다. 패러데이가 합금을 연구한 직접적인 이유는 우츠강[34]에 흥미를 느꼈고 그 장래성을 기대했기 때문이었다.

우츠강으로 만든 날붙이는 튼튼하고 이가 빠지지 않으며, 녹슬지 않고, 가볍게 에칭하면 물결 같은, 일명 다마스쿠스 무늬가 떠오른다. 영국의 셰필드는 날붙이 공업의 도시인데, 어느 날 그 셰필드에서 날붙이를 판매하는 스토다트라는 상인이 패러데이를 찾아왔다. 셰필드에서 우츠강을 만들어 다마스쿠스 무늬가 들어간 날붙이를 팔고 싶다는 것이었다. 그로부터 수년 동안 패러데이의 파란만장한 이야기가 전개된다.

패러데이는 다마스쿠스강을 만들고자 다양한 금속을 강철에 섞었는데, 그렇게 해서 만들어진 합금 중에는 놀랍게도 스테인리스강에 해당하는 성분이 섞여 있었다. 전혀 녹슬지 않는 강철이었던 것이다. 그러나 강철의 대량 생산할 수 있게 되기까지는 50년을 기다려야 했고, 패러데이의 흥미[35]는 도중에 금속학에서 전자기학으로 넘어갔다. 결국 패러데이의 합금이 세상에 알려지게 된 것은 그로부터 100년 후, 스테인리스강 개발 경쟁이 한창이던 시대였다.

## ⊙ 다마스쿠스 무늬

### ■ 다마스쿠스강

다마스쿠스강으로 나이프나 도검을 만들면 칼날 부분에 나이테처럼 생긴 다마스쿠스 무늬가 떠오른다. 다마스쿠스강이라는 명칭은 고대 인도에서 만든

---

**34 우츠강** 사실 '우츠강'은 정식 명칭이 아니다. '우츠'라고만 하며 그 자체로 '인도강'을 의미하지만, 여기에서는 편의상 '우츠강'이라고 표기했다. 우츠강은 오랜 기간에 걸쳐 서양의 제철 업계가 아무리 연구해도 만들 수 없는 품질 좋은 '강철'이었으며, 인도에서 대량으로 생산되어 주로 중동으로 수출되었다. 그러나 19세기 중반에 영국에서 베서머 전로가 발명되어 공업적으로 대규모 철강 생산이 시작되자 우츠강의 수요는 급감했고, 인도의 우츠강 제조 기술은 순식간에 소실되어 버렸다.

**35 패러데이의 흥미** 패러데이가 흥미를 잃지 않고 연구를 계속했다면 야금학은 더 발전했을까? 반드시 그렇지만은 않다. 공업 생산은 어떤 하나의 기술이 뛰어나다고 해서 성립하는 것이 아니다. 패러데이가 야금에 계속 흥미를 품었다면 전기 유도 기술의 개발이 늦어져서 전기 관련 분야의 발전이 크게 늦어졌을 것이다. 역사에 '만약'은 없지만, '혹시 그랬다면?'이라고 상상해보는 것은 언제나 즐거운 일이다.

| 패러데이 | | 특수합금 | |
|---|---|---|---|
| 1791년 | 런던 교외에서 탄생 | 1797년 | 크롬 발견 |
| 1812년 | 데이비에게 강좌의 강의록을 보내서 채용 | | |
| 1813년 | 데이비와 함께 대륙을 여행 | | |
| 1816년 | 첫 연구 '가성석회의 분석' | | |
| 1820년 | 스토다트와 패러데이, 귀금속이 들어간 합금강은 녹슬지 않음을 보고 | | |
| 1821년 | 전자기 회전 실험에 선공 | 1821년 | 베르티에가 철과 고크롬 합금의 방청 효과를 보고 |
| 1822년 | 철과 합금의 연구 결과를 발표 | | |
| 1824년 | 왕립 협회 회원으로 발탁되고, '합금강'서 크롬 첨가 합금의 방청 효과를 보고 | | |
| 1831년 | 전자기 유도 발견, 자력선의 개념 발표 | | |
| 1833년 | 전기 분해의 법칙을 발견 | | |
| 1845년 | 빛과 자기장의 패러데이 효과 발견 | 1854년 | 전해 크롬의 방청(녹 방지) |
| 1859년 | 『화학과 물리학의 실험 연구(Experimental Researches in Chemistry and Physics)』출판 | | |
| 1860년 | 크리스마스 강연 '양초의 과학' | | |
| 1867년 | 햄프턴 코트 궁전에서 사망, 향년 75세 | | |
| 1931년 | 나무 상자 발견. 해드필드, 『패러데이와 야금 연구(Faraday and his Metallurgical Researches)』를 출판 | | |

● 패러데이의 생애 연표 ●

우츠강을 현재 시리아에 위치한 다마스쿠스로 가져가 도검으로 가공한 데서
유래했다.

## ■ 실제 제작법

고대 인도의 제철법은 도가니 속에 철광석과 목재를 넣어 환원하는 도가니강[36]
이었다. 철광석을 도가니법으로 환원하면 해면철이 생긴다. 이것을 계속 고온
으로 가열하면 표면에 탄소가 침탄해 탄소 농도가 불균일한 질 나쁜 강철이
만들어지는데, 그것을 가공하면 이따금 신비한 무늬가 나타난다는 것이 일반

---

36 **도가니강** 도가니를 가열하고 그 속에서 강철을 만드는 기술은 크게 두 가지로 나뉜다. 첫째는 도가니 속에서 환원철을
만들고 침탄해 강철로 만드는 고대 인도의 방식이고, 둘째는 고로에서 만들어진 선철과 그곳을 환원한 연철을 도가니 속
에서 녹여 강철로 만드는 고대 중국의 방식이다.

적인 생각이었다.

재질이 불균일한 것은 딱히 나쁜 것이 아니다. 현재의 금속 공학에서도 호모지니어스(균질)한 조직[37]에서 헤테로지니어스(불균질)한 조직[38]으로 관심이 이동하고 있다. 다마스쿠스강의 경우도 불균질이 만들어 내는 무늬가 가치를 낳았다고 생각되었다.

그런데 패러데이는 이것도 큰 오해였음을 깨달았다. 고체의 농도가 불균일하다면 우츠강을 고온에서 녹임으로써 농도를 균일화할 수 있을 터이기 때문이다. 그러나 실제로는 우츠강을 녹였다가 다시 굳히더라도 여전히 무늬가 떠오른다. 영국에서 만든 탄소 농도가 다른 두 종류의 철 조각을 고온에서 반복적으로 구부리며 단조하면 다마스쿠스 무늬와 비슷한 무늬가 나타난다. 그러나 영국의 강철은 녹이면 균질화되어서 두 번 다시 무늬가 나타나지 않는다. 반면에 우츠강은 몇 번을 녹였다가 굳혀도 무늬가 나타난다. 이 사실은 패러데이를 당혹감에 빠트렸다. '미량의 알루미나(산화알루미늄)나 이산화규소가 모

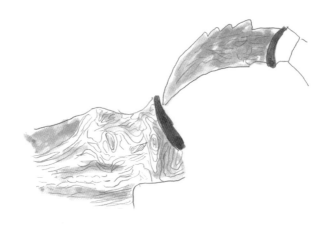

● 다마스쿠스 무늬 ●

---

**37 호모지니어스(균질)한 조직**  근대의 금속과 철강 소재는 최대한 불순물과 이물질을 제거해 조직의 크기나 성분을 되도록 균질하게 만드는 기술, 즉 균질화를 지향해왔다. 궁극적으로는 나노 금속처럼 미세화해서 균질화를 추구하는 것이다.

**38 헤테로지니어스(불균질)한 조직**  균질한 조직은 재질의 개선에 한계가 있다. 한편 균질하지 않으면 생각지도 못한 뛰어난 성질이 나타나기도 한다. 기존의 강도를 크게 초월하는 강선은 펄라이트 조직에 큰 변형을 줘서 의도적으로 탄소를 불균일하게 만들어 제조한 것이다.

양을 만들어 내는 원인이 아닐까?'라는 생각도 해봤지만 이 또한 정답이 아니었다.

그렇다면 우츠강의 무늬는 어디에서 온 것일까? 이 책에서는 이제 만들 수 없게 된 우츠강에 대한 경의를 담아, 이 이상은 파고들지 않을 것이다. 다만….

## ■ 흔한 오해

델리의 녹슬지 않는 철 기둥의 철과 다마스쿠스 검의 소재인 우츠강을 섞어서 이야기하는 경우가 종종 있다. 그러나 둘 사이의 공통점은 고대 인도에서 만든 철이라는 것뿐이다. 시대도 장소도 제조법도 다르다.

델리의 철 기둥은 연철이라는 탄소가 거의 들어 있지 않은 철을 단접으로 붙인 것이다. 한편 우츠강은 인도의 데칸고원 어딘가에서 만들어진, 탄소가 들어 있는 강철이다. 다만 고대 인도의 제철 기술에 낭만을 느끼고 이런저런 추측을 해보는 것은 분명 즐거운 일이다. "우츠강은 일곱 가지 색의 금속(일곱 종류의 금속)으로 구성되어 있다" 같은 비현실적인 전승은 조사해보면 허구임을 금방 알 수 있지만, 그래도 왠지 믿고 싶어지기 마련이다.

## ■ 욕망의 연쇄

기술적인 관점에서는 호기심의 대상일 뿐이지만, 이 무늬가 떠오른 도검이 금과 같은 가치로 거래된다면 당연히 욕망의 대상이 된다. 다마스쿠스강, 즉 인도강은 끊임없이 영국인의 흥미를 끌었다. 1795년에는 영국인인 피어슨이 '우츠강[39]은 원시적인 시설로 만든 주강'임을 간파했다.

당시의 분석 기술로는 우츠강의 성분이나 조성을 알 수가 없었다. 날붙이 상

---

39 **우츠강** 역사를 이야기할 때 소설을 인용하는 것은 내키지 않지만, 스코틀랜드의 월터 스콧이 1825년에 쓴 소설 『부적』에 우츠강 묘사가 있다. 이 소설은 제3차 십자군 원정에서 싸웠던 영국의 사자심왕 리처드 1세와 시리아의 번개 살라딘의 만남을 그린 이야기다. 두 사람은 1192년에 화친을 맺는데, 그 화친 회의에서 마치 초등학생처럼 서로 자신의 검이 더 우수하다고 자랑한다. 리처드 1세가 약 40밀리미터의 철봉을 일격에 베어 버리자, 살라딘은 우츠강으로 만든 곡도를 뽑아 들더니 위에 비단으로 만든 베개를 조심스럽게 올려놓았다. 그러자 베개는 두 동강이 났다. 이어서 가벼운 숄을 곡도의 날 위에 올려놓자 숄도 반으로 잘라지며 바닥으로 떨어졌다. 우츠강으로 만든 곡도의 예리함에 모두가 놀랐고, 그 아름다운 무늬에 빠져들었다고 한다.

인인 스토다트가 봄베이(뭄바이)에 사는 스코트에게 받은 우츠강을 사용해서 칼을 만들자 무서우리만치 잘 드는 주머니칼이 완성되었다. 스토다트는 이것을 영국에서 만들고자 젊은 패러데이와 의논했다. 패러데이는 우츠강이 일곱 가지 색의 금속으로 구성되었다는 전설을 믿고 다양한 종류의 합금을 만들었다. 그러나 합금으로 만들면 균질해져서 도무지 무늬가 떠오르지 않았다.

## ■ 패러데이의 합금

그러던 어느 날, 크롬과 강철의 합금에서 무늬가 떠오르는 것을 발견한 패러데이는 합금강 개발에 열중했다. 결국 패러데이는 샘플만을 만들고 1822년에 금속 연구에서 손을 뗐다. 연구 성과 중 일부인 강철에 은을 첨가한 은강이 셰필

| 연도 | 인물 | 내용 | 배경 |
|---|---|---|---|
| 1795년 | 스토다트 | 날붙이 상인이 우츠강을 사용하기로 결심 | 다마스쿠스의 매력 |
| 1804년 | 스토다트 | 다마스쿠스 검의 무늬 실험 | 주먹구구식 실험 |
| 1805년 | 스토다트 | 연마강 또는 황동의 보호용 백금 도금 | 방청 도금 보호막 |
| 1812년 | 패러데이 | 데이비의 과학 철학 강의록 제본 | 데이비의 제자 희망 |
| 1816년 | 패러데이 | 토스카나 지방의 가성석회 분석 | 패러데이의 첫 연구 |
| 1819년 | 패러데이 | 철에서 망간을 분리 | |
| 1819년 | 패러데이 | 우츠강 분석 | 화학 분석에서 검색 |
| 1820년 | 패러데이 스토다트 | 개선의 관점에서 실시한 강철의 합금 실험 | 합금첨가강 |
| 1820년 | 패러데이 | 드 라 리브에게 실험과 논문 초록이 담긴 편지를 송부 | |
| 1821년 | 패러데이 | 사라 바너드에게 보낸 연애편지에서 강철을 언급 | |
| 1822년 | 패러데이 스토다트 | 강철의 합금에 관하여 | 귀금속, 크롬 첨가 |
| 1822년 | 패러데이 | 나무 상자에 합금강 재료를 집어넣음 | 논문 작성의 시료 |
| 1823년 | 스토다트 | 스폰서 사망 | 우츠강 연구 중단 |
| 1824년 | 패러데이 | '합금강'에서 크롬의 방청 효과 보고 | 야금 연구 종료 |

● 패러데이와 스토다트의 강철 연구 연표 ●

드 기업에서 제품화되어 팔리기는 했지만, 이윽고 시장에서 사라지고 만다.[40]

그러나 패러데이의 연구가 제시한 문제는 각국으로 퍼져, 프랑스에서도 이탈리아에서도 합금이나 단접 금속에서 나타나는 무늬를 연구하기 시작한다. 이탈리아에서는 강철과 단철을 접합으로써 다마스쿠스 무늬가 떠오르는 강을 만들었다.

## ■ 현대의 다마스쿠스강

나이프나 식칼 중에는 다마스쿠스 무늬가 있는 제품이 있다. 칼의 성능은 둘째 치고, 나이테 모양의 무늬가 떠오르는 것이 신비한 분위기를 연출한다. 그러나 아쉽게도 '모조 다마스쿠스강'이라고 적혀 있는 것도 많은 듯하다.

현대에 다마스쿠스 무늬를 만들어 내는 방법은 두 종류의 조성이 다른 금속을 겹쳐서 접으며 단조를 반복하는 것이다. 그러면 두 금속의 경도가 다르기 때문에 무늬가 나타난다. 사실은 패러데이도 백금과 강철을 겹쳐서 단접하면 아름다운 다마스쿠스 무늬가 떠오른다는 사실을 알고 있었다. 그는 이것을 인조 다마스쿠스강이라고 생각했다. 다마스쿠스 무늬를 내는 현대의 방법을 '모조'라고 말할 필요는 없다고 생각한다. 무늬를 품질이 나쁜 강재에 추구하느냐 공업적으로 얻을 수 있는 품질이 좋은 강재에 추구하느냐의 차이일 뿐이다.

결국 앞에서의 이야기는 신기한 무늬의 강철을 소유하고 싶다는 욕구에 전제 조건을 이것저것 붙여서 제품의 가치를 높이는 행위다. 19세기 초엽부터 계속되고 있는 '진짜인가, 가짜인가?'라는 논란에 편승했을 뿐이라는 생각이 든다. 예쁘다면 어떻게 만들었는지는 아무래도 상관없는 문제가 아닐까?

---

**40 시장에서 사라지고 만다**  패러데이는 영국 셰필드의 그린 픽슬레이 사에 기술 조언을 하고 있었다. 이 회사는 패러데이가가 발명한 '은강'을 사용해서 면도칼을 제조 판매했다. 그러나 1823년에 페루의 철강 회사가 품질이 떨어지는 은강을 매우 싼 가격에 팔기 시작했다. 그것은 은이 들어 있지 않은 단순한 주철 제품이었지만, 소송을 제기하면 은강에 관한 기술을 공개해야 했다. 그래서 그린 픽슬레이 사는 패러데이에게 강철 연구에 관한 논문 등을 발표하지 말도록 요청했다. 그러나 그린 픽슬레이 사는 외국과의 가격 경쟁에 패배했고, 패러데이도 강철의 연구에서 멀어지면서 이윽고 은강을 사용한 제품이 만들어지지 않게 되었다.

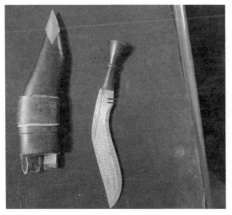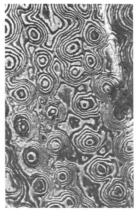

● 필자가 소장한 접쇠 단조로 만든 모조 다마스쿠스 칼(인도네시아에서 입수) ●

## ⊙ 강철과 합금

### ■ 합금강의 시작

합금강 원소의 영향을 본격적으로 조사하며 재료를 설계하기 시작한 시기는 19세기 후반이다. 패러데이는 그보다 반세기 전에 합금을 설계했다. 훗날 상세히 분석된 금, 은, 백금, 로듐 등의 귀금속을 첨가한 합금강 귀금속 성분 함유량을 보면 우츠강, 다마스쿠스 무늬 강을 만들어 내겠다는 집념이 느껴진다.

패러데이가 만든 강철과 합금의 샘플은 나무 상자[41]에 봉인된 채 100년이라는 세월 동안 잠들어 있었다. 이것을 발견한 로버트 해드필드[42]가 상자 안에 들어 있었던 시료 79개를 분석해 공개하면서 비로소 세상에 알려지게 되었다. 그런데 상자 속에 들어 있었던 것은 1822년의 「강철의 합금에 강하여」 논문에 나오는 시료까지다.

---

**41 나무 상자** 패러데이의 나무 상자는 패러데이 박물관에 소장되어 있다. 100년 전에 발견된 200년 전의 나무 상자 속에 녹슬지 않은 샘플이 들어 있는 것을 눈으로 분명히 확인할 수 있었다. 장갑이 없어서 만져 보지 못했던 것이 원통할 따름이다.

**42 로버트 해드필드** [영국] 1858~1940년. 부친의 주조업을 이어받아, 공장에 실험실을 차리고 철 합금을 연구했다. 1882년에 망간강, 1900년에 규소강을 발명했다. 왕립 연구소에 보관되어 있던 패러데이의 나무 상자 속에 들어 있는 합금을 분석해, 1931년에 『패러데이와 야금 연구』를 간행했다.

## ■ 그 후의 연구

패러데이는 분명히 그 후 2년 동안 실험을 계속했을 터인데, 시료는 나무 상자에 들어 있지 않다. 과연 패러데이는 그 시기에 어떤 합금을 만들었을까? 패러데이의 일기를 살펴보니 합금 실험에 관한 내용이 있었다.

"1824년 2월 10일, 용해를 위해 555그램의 강철과 16그램의 니켈을 노[43]에 채워 넣고 2월 11일까지 가열했다. 합금은 녹았지만 실험을 중단했기 때문에 불완전하다. 다시 한번 녹일 필요가 있다."

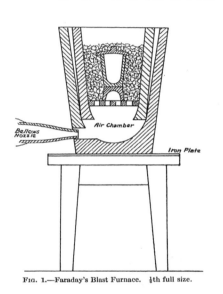

Fig. 1.—Faraday's Blast Furnace. ⅛th full size.

● 패러데이의 노(출처: 『패러데이와 야금 연구』) ●

금속 실험 마지막 기록은 1824년 6월 28일이다. "도가니에 1,000그램의 철과 60그램의 니켈을 채우고 대기 용해했다. 용해는 되었지만 합금의 상부가 가스로 부풀어서 실패했다"라고 적혀 있다. 악전고투하던 패러데이의 모습이 눈앞에 떠오르는 듯하다.

## ■ 필자의 후일담

수년 전, 필자는 금속 학회의 요청을 받아서 학회지에 '과학 기술의 안내'라는 주제로 해설문을 연재했다. 패러데이는 그때 내가 해설했던 과학자 중 한 명인데, 해설문을 쓴 뒤에 큰 걱정이 들었다.

필자는 1931년에 출간된 해드필드의 『패러데이와 야금 연구』라는 책을 바탕으로 패러데이의 업적을 해설했다. 해드필드는 망간 합금강으로 유명한 고명한 금속 과학자이며, 패러데이 연구소의 소장이기도 했다. 그는 1930년경에

---

43 노  패러데이는 고온을 만들 수 있는 노를 직접 제작하고, '나의 고로'라고 불렀다.

연구소 창고에서 패러데이가 약 100년 전에 합금을 봉인해 놓았던 나무 상자를 발견하고 그 합금을 분석 연구해 조사 결과를 책으로 냈는데, 바로 『패러데이와 야금 연구』였다. 수년 전에 그 책을 독일의 고서점에서 우연히 발견한 필자는 "나무 상자 속의 샘플은 녹이 슬지 않아 있었다"라고 적혀 있는 것을 근거로 패러데이가 시대를 너무 앞서서 스테인리스강을 발견했다고 해설했다.

●『패러데이와 야금 연구』(1931년 간행) ●

그런데 그 후, 내 눈으로 확인한 것도 아니면서 90년 전에 출판된 책의 기술을 그대로 받아들여 부주의하게 "샘플은 녹이 슬지 않아 있었다"라고 적은 것이 후회되기 시작했다. 해드필드 시대에는 녹이 슬어 있지 않았지만 지금은 녹이 슬었을지도 모른다는 생각을 도저히 떨쳐낼 수가 없었다. 이집트의 미라가 석관이 열리면 단번에 삭아 버리는 것과 같은 이미지[44]다.

그래서 200년이 지난 현재 패러데이의 시료가 녹슬었는지 어떤지 확인해보자고 결심했다. 그때가 2019년 여름이었다.

## ■ 영국 왕립 연구소

영국에서 철강 유적 순례를 즐기고 오후 늦게 런던으로 돌아온 필자는, 다음 날 밤에 비행기를 타고 귀국하기 전까지 남은 시간을 오직 한 가지 일에 사용하기로 했다. 패러데이의 나무 상자 속에 있었을 터인 합금의 샘플을 확인하는 것이었다.

샘플을 소장하고 있는 것으로 생각되는 왕립 연구소는 이미 지도에서 찾아

---

[44] 이것은 정말로 걱정스러웠다. 100년 동안 개봉되지 않았던 나무 상자의 내부는 산소가 적었을 터이다. 그랬던 것이 1930년에 상자가 열리면서 공기와 접촉하게 되었다. 따라서 그 뒤로 산화가 가속되어 현재는 심하게 녹슨 상태일 가능성도 있었다.

놓은 상태였다. 지도에 표시된 곳에 도착하니 굉장히 위엄이 느껴지는 외관의 건물이 있었고, 안내도에는 "패러데이 박물관[45]은 지하에 있습니다"라고 적혀 있었다. 설레는 마음을 진정시키면서 계단을 내려가자…, 정말로 있었다! 눈앞에 패러데이의 연구실이 나타난 것이다! 다만 유리벽으로 막아 놓아서 안으로 들어갈 수는 없었다.

## ■ 패러데이의 방

방을 둘러보는데, 전자기학의 대가로서 그쪽에 더 집중했다 보니 금속학에 관한 실험 설비는 도가니와 가열로 정도밖에 보이지 않았다. 해드필드가 90년 전에 쓴 책에서 "합금이 들어 있었다"라고 적었던 그 나무 상자는 여기저기에 놓여 있었다. 어느 것이 진짜인지 도무지 알 수가 없었다. 마치 해리 포터의 비밀의 방을 헤매는 기분이었다.

● 패러데이의 연구실 ●

---

**45 패러데이 박물관** 왕립 연구소의 지하에 패러데이의 연구 성과가 전시되어 있다. 실험실도 그대로 보존되어 있어서, 커다란 유리벽 너머로 당시의 실험 모습을 볼 수 있다. 패러데이의 나무 상자는 이 연구실의 한쪽 구석에서 발견되었다.

## ■ 신의 계시를 따르다

패러데이의 연구소 앞에서 어느 것이 진짜인지 고민하기를 약 1시간. 결국 진짜 나무 상자를 찾는 것은 포기했다. 계단을 올라가니 안내 데스크가 있었다. 그런데 안내 데스크 앞에서 갑자기 신의 계시가 내려왔다. "물어보아라, 이곳에서." 필자는 마치 무엇인가에 빙의한 듯 서툰 영어로 안내 데스크의 젊은이에게 말을 걸었다.

"나, 일본인. 일본에서 왔어요. 패러데이의 나무 상자, 보고 싶어요. 부탁해요."

"뭘 보고 싶다고요?"

"패러데이의 나무 상자, 이거요."

"미안하지만 전시되어 있는 것만 볼 수 있어요."

"어떻게 안 될까요? 부탁해요. 제발요. 부탁해요."

"알았어요. 잠깐만 기다려요. 그러고 보니 누가 나무 상자 이야기를 했었는데…."

"부탁해요."

"네, 네. 전화로 확인해볼 테니까 잠시만요. …네, 맞아요. 네? 괜찮으신가요? …아저씨, 큐레이터가 지금 온다고 하니까 조금만 기다리세요."

"감사와 감격이 비처럼 쏟아지네요!"

"…네? 그게 무슨 말인가요?"

"이건 일본인이 너무 기쁘고 고마울 때 읊는 주문이에요!"

## ■ 이윽고 큐레이터가 왔다

"좋아요. 따라와요. 일본인이라고요?"

"네, 금속 엔지니어예요."

"저 구석에 있는 나무 상자예요."

"아, 저거였구나. 보고 싶어요. 상자 속을 보고 싶어요."

"음…. 네, 그러죠. 보여줄게요. 잠깐만 기다려요. 열쇠로 잠가 놓았거든요."

"네? 정말인가요? 감사와 감격이 비처럼 쏟아지네요!"

● 왕립 연구소 안내 데스크에 있었던 청년 ●

● 녹슬지 않았는지 확인한 샘플 ●

"네? 그게 무슨 말인가요?"

이하 동문…. 큐레이터는 말투가 괄괄한 여성이었다.

"왜 이런 걸 보고 싶어 하는 거죠?"

"그야 패러데이잖아요. 금속이라고요."

"자, 이거예요."

"와, 전혀 녹슬지 않았네."

"맞아요. 패러데이는 스테인리스강을 만들었지요."

"1822년에 말이에요."

"오, 잘 알고 있네요?"

"해드필드의 책에서 읽었어요."

"이야, 해드필드 씨도 알아요? 그분은 이곳의 소장이기도 했어요."

샘플을 직접 만져 보는 것까지는 허락되지 않았지만, 틀림없이 전혀 녹슬어 있지 않았다.

"정말 놀라워…. 감격스럽네요."

"이런 샘플을 보러 온 사람은 당신이 처음이에요."

해드필드가 샘플의 사진을 찍은 뒤로 필자가 1세기 만에 두 번째 목격자가 되어 버렸다.

"이 나무 상자에 붙어 있는 종이의 글씨는 패러데이가 직접 쓴 것이에요. 열화되면 안 되니까 만지거나 사진을 찍을 때 플래시를 사용하면…, 말하는 도중에 플래시를 터트리면 어떡해![46]"

나와 취미가 같은 큐레이터와 참으로 즐거운 한때를 보냈다.

---

46 **플래시를 터트리면 어떡해!** 그전까지는 아이패드로 사진을 찍고 있었다. 그러나 패러데이가 직접 쓴 글씨만은 제대로 된 사진으로 남기고 싶었기 때문에 애용하는 카메라로 촬영했는데, 플래시가 터지고 말았다. 마치 만담 같은 대화이지만 실화다. 당황해서 두 팔을 크게 벌리고 "노!"라고 외치는 큐레이터가 귀여웠다.

● 패러데이가 손으로 쓴 라벨 ●

● 패러데이가 '강철과 합금'이라고 쓴 나무상자 ●

## ■ 되돌아보면

"두드려라. 그러면 열릴 것이다"라는 말이 있는데, 정말로 두드려 보면 의외로 길이 열릴 때가 있구나 하고 감탄했다. 또한 막상 상황이 급박하니 비록 서툰 영어이지만 입에서 술술 나오는 것도 놀라웠다. 언젠가 이 합금이 들어 있는 나무 상자를 빌려 와 일본에서 패러데이 금속 전시회를 개최하고 싶다.

아, 그리고 샘플은 내가 잘못 본 것이 아닌 이상 전혀 녹슬지 않은 상태였다는 사실도 보고하겠다.

## ⊙ 알루미늄

금속 중에서 매우 흔한 원소를 일반 금속(Common Metal)이라고 부른다. 금, 은, 동(구리), 철, 주석, 아연, 납(연), 수은 등이다. 이 금속들은 옛날부터 사용되어 왔기 때문에 한자 명칭으로 불러도 위화감이 없다.

그런데 이런 일반 금속 가운데 유일하게 외래어 명칭이 어울리는 금속이 있는데, 바로 알루미늄이다. 흔한 금속인 것 치고는 늦게 발견된 까닭에 외래어 명칭으로 불리고 있다(물론 한자 명칭도 있기는 하다). 알루미늄도 발견, 분리, 정련, 제조의 각 공정에서 다양한 사람이 활약했다.

## ■ 명반

명반(明礬)[47]은 알루미늄이 주성분인 광석이다. 알루미늄 추출은 이 명반에서 시작되었다. 명반은 고대부터 알려져 있었다. 로마의 대 플리니우스는 77년에 쓴 세계 최초의 백과사전 『박물지』에서 천연 명반을 '알룸'이라고 불렀으며, 기원전 1000년경 이집트에서는 '알루멘'이라고 부르는 명반석을 그림 도구나 염색에 사용했다고 소개했다. 또한 독일의 아그리콜라는 1556년에 쓴 『데 레 메탈리카』에서 알룸의 추출 방법을 그림으로 설명했으며, 중국의 송응성은

---

**47 명반** 명반은 영어로 '알럼(Alum)'이라고 한다. 1가와 3가 금속 양이온의 황산염이다. 로마 시대부터 사용되었다. 단순히 '명반'이라고 하면 황산알루미늄칼륨 수화물을 뜻한다. 염색이나 방수, 침전제, 식용으로는 떫은맛을 뺄 때 사용한다.

1637년에 쓴 『천공개물』에서 명반을 염료로 이용한다고 해설했다.

이처럼 알루미늄을 함유한 명반은 친근한 광석으로 인식되고 사용되어 왔다. 다만 이것은 이용할 수 있는 광석으로 인식한 것에 불과하다.

## ■ 알루미늄 탐구 시대

1754년, 독일의 안드레아스 마르그라프[48]는 명반에 미지의 물질이 있다고 보고했다. 1782년, 프랑스의 라부아지에는 "명반석은 산소와의 결합력이 강해서 환원이 어려운 금속 산화물일 가능성이 있다"라고 기록했다.

다만 알루미늄을 금속으로써 추출하는 것은 전기를 이용할 수 있는 시대가 될 때까지 기다려야 했다.

## ■ 금속 알루미늄의 분리

1821년, 프랑스의 피에르 베르티에가 남프랑스의 레 보라는 지역에서 알루미나의 원료가 되는 광석을 발견했다. 이 발견을 계기로 조성이 복잡한 명반이 아닌 알루미늄의 산화물인 알루미나에서 알루미늄을 추출하게 된다.

기록에 따르면 1825년에 덴마크의 한스 외르스테드[49]가 알루미늄을 분리하는 데 성공했다. 알루미나에서 합성한 염화물에 칼륨 수은 화합물을 첨가하고 가열하는 방법이었다. 이를 통해 금속 알루미늄의 성질에 관심이 모이기 시작한다. 스웨덴의 베르셀리우스는 1827년에 독일의 프리드리히 뷜러가 알루미늄의 단독 분리에 성공했다고 기록했다.

다만 당시에 얻을 수 있었던 알루미늄의 양은 실험실에서 얻을 수 있는 수준에 불과했다.

---

**48 안드레아스 마르그라프**  [독일] 1709~1782년. 분석 화학의 선구자. 아연 광석과 탄소를 가열해 아연을 분리해냈다. 명반으로도 같은 실험을 했을 것으로 생각되지만, 알루미늄의 산소 친화성이 강한 까닭에 탄소로 가열했지만 분리에는 실패한 듯하다.

**49 한스 외르스테드**  [덴마크] 1777~1851년. 한스 크리스티안 외르스테드. 전자기학의 기초를 쌓았으며, 화학 분야에서는 알루미늄의 분리에 성공했다. 알루미나에서 염화물을 만들고 칼륨 아말감(수은)으로 환원했다. 이름인 외르스테드는 자기장의 단위가 되었다.

## ■ 알루미늄의 등장

추출된 신금속 알루미늄은 은처럼 생긴 가벼운 금속이었다. 1855년의 파리 만국박람회에서는 '점토에서 얻은 은[50]'이라는 제목으로 알루미늄 막대가 전시되어 호평을 받았다.

SF 작가인 쥘 베른[51]이 1865년에 발표한 『지구에서 달까지』에는 알루미늄 덩어리를 파내서 우주선을 만드는 장면이 나오는데, 그 설명을 보면 "이 귀중한 금속은 은의 백색, 금의 변질되지 않는 성질, 철의 강한 인장력, 구리의 가용성, 유리의 가벼움을 겸비하고 있다. 또한 주조가 용이하고 광범위하게 분포하며 다양한 암석의 주성분을 이루고 있다"라고 적혀 있다. 새로운 것을 좋아하는 작가의 진면목이 여실히 드러난 장면이라고나 할까? 새로운 금속을 사용한 달 여행은 대중에게 알루미늄의 매력을 유감없이 전달했다.

대중만이 아니다. 나폴레옹 3세[52]도 이 금속에 매료되었다. 알루미늄으로 만든 갑옷과 투구를 쓴 백색의 기마대를 만들려고 했을 정도다. 1867년의 파리 만국박람회에서는 '알루미늄 부채'와 함께 '알루미늄 헬멧'도 전시되었다.

## ■ 대량 생산을 위한 준비

알루미늄을 정련하려면 전기가 필요한데, 1870년에 벨기에의 제노베 그램[53]이 대용량 발전기를 발명해 전기를 사용할 수 있게 되면서 알루미늄 공업 생산에 한 발 다가서게 된다. 알루미늄의 공업화에는 화학적인 방법과 전기화학적인

---

**50 점토에서 얻은 은** 　1855년, 초기의 금속 알루미늄을 파리 만국박람회에 출품했을 때의 홍보 문구가 '점토에서 얻은 은'이었다. 알루미나 같은 점토에서 은처럼 빛나는 가벼운 금속을 얻었다는 사실은 관객을 깜짝 놀라게 하기에 충분했다. 지금은 가정에서도 점토에서 진짜 은을 손쉽게 만들 수 있다.

**51 쥘 베른** 　[프랑스] 1828~1905년. 노틸러스호가 나오는 『해저 2만 리』나 『15소년 표류기』, 『80일 간의 세계 일주』 같은 낭만이 넘치는 SF 소설을 썼다. 프랑스의 해안 도시인 낭트의 작은 언덕 끝에 박물관이 있다. 2017년에 파리에서 고속 열차를 타고 찾아갔었는데, 작은 박물관이었다. 손으로 쓴 원고라든가 우주선과 잠수함의 작은 모형 같은 것들이 있었다.

**52 나폴레옹 3세** 　[프랑스] 1808~1873년. 샤를 루이 나폴레옹 보나파르트. 나폴레옹 1세의 조카다. 쿠데타로 독재 권력을 손에 넣어 대통령에서 황제가 되었다. 내정의 측면에서는 파리 개조, 근대 금융, 철도망 부설 등에 힘을 쏟았다. 프로이센 - 프랑스 전쟁에서 프로이센의 포로가 되면서 제정이 붕괴되었다.

**53 제노베 그램** 　[벨기에] 1826~1901년. 그램 발전기를 발명한 전기 기술자. 빈 산업 박람회에서 실수로 발전기 두 대를 연결했는데, 한쪽을 증기기관으로 돌리자 다른 한쪽도 회전하기 시작해 모터가 되는 것을 보고 고안해냈다.

방법이 시도되었다.

화학적인 방법의 경우, 1856년에 프랑스의 앙리 에티엔 생트클레르 드빌이 화학 환원법으로 알루미늄을 정련했다. 그리고 1886년에는 미국의 찰스 마틴 홀과 프랑스의 폴 에루가 각기 독자적으로 전해 정련법을 발명하면서 알루미늄의 대량 생산 기술이 확립되었다. 이 기술은 두 사람의 이름을 따서 홀 - 에루법으로 불린다. 홀 - 에루법에서는 산화알루미늄, 즉 알루미나를 정련의 원료로 사용한다. 그래서 순수한 알루미나를 입수하는 것이 중요하다.

1821년, 프랑스의 피에르 베르티에[54]가 남프랑스의 레 보라는 지역에서 알루미나를 함유한 광석을 발견했다. 알루미나의 원료가 되는 이 광석은 보크사이트[55]로 명명되었는데, 이것은 '보에서 발견된 광석'이라는 의미다. 1888년, 오스트리아의 칼 요제프 바이어[56]는 습식 알칼리법으로 보크사이트에서 알루미나를 제조하는 방법을 발명했다. 이 방법은 발명자의 이름을 따서 바이어법[57]으로 명명되었다.

보크사이트, 바이어법, 홀 - 에루법의 등장으로 원료와 정련 기술이 갖춰짐에 따라 알루미늄 대량 생산 시대에 돌입한다.

### ■ 알루미늄의 용도

일본에서는 1894년에 오사카 포병 공창에서 알루미늄 제품을 제조하기 시작했다. 사관용 도시락 통, 군용 혁대, 도검을 매다는 끈의 부품부터 시작해서 점차 민생용 제품으로 확대되어 갔다.

---

**54 피에르 베르티에** [프랑스] 1782~1861년. 광물학자. 남프랑스의 프로방스 지방에 있는 레 보라는 마을에서 적갈색의 산화알루미늄이 주체인 암석을 발견하고 보크사이트라고 명명했다.

**55 보크사이트** 산화알루미늄을 50퍼센트 이상 함유한 광석은 알루미늄의 원료가 되는 알루미나를 만들기에 최적이다. 명반도 알루미늄을 함유하고 있지만 황산염이기 때문에 일단 산화알루미늄로 만드는 공정을 거쳐야 한다는 난점이 있다.

**56 칼 요제프 바이어** [오스트리아] 1847~1904년. 알루미나를 생성하기 위한 바이어법의 발명자. 기업의 기술자로 일하다 분젠 교수의 조수가 되었다. 그의 별장 겸 공장, 실험실인 바이어빌라에는 전 세계의 고명한 과학자들이 찾아왔다.

**57 바이어법** 보크사이트에서 산화알루미늄을 정제해 순도가 높은 알루미나를 만드는 방법. 수산화나트륨 용액으로 세정하면 알루미나는 수산화알루미늄로 변화해 용액 속으로 녹아든다. 여과해서 식히면 깃털 형태의 알루미나가 침전된다.

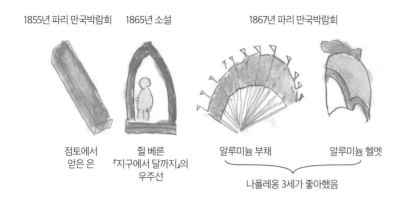

1855년 파리 만국박람회    1865년 소설              1867년 파리 만국박람회

점토에서          쥘 베른          알루미늄 부채          알루미늄 헬멧
얻은 은          『지구에서 달까지』의
                우주선
                              나폴레옹 3세가 좋아했음

● 알루미늄의 용도 ●

1929년에는 일본에서 개발된 양극산화법[58]으로 알루미늄의 내식성을 비약적으로 향상해 알루마이트[59]로서 판매했다. 또한 1930년에는 일본에서 처음으로 알루미늄박[60]의 제조를 시작했었다.

## ⊙ 레오뮈르

### ■ 레오뮈르는 누구?

프랑스의 과학자인 르네 레오뮈르를 금속사에서 소개하는 것은 드문 일인지도 모른다. 레오뮈르는 과거의 고명한 과학자들과 마찬가지로 다재다능했다. 다윈 수준의 박물학 지식을 갖췄고, 곤충학자였으며, 여기에 프랑스의『예술과 기술에 관한 설명(Descriptions des Arts et Métiers)』의 편찬 등에 공언한 것이 유명하다. 그리고 이런 눈부신 공적 마지막 부분에 야금학이 등장한다.

---

**58 양극산화법**　양극산화법은 음극에 탄소 전극, 양극에 알루미늄을 설치한다. 그리고 전류를 흘러보내면 알루미늄이 녹기 시작하는데, 이와 동시에 물의 전기 분해도 발생한다. 음극 쪽에서 수소 가스, 양극 쪽에서 산소가 발생해서 녹기 시작한 알루미늄과 즉시 반응해 표면에 알루미나가 만들어진다. 두껍게 밀착된 알루미나층이 표면에 달라붙어 녹슬지도 않고 부식도 일어나지 않는 부동태 피막이 된다.

**59 알루마이트**　1929년에 일본 이화학 연구소의 우에키 사카에가 발명한 알루미늄의 옥살산 양극산화 피막. 알루마이트의 발명으로 산에 약했던 알루미늄의 용도가 확대되었다.

**60 알루미늄박**　두께가 0.2밀리미터 이하인 알루미늄 혹은 그 합금. 기원전 2600년의 이집트나 일본에서도 금박이 사용되고 있었다. 알루미늄박은 무엇인가를 싸는 등의 용도뿐만 아니라 가정용품이나 산업 기계 등에 폭넓게 사용되고 있다.

다만 그렇다고 해서 야금학에 대한 공헌이 작았던 것은 아니다. 특히 레오뮈르가 발명한 백심가단주철은 큰 관심을 불러 모았다. 1722년에 레오뮈르가 보고한 '주철에 가단성을 부여하는 방법'은 탄소의 함량이 높은 선철을 거푸집에 부어 넣는 방법으로만 성형할 수 있었던 주철을 단조 가공할 수 있도록 만들었다. 당시는 강철을 양산하는 전로법이나 평로법이 출현하기 30년도 더 전이었다. 가공할 수 있는 주철의 소식이 들리자 얼마 안 있어 미국에서도 흑심가단주철이 발명된다.

## ■ 백심가단주철

백심가단주철은 주조품을 장시간 고온 소둔(풀림)함으로써 얻을 수 있다. 주조품의 표면에서 탄소가 빠져나가며, 탄소가 빠져나간 부분은 취성이 사라지고 인성(靭性)과 절삭성, 내충격성이 개선된다. 이렇게 해서 두드려 성형할 수 있는 주철, 즉 가단주철을 얻을 수 있는 것이다.

백심이라고 부르는 이유는 탈탄이 표면에서 진행되는 까닭에, 중심부는 본래의 주철 성분 그대로여서 깨트렸을 때 취성 파면이 되며 육안으로는 하얗게 보이기 때문이다. 어떤가? 굉장하지 않은가? 한가운데는 단단하고 주위는 단

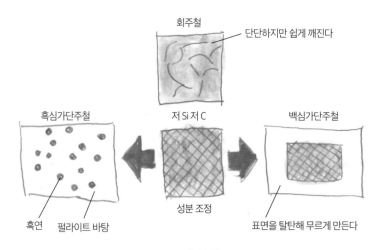

회주철
단단하지만 쉽게 깨진다

흑심가단주철                저 Si 저 C                백심가단주철

성분 조정

흑연    펄라이트 바탕                        표면을 탈탄해 무르게 만든다

● 가단주철 ●

조 가공으로 성형할 수 있는 소재는 편리하게 이용할 수 있다. 자동차용 부품이나 기계 부품에 많이 사용되었다.

## ■ 주철 처리 방법의 진화

레오뮈르의 발명 이후, 고온의 노에 장시간 집어넣어서 소둔하는 탈탄법이 주철을 탈탄하는 방법으로서 오랫동안 사용되었다. 그러나 이 방법은 생산성이 떨어져서 양산이 어려웠다. 그래서 제2차 세계대전 중에 노 내부의 가스를 제어해 소둔 시간을 단축하는 방법이 개발되었다.

전쟁 중에는 다양한 금속 기술이 진화하는데, 제어기류법도 그중 하나다. 일단 개선의 방향성이 정해지자 연속화도 진행되어, 가단주철의 연속 소둔 제어 기술[61]이 크게 발전했다.

## ⊙ 라위크 왕립 대포 주조소

### ■ 라위크

라위크는 네덜란드어로, 현재 벨기에의 도시인 리에주를 가리킨다. 14세기부터 석탄과 제철로 번성하고 무기 제조업으로 성장했으며 유럽 대륙에서 최초로 산업혁명을 일으킨 도시다. 1803년에 프랑스인 페리에가 36파운드 포 3,000문을 수주하고 반사로 6기, 증기기관 6대를 사용해 목탄 고로철로 제작했다는 기록이 있다.

### ■ 주조의 교과서

라위크라는 이름은 멀리 떨어진 에도 시대 말기의 일본에도 알려졌다. 라위크에 있었던 대포 주조소의 소장이었던 후게닌이 1826년에 쓴 『라위크 왕립 대포 주조소의 주조법』이라는 책을 오시마 다카토가 데쓰카 리쓰조와 함께 『서

---

61 **가단주철의 연속 소둔 제어 기술**　주철 주물은 흑연을 함유하고 있어 잘 깨진다. 그래서 주철에 연성을 부여하기 위해 가열로에서 흑연을 분해하거나 구상화(球狀化)하거나, 조직을 제어하고자 냉각을 제어한다.

양 철대포 주조편』이라는 제목으로 번역했기 때문이다. 이 책만큼 일본 제철의 발전에 영향을 끼친 책은 없다. 오시마 다카토는 이 책의 내용만을 근거로 가마이시에서 제철을 시작한다. 말하자면 일본 철강의 원조 교본[62]인 것이다.

그렇다면 저자 후게닌은 왜 이 책을 썼을까? 후게닌은 네덜란드의 포병 장교였다. 프랑스에 패배해 독일로 건너갔지만, 나폴레옹의 패배로 네덜란드가 독립하자 네덜란드로 돌아와 괴멸 상태였던 라위크 왕립 대포 주조소의 소장이 되었다.

그곳에서 후게닌이 본 것은 절차서나 교과서도 없는 상태에서 작업하는 사람들의 모습이었다. 당시의 대포는 주강법으로 제작되었다. 후게닌은 반사로를 사용해 대포를 제작하는 방법을 해설한 책을 만들어서 작업자들을 교육하기 시작했다.

### ■ 후게닌, 제철 입문에 공헌하다

후게닌은 자신의 저서에서 머리말에서 "주조에 종사하는 자는 제철에 관한 지식이 있어야 한다"라고 말했다. 다만 제철 지식, 즉 고로와 관련된 내용은 초보자를 위한 해설로서 본문의 도입부에 불과했다. 전체 20장 가운데 첫 5장까지로, 광석과 처리 방법, 고로의 구조, 화입 조업, 고로 제련, 주철에 관해 간단히 해설했을 뿐이다.

그러나 네덜란드어로 쓰인 이 책은 에도 막부 말기의 일본에 큰 선물이었다. 가장 알고 싶었던 '고로란 무엇인가?'가 최초의 도입부에 알기 쉽게 설명되어 있었던 것이다. 그래서 오시마 다카토는 이 부분을 번역해 일본 철강의 시작을 위한 교본으로 삼았다.

---

**62 일본 철강의 원조 교본**  1836년, 국교가 있었던 네덜란드로부터 『라위크 왕립 대포 주조소의 주조법』이 전래되었다. 일본인이 이해할 수 있는 네덜란드어로 쓰여 있었고 현장 작업자를 위한 입문서로서 고로나 정련법도 그림으로 간결하게 해설되어 있었기에 제철 기술을 스스로 익힐 수밖에 없었던 당시의 상황에 최적이었다.

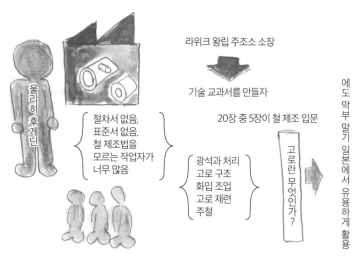

올리히 후게닌

라위크 왕립 주조소 소장

기술 교과서를 만들자

절차서 없음,
표준서 없음,
철 제조법을
모르는 작업자가
너무 많음

20장 중 5장이 철 제조 입문

광석과 처리
고로 구조
화입 조업
고로 제련
주철

고로란 무엇인가?

에도 막부 말기 일본에서 유용하게 활용

● 에도 막부 말기 일본에서 유용하게 활용된 후게닌의 책 ●

## ⊙ 분젠

### ■ 분젠이라는 이름

분젠[63]이라고 하면 초등학교 시절의 과학 실험 교실을 떠올리는 사람도 있을 것이다. 실험에서 가열에 사용한 가스버너 이름이 분젠 버너[64]였기 때문이다. 분젠 버너는 이제 실험실에서 조용히 아동이나 학생들을 기다리고 있을 뿐이지만, 과거에는 금속의 발견에 크게 공헌했다. 로베르트 분젠과 구스타프 키르히호프는 버너의 불꽃을 이용한 분광 분석[65]을 통해 1860년에 세슘, 1861년에 루비듐을 발견했다.

---

**63 분젠** [독일] 1811~1899년. 로베르트 분젠. 하이델베르크 대학교의 화학 교수였다. 독신으로 살며 연구실에서 연구하기를 즐겼고, 잇달아서 유익한 발견을 하면서도 특허를 신청하지 않았으며, 후진을 열심히 지도해 수많은 연구자를 키워냈다.

**64 분젠 버너** 당시의 버너는 가스 배출구 주위의 공기로 가스를 연소시키는 방식이었는데, 불완전 연소가 많아 그을음이 나왔다. 분젠은 연료 가스 배출구의 주위에서 공기를 뿜어내도록 변경해 그을음이 나오지 않는 투명한 연소를 가능케 했다.

**65 분광 분석** 분젠 버너로 금속을 태우면 불꽃이 투명한 까닭에 금속의 연소 색을 정확히 특정할 수 있다. 분광기는 프리즘 등으로 빛의 스펙트럼을 분해해 금속 원소 특유의 휘선을 관찰한다. 분젠과 키르히호프의 협력으로 분광 분석 기술이 확립되었다.

## ■ 분젠의 생애

1811년에 독일의 괴팅겐에서 태어난 로베르트 분젠은 괴팅겐 대학교를 졸업한 뒤 유럽 각지를 돌아다니다 1836년에 카셀 공업전문학교의 교사가 되었다. 마지막에는 하이델베르크 대학교의 교수가 되었는데, 비소 화합물의 해독 작용을 연구하다 죽을 뻔도 하고 실험을 하다 폭발 사고에 휘말리기도 했다. 또한 저렴한 분젠 전지[66]를 만들고 그 전지로 마그네슘을 금속으로서 추출하는 데 성공했다. 교수 시절에 수많은 제자를 가르쳤으며[67], 드미트리 멘델레예프도 유학생으로서 체류했었다.

## ■ 고로 가스 분석

분젠은 수많은 성과를 올렸지만, 여기에서는 카셀 공업전문학교의 교사였던 시절에 했던 고로 가스 분석과 이를 통한 고로 내부 구조의 해명에 초점을 맞춰서 소개하겠다.

당시 코크스 고로 조업은 이미 확립되어 있었으며, 고로에 열풍을 풀어 넣는 조업도, 그 연료로서 고로에서 나오는 노정 가스의 분석도 널리 이용되고 있었다. 기술 개발과 개선의 초점은 고로의 생산성과 조업·품질의 안정화로 넘어가고 있었다.

이런 상황에서 '고로의 내부에서는 무슨 일이 일어나고 있을까?'에 관해 다양한 의문이 생겨나기 시작했다. 고로 내부의 연소는 어떻게 진행되는 것일까? 열풍을 불어 넣으면 송풍부의 연소는 강화되지만 노의 중간 위치인 노흉부(샤프트)의 온도는 내려가서 노정 가스 온도가 낮아지는 이유는 무엇일까? 의문점을 요약하면 이렇다.

---

**66 분젠 전지**  1780년에 갈바니가 착각으로 생체 전지를 제창한 뒤, 1800년에 볼타가 아연과 구리로 볼타 전지를 만들었고, 1836년에 다니엘이 볼타 전지를 개량한 다니엘 전지를 만들었으며, 1841년에 분젠이 아연과 탄소로 분젠 전지를 만들었다.

**67 교수 시절에 수많은 제자를 가르쳤으며**  키르히호프 외에도 인디고를 합성해 노벨 화학상을 받은 아돌프 본 바이어, 액체 헬륨을 제조해 노벨 물리학상을 받은 헤이커 카메를링 오너스가 있었다. 또한 주기율표를 만든 멘델레예프, 『철의 역사』를 쓴 루트비히 베크도 분젠의 연구실에 있었다.

분젠은 고로에서 가스를 채취해 반응 메커니즘을 밝혀내려 했다. 이 발상 자체는 예전부터 있었다. 그러나 '고온의 고로에서 어떻게 가스를 채취할 건데?'가 당시의 반응이었다.

현장과 실험을 좋아하는 분젠은 고로를 조사해달라는 의뢰를 받자 이 난제에 뛰어들었다. 고로의 여러 높이의 가스를 채취할 수 있다면 반응 메커니즘을 알 수 있을 터였다. 가스의 포집에는 소총의 총신을 단접해서 연결한 관을 사용했다. 다양한 길이의 관을 만들고 그것을 노의 꼭대기(노정)에서 노흉 속으로 집어넣었다. 총신으로 만든 관의 위쪽 끝에는 구부러진 납관이 납땜되어 있었다. 가스는 습기를 흡수하기 때문에 염화칼슘이 채워진 긴 유리관을 통해 짧은 관으로 유도된다.

관의 끝 부분은 가늘어지고 진공 펌프가 연결되어 있어서, 가스를 확실히 얻을 때까지 펌프로 빨아낸다. 그리고 충분히 가스가 채워지면 관의 양쪽 끝을 불로 가열해 밀봉하며, 이것으로 가스 채취가 완료된다.

이런, 이 작업이 뇌리에 선명하게 떠오르는 바람에 옛날의 버릇이 도져서 현

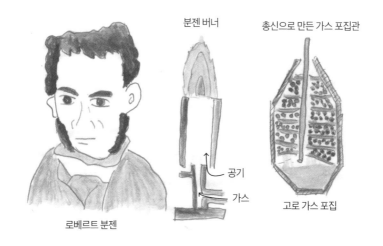

분젠 버너

총신으로 만든 가스 포집관

공기

가스

로베르트 분젠

고로 가스 포집

● 분젠의 업적 ●

장 실험 방안을 작성하는 기분[68]으로 나도 모르게 정신없이 키보드를 두드리고 있었다.

## ■ 고로 내부

분젠은 1838년에 베커하겐 제철소의 고로에서 가스 채취 실험을 실시했다. 그리고 가스를 분석한 결과를 바탕으로 노 내 반응을 밝혀내, 고로의 내부에 예열대[69], 환원대[70], 용융대[71]가 있음을 보고했다. 이것을 계기로 그전까지 경험자만이 짐작할 수 있었던 고로의 내부 상황을 누구나 머릿속에 그릴 수 있게 되었다. 블랙박스 내부가 밝혀짐에 따라 설비와 조업의 개선, 원료의 변화에 대응할 수 있게 된 것이다.

---

**68 현장 실험 방안을 작성하는 기분** 필자의 경우는 제강의 주조 과정에서 용강의 산화를 막기 위해 잠수함 같은 해치가 달린 설비로 외부의 공기를 차단했다. 설비 속을 아르곤 가스로 치환하고 내부의 가스를 연속 샘플링해서 산소 농도나 일산화탄소 농도를 계측하는 시스템을 수제작해 계측 결과와 품질 결과를 대조하는 실험이었다. 글로 쓰기는 간단하지만 현장에서의 가스 샘플링은 쉬운 일이 아니다. 분젠이 했을 고생이 충분히 이해가 된다.

**69 예열대** 분젠이 조업 중인 고로의 내부 가스를 채취해서 조사한 결과, 고로 상부의 광석이나 코크스는 상승한 가스로 예열되고 있음이 밝혀졌다.

**70 환원대** 고로의 중단 부분은 일산화탄소가 철광석을 환원하는 지역이다. 일산화탄소는 하부에서 불어 온 공기가 코크스와 반응해서 생성된다. 위에서 코크스와 철광석이 떨어지고 아래에서 일산화탄소 가스가 올라와 철광석이 환원되어 철이 만들어지며, 고체 코크스에서 탄소가 철 속으로 들어간다.

**71 용융대** 고로의 하단 부분에서는 위에서 탄소를 흡수해서 녹는점이 낮아져 녹기 시작한 철, 녹은 선철, 즉 용선이 코크스와 철광석 사이를 통해해 뚝뚝 떨어진다. 이렇게 해서 용선이 바닥에 고여 간다. 때때로 고로의 하부에 구멍을 뚫고 선철을 꺼낸다.

# 7-3

# 황금과 혜성: 골드러시를 부른
# 황금과 전로법의 탄생

## ◉ 연대 해설

1840~1860년 기간에 금속의 이용이나 철의 이용과 관련해서 일어난 사건은 그리 많지 않지만, 중요한 사건이 꽤 있다.

금속의 이용이라는 측면에서는 1848년에 미국 캘리포니아에서 금광이 발견되면서 갑작스럽게 골드러시가 시작되었다. 새로 발견된 금속의 이용도 활발해져서, 제조가 막 시작된 알루미늄을 프랑스의 나폴레옹 3세가 1855년의 파리 만국박람회에 출품·전시했다.

철의 이용이라는 측면에서는 이 시기에 중요한 세 가지 기술이 확립되었다. 그 시작은 1856년에 영국의 헨리 베서머[72]가 발명한 베서머 전로[73]로, 이를 통해 제강 능력의 확대가 완성되었다. 또한 같은 해에 지멘스 형제[74] 등이 축열식 가열로를 발명했다. 이 축열식 가열로는 그 후의 정련 공정인 평로 등에도 사용되게 된다. 1857년에는 고로에 열풍을 불어 넣어 생산성을 대폭 향상시키는 쿠퍼식 열풍로가 발명되었다. 이 기술은 전 세계 용광로에 사용된다.

---

72 **헨리 베서머**  [영국] 1813~1898년. 베서머 전로를 발명했다.

73 **베서머 전로**  전로는 고로에서 만들어진 탄소가 많은 선철을 노에 넣고 선철 속에 공기를 불어 넣음으로써 탄소를 제거해 강철을 만드는 설비. 강철을 만드는 공정은 제강법이라고 부르는데, 도가니법이나 퍼들법에 비해 베서머 전로는 가열 연료가 필요 없는 등 혁신적인 설비다.

74 **지멘스 형제**  [독일] 차남 카를 빌헬름 지멘스(1823~1883), 3남 프리드리히 지멘스(1826~1904). 축열로를 사용한 반사로를 개발했다. 1864년에는 에밀 마르탱과 피에르에밀 마르탱 부자가 선철과 고철을 넣어서 불순물을 제거하는 방법을 고안했다. 지멘스 형제와 마르탱 부자는 서로 협력해 지멘스 - 마르탱 평로를 개발했다.

## ⊙ 골드러시

### ■ 캘리포니아 골드러시

금광석을 찾아서 수많은 사람이 특정 장소에 몰려드는 현상을 골드러시[75]라고 부른다. 이런 사례는 과거에 몇 차례 있었지만, 골드러시의 대명사는 역시 1849년의 캘리포니아 골드러시라고 할 수 있다.

발단은 제재소의 어느 현장 감독이 방수로에서 금속 조각을 발견한 것이었다. 조사 결과 금이었음이 판명되었는데, 관계자는 그 사실을 비밀에 부치려 했지만 이윽고 신문사에 알려지게 된다. 신문사 경영자는 채굴 자재를 판매할 준비를 갖춰 놓고 "금이 나왔어! 강에서 금이 나왔다고!"라고 떠들어대며 신문과 채굴 자재를 팔아치웠다. 금이 발견되었다는 소식에 미국 전역은 물론이고 전 세계에서 30만 명이 몰려들었다고 한다.

### ■ 금광상의 생성

금을 얻으려면 특정 장소에 금이 집중되어 있어야 한다. 여기서는 캘리포니아의 메커니즘으로 설명하겠다. 4억 년 전, 당시 해저였던 캘리포니아에 해저 화산의 용암과 광물이 퇴적되었다. 그리고 2억 년 전에 지각 변동이 일어나 용암과 광물이 퇴적된 해저가 플레이트 아래로 끌려 내려갔는데, 퇴적물은 그 경계부에서 마그마[76] 속에 녹아들었다. 마그마는 위로 이동하면서 식어 갔고, 석영 광물 속에서 금광맥이 형성되어 지표로 밀려 나왔으며, 빗물에 침식되어 하천이나 사막에 금이 퍼지게 되었다.

---

75 **골드러시** 금광이 발견되면서 전 세계에서 일확천금을 노리는 사람들이 몰려들었다. 19세기 후반부터 호주, 뉴질랜드, 캐나다, 미국, 칠레, 브라질, 남아프리카에서도 여러 번 있었다. 노동 환경이 매우 열악했다.

76 **마그마** 지구의 내부는 압력이 높기 때문에 고체인 암석으로 구성되어 있다. 다만 장소에 따라서는 온도가 높아져서 암석이 녹아 마그마가 된다. 지구가 탄생한 46억 년 전 지표면은 뜨거운 마그마의 바다였다. 마그마가 지표면으로 뿜어져 나오면 화산 분화가 된다.

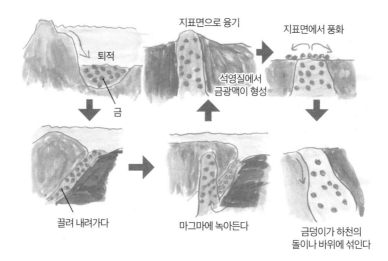

지표면으로 융기

지표면에서 풍화

퇴적

석영실에서
금광맥이 형성

금

끌려 내려가다

마그마에 녹아든다

금덩이가 하천의
돌이나 바위에 섞인다

● 금광상 생성의 메커니즘 ●

## ■ 금 채취 방법

캘리포니아의 사력층(모래자갈층)은 금 함유율이 높기 때문에 강에서 사금을 채취하면 금을 얻을 수 있었다. 선광접시[77]에 강모래를 담고 그것을 씻어 내는 방법이다. 다만 이 방법은 너무 번거롭다. 이윽고 강물을 측수로로 유도해 강바닥을 노출한 다음, 금을 채취하거나 고압수로 사력층을 부숴서 채취하는 등의 방법이 동원되었다.

---

77 **선광접시**  황금 등은 정련을 하지 않아도 강모래나 강바닥에서 발견되는 경우가 있다. 이 경우 접시나 바구니로 모래를 퍼 올린 다음, 모래 속에서 금 알갱이를 찾아내는 작업이 필요하다. 이 작업이 선광이며, 선광을 위해 사용하는 도구가 선광접시다.

**1860년부터 1880년까지**

# 7-4 이해와 제강: 주기율표를 통한 이해, 그리고 철혈 연설

## ⊙ 연대 해설

1860~1880년은 금속의 이용이라는 측면에서는 주기율표, 철의 이용이라는 측면서는 독일을 중심으로 제철 기술과 제철 제품이 두드러지기 시작한 시기이다.

금속의 이용이라는 측면에서는, 1865년에 영국의 헨리 소비[78]가 현미경으로 금속 조직을 검사·관찰했다. 1871년에는 러시아의 멘델레예프가 주기율표를 제안하고 아직 발견되지 않은 원소를 예언했다. 또한 1878년에는 미국의 조사이어 기브스 [79]가 금속 성장의 열역학적 고찰을 발표했다.

### ■ 철의 시대 시작

철의 이용이라는 측면에서는 유럽 대륙에서 베서머 전로가 채용되기 시작했다. 먼저 1860년에 프랑스에서 베서머 전로가 채용되었고, 1862년에는 독일의 크루프 사가 베서머 전로로만 구성된 제철소를 만들었다.

1864년에는 지멘스 등이 평로법을 발명했다. 1867년에는 독일의 크루프 사가 대포 크루프 포[80]를 파리 만국박람회에 출품했다. 만국박람회는 각국이 국

---

**78 헨리 소비** [영국] 1826~1908년. 헨리 클리프턴 소비. 자신의 집을 연구실로 개조하고 평생 독신으로 살면서 연구 외길을 걸었다. 암석을 얇게 잘라 빛을 투과시키면서 현미경으로 관찰하는 방법을 확립했다. 운철이나 강철 시료를 현미경으로 관찰하는 금상학을 수립했다.

**79 조사이어 기브스** [미국] 1839~1903년. 조사이어 윌러드 기브스. 열역학 퍼텐셜, 화학 퍼텐셜의 개념을 확립해 화학열역학의 기초를 쌓았다. 당시 미국의 대학교에서는 고전이 주요 과목이었고 과학 지식에는 관심이 없었기 때문에 오랫동안 주목 받지 못했다.

**80 크루프 포** 군사 병기를 제조하는 크루프 사는 수많은 대포를 만들었는데, 그중에서도 1847년에 제작한 세계 최초의 주강제 대포를 가리킨다. 주철제 대포는 충격에 약하지만, 주강제 대포는 충격에 강했다. 탄약 또는 포탄을 뒤에서 삽입하는 후미장전식이 특징이었다.

력을 과시하는 장소이기도 했다.

1873년의 빈 만국박람회에서는 미국이 영국을 압도했다. 1879년, 시드니 토머스는 염기성 내화물을 이용한 토머스 전로를 발명했다. 이에 따라 인이 많은 광석도 전로 정련이 가능해졌다.

## ◉ 멘델레예프

멘델레예프[81]라는 이름을 보고 과학 실험실에 걸려 있었던 수업이 덥수룩한 아저씨의 사진을 떠올린 사람은 필자만이 아닐 것이다. 과학 교과서에도 주기율표[82]의 발명자로 소개되어 있는 유명인이다.

### ■ 멘델레예프의 탄생과 성장

멘델레예프는 1834년에 러시아에서 태어났다. 어려운 환경 속에서도 열심히 공부해 박물학 교사가 되었고, 훗날 대학교에 들어갔다. 또한 독일로 유학을 가, 분젠의 연구실에서 기체 밀도를 측정하는 연구를 했다.

멘델레예프는 1867년에 상트페테르부르크 대학교의 일반화학 강좌 교수가 되었다. 그리고 1869년에 자신이 기획한 전 2권의 교과서『화학의 원리(The principles of chemistry)』제1권을 완성했는데, 이것도 그의 풍모와 마찬가지로 파격적[83]이었다. 본문보다 각주가 더 많고, 주제에서 벗어난 일화가 가득 담겨 있었던 것이다. 그러나 구성은 알찼다. 이 책과 비슷하다고나 할까?

---

**81 멘델레예프**  [러시아] 1834~1907년. 드미트리 멘델레예프. 원소가 나열되는 순서에 규칙성이 있음을 깨닫고 원소 주기율표를 제창했다. 주위의 시선은 회의적이었지만, 그가 예언한 성질의 원소가 잇달아 발견되었다. 1표 차이로 노벨 화학상을 놓쳤고, 이듬해에 사망했다.

**82 주기율표**  원소가 잇달아 발견되었던 1700년대 후반부터, 원소의 종류가 얼마나 되는지 알지 못하는 상태로 원소 발견 경쟁이 계속되고 있었다. 원소를 원자량이 많은 순서로 나열하기도 하고 유사한 성질을 하나로 묶기도 하는 가운데, 성질의 주기성에 주목한 주기율표가 등장했다.

**83 파격적**  파격적인 것은 책의 내용이나 그의 풍모만이 아니었다. 멘델레예프는 어리광쟁이에 불뚱이였고, 연구에 몰두하면 방에 틀어박혀서 나오지 않았다. 현대에는 딱히 문제가 되지 않는 부분도 있지만, 당시는 남편이 가정을 돌보지 않는 것은 상당히 중대한 문제였다. 부인이 현명한 여성이어서 가급적 얼굴을 마주치지 않으며 생활한 덕분에 가정 파탄은 피할 수 있었다.

## ■ 순서의 필요성

그리고 마침내 그날의 아침이 밝아 왔다. 1869년 2월 14일 금요일 아침, 『화학의 원리』 제2권을 제2장까지 완성한 멘델레예프는 다음에 어떤 원소 그룹을 다뤄야 하느냐는 문제에 직면했다. 원소를 어떤 순서로 집필할지는 책 전체의 구성에서 중요한 문제였기에 원소를 적절한 순서로 나열할 수 있는, 무엇인가 기준이 되는 법칙이 필요했다. 시간이 촉박했다. 다음 주에는 할 일이 산더미처럼 쌓여 있었기 때문에 주말까지는 원소를 어떤 순서로 집필할지 정해 놓아야 했다. 그래야 출장에서 돌아와 즉시 책을 쓰기 시작할 수 있었다. 멘델레예프는 물건이 어지럽게 흩어져 있는 서재의 한가운데에 놓인 테이블 앞에서 고민하기 시작했다.

## ■ 발견 혹은 이해

원자량의 순서대로 집필하는 것은 어색했다. 그러나 왠지 패턴이 있어 보이기도 했다. 멘델레예프가 묘안을 떠올린 것은 바로 이 시점이었다고 한다.

멘델레예프는 흰색의 카드 게임[84]을 꺼내서 테이블에 펼쳐 놓았다. 그리고 카드에 원소명을 적은 뒤 가로와 세로로 나열하기 시작했다. 그러다 자신도 모르게 잠에 빠져들었는데, 갑자기 눈이 번쩍 뜨였다. 멘델레예프는 이렇게 술회했다. "나는 꿈속에서 모든 원소가 정해진 장소에 알맞게 할당된 표를 봤다. 꿈에서 깬 나는 즉시 그 표를 종이에 적었다."

멘델레예프는 꿈속에서 원소를 원자량의 순서로 나열한 표를 만들면 서로 비슷한 성질의 원소들이 일정 주기로 반복됨을 이해했다. 그래서 자신의 발견을 '원소 주기율표'라고 명명한 것이다.

---

84 **카드 게임**　멘델레예프가 좋아한 카드 게임은 '러시안 페이션스'였다. 이것은 간단히 설명하면 PC 초기에 대유행했던 게임 '솔리테어'다. 그 풍모로 솔리테어에 열중하는 모습을 떠올리니 왠지 웃음이 난다. 다만 역사적인 대발견인 원소 주기율표의 아이디어를 훗날의 컴퓨터 게임에서 얻은 것이 조금은 아쉽기도 하다. 좀 더 엄숙한 발견이었기를 바라는 사람은 과연 필자뿐일까?

꿈속에서
원소가 나열된
표를 봤다

카드 게임에
원소명을 적어서 나열

드미트리 멘델레예프

● 주기율표 ●

### ■ 이 후의 멘델레예프

그 뒤의 일은 다양한 책에 소개되어 있다. 에카규소, 에카알루미늄이 존재할 것으로 예측했지만 좀처럼 발견되지 않았다는 이야기, 이런 대발견을 했음에도 노벨상을 받지 못했다는 이야기 등 재미있는 일화가 많다.

1869년에 멘델레예프가 원소의 주기율표를 고안한 뒤 150년 동안 50개가 넘는 새로운 원소가 발견되었다. 그것들이 주기율표에 계속 추가되고 있다는 사실은 그가 고안한 주기율표의 위대함과 과학에 대한 공헌을 이야기해준다.

## ⊙ 철혈 연설

### ■ 연설의 배경

'철혈 연설'은 1862년에 프로이센의 총리인 비스마르크가 독일 통일에 관해서 논한 연설이다. 당시 독일은 작은 나라로 분열되어 있었다. 그래서 비스마르크는 대국의 위협에 대항하려면 독일을 통일하고 군비를 확장해야 한다고 주장했다.

## ■ 비스마르크의 탄생과 성장

비스마르크[85]는 용모를 보면 군인의 인상이 강하지만, 뼛속까지 정치가다. 관료에서 변호사가 되었고, 프랑크푸르트 연방 의회의 프로이센 대표가 되었으며, 러시아와 프랑스 대사를 역임한 뒤, 프로이센 황제의 요청으로 1862년에 프로이센의 총리가 되었다.

군비 확장을 주장하는 황제의 대리인으로서 그는 시작부터 의회와 충돌했는데, 이때 "독일의 문제는 철과 피로 해결해야 한다"라는 유명한 철혈 연설[86]을 해서 의회를 압도했다.

비스마르크는 1855년에 오스트리아와의 전쟁에서 승리해 오스트리아의 세력을 독일에서 몰아냈고, 1870년에 시작된 프로이센 – 프랑스 전쟁에서도 승리해 나폴레옹 3세를 포로로 잡았다. 그리고 파리의 베르사유 궁전에서 프로이센 황제의 대관식을 거행해 그토록 염원하던 독일 제국을 성립시키고 초대

● 철혈 연설 ●

---

85 **비스마르크**  [독일] 1815~1898년. 오토 폰 비스마르크. 프로이센 출신. 1862년에 프로이센 총리에 임명되었으며, 철혈 연설을 통해 군대의 개혁을 단행했다. 1867년에 프로이센 – 프랑스 전쟁에서 승리하는 등 독일 제국 수립에 온힘을 다했지만 1890년에 실각했다.

86 **철혈 연설**  프로이센의 군제 개혁 문제로 국왕과 의회가 대립하는 가운데 프로이센 총리로 임명된 비스마르크가 한 연설. 철은 대포, 피는 병사를 의미한다. 군제 개혁 예산을 통과시키지 않는 의회에 대해서 "긴급 사태에는 정부의 권한으로 예산을 집행한다"라고 말해 분규가 일어났다.

총리가 되었다.

외교 수완이 뛰어났던 비스마르크는 종교와 사회주의 등의 과제가 산적한 상황 속에서 독일 제국을 발전시켰지만, 독일 황제와의 대립이 심화되자 1890년에 총리에서 사직했다.

### ■ 철혈 연설이란?

1862년, 의회는 정부가 제출한 군비 확장 예산을 거부했다. 이에 국왕은 상황을 타개하기 위해 비스마르크를 총리 겸 외무장관에 임명했다. 며칠 후 비스마르크는 하원 예산 위원회에서 의원들을 상대로 군비 확장의 필요성을 호소하는 연설을 하고, 다음과 같은 말로 끝맺었다.

"독일에서 프로이센의 지위는 우리나라의 자유주의가 아니라 힘을 통해서 결정될 것이오. (중략) 프로이센은 그 힘을 결집하고 유리한 기회가 찾아올 때를 대비해 보존해야 하오. 좋은 기회는 이미 수없이 지나가 버렸소. 빈 조약 이후 프로이센은 건전한 국가 생활에 적합하지 않은 국경을 갖게 되었소. 지금의 거대한 문제는 연설이나 다수결이 아니라 철과 피를 통해서 해결해야 할 것이외다."

의회가 예산을 통과시켜 주지 않더라도 강행하겠다는 선언이다. 이 연설에 나오는 '철'은 철도와 대포를 뜻하며, '피'는 몸속에 피가 흐르고 있는 병사를

| | |
|---|---|
| 1836년 | 크루프 사, 철도 기기의 생산 개시 |
| 1847년 | 크루프 사, 프로이센 군부로부터 포신용 주괴 수주 |
| 1861년 | 크루프, 대포 전용 공장 건설 |
| 1862년 | 크루프 사, 유럽 대륙 최초의 베세머 전로 제철소 |
| 1862년 | 프로이센의 비스마르크 '철혈 연설' |
| 1864년 | 크루프 사, 철광석, 제철소, 탄광 매입 |
| 1867년 | 크루프의 대포, 파리 만국박람회에 출품 |

● 비스마르크와 크루프 사 관련 연표 ●

가리킨다. 신임 총리는 "독일을 통일할 방법은 무력뿐"이라고 선언한 것이다.

그렇다면 비스마르크는 이런 연설의 아이디어를 어디에서 얻었을까? 그것은 프로이센에 있는 크루프 사와 큰 관련이 있지 않나 싶다. 철혈 연설에 앞서 크루프 사는 설비의 증강에 열을 올렸다. 철도 기기, 군부로부터의 포신 수주, 대포 공장 건설, 대륙 최초로 베서머 전로를 도입한 최신예 제철소의 조업 개시 등등…. 비스마르크는 1867년의 파리 만국박람회에 크루프 사가 제작한 거대포를 전시했다.

철혈 연설은 글자 그대로 읽으면 평범한 연설이다. 그러나 그 배경에는 프로이센에서 급속히 힘을 키워 온 병기 산업의 영향이 있지 않았을까?

## ⊙ 제강법의 춘추전국시대

### ■ 베서머 전로

헨리 베서머는 직업 발명가였다. 베서머 전로가 탄생한 계기는 영국과 프랑스 등의 연합군과 러시아가 격렬하게 맞붙은 크림 전쟁[87]이다. 최초의 세계대전으로 불리는 이 전쟁을 배경으로, 베서머는 나폴레옹 3세가 내건 현상금을 획득하기 위해 대포를 만들려 시도했다. 그러나 그 과정에서 양질의 강철이 대량으로 필요함을 깨닫고 효율적으로 강을 만들기 위한 방법에 관심을 품게 된다.

당시 코크스 고로에서 대량의 선철을 얻을 수는 있었다. 그러나 그것을 처리하는 방법이 선철을 주선으로 만들거나, 퍼들법을 통해서 연철로 만들거나, 선철과 연철을 섞는 도가니법을 채용하는 것뿐이어서 대포를 만드는 데 필요한 대량의 강철을 만들어낼 수 없었다.

그래서 베서머는 녹인 선철을 용기에 넣고 바닥에서 공기를 불어 넣는다는 아이디어를 실현하려 했다. 그러면 공기 속의 산소가 선철 속의 탄소와 결합해, 탄소 성분이 일산화탄소로서 빠져나간다. 이 반응은 발열 반응으로 가열

---

87 **크림 전쟁** 1853~1856년. 프랑스, 오스만 제국, 영국, 사르데냐(프랑스와 이탈리아)의 연합군과 러시아군이 크림반도에서 맞붙었다. 최초의 세계대전으로 불리기도 할 정도의 대격전이었다. 산업혁명을 경험한 프랑스, 영국과 경험하지 못한 러시아의 국력 차이가 드러났다.

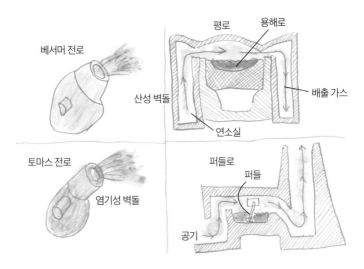

베서머 전로

평로
용해로

산성 벽돌

배출 가스

연소실

토마스 전로

퍼들로
퍼들

염기성 벽돌

공기

● 철강 춘추전국시대 ●

하기에 석탄을 태울 필요도 없으며, 30분 정도의 처리 시간이면 정련이 완료된다. 1856년에 발표된 베서머 전로는 강을 만들기 위한 매우 좋은 조건을 갖추고 있었다.

### ■ 땅에 떨어진 전로법의 평판

다만 불안 요소도 있었다. 용선을 넣으려면 내화물로 덮은 노를 만들어야 하는데, 용선에서 용강으로 바뀔 때 발생하는 슬래그가 내화물을 침식한다. 당시의 내화물 제조 기술은 산성인 규산 내화물뿐이었다. 석회석 등을 넣어서 전로의 슬래그를 염기성으로 만들면 내화물이 버티지 못했고, 이것은 강철에서 인을 제거할 수 없음을 의미했다.

갓 탄생한 베서머 전로는 영국에서는 인이 많다는 악평을 들었고, 썩은 선철[88]을 만드는 '유성처럼 나타났다 사라져 간' 기술로 평가받았다. 영국 국내산 철

---

**88 썩은 선철**　혜성처럼 등장한 베서머 전로는 산성 벽돌을 사용했기 때문에 탈인 슬래그를 만들 수가 없었다. 영국에서 입수할 수 있는 철광석은 인이 많았고, 인의 함유량이 많은 선철은 품질이 나쁘기 때문에 '썩었다'는 혹평을 받았다.

광석은 인 함유량이 많기 때문에 염기성 슬래그를 사용하지 못하면 품질이 나쁜 강철이 될 뿐이었다.

한편 스웨덴과 프랑스, 독일 등은 베서머 전로를 적극적으로 채용했다. 베서머 전로를 채용한 나라 또는 장소는 인의 농도가 낮은 철광석을 입수할 수 있는 곳이었다. 이것이 영국에서 베서머 전로를 더더욱 열세로 만들었다.

1877년에 법원의 서기인 시드니 토머스[89]가 염기성 벽돌을 고안해 전로에 사용하기 전까지는 신흥 세력인 평로에 주역 자리를 내주게 된다. 그러나 이후 토머스 전로[90]가 만들어지자 전로법은 대륙을 중심으로 확산되어 갔다

## ◉ 평로법의 보급

1910년경의 베서머 전로법은 평로법에 완패한다. 평로법은 1860년경에 지멘스가 발명하고 마르탱이 상용화에 성공한 방법이다. 가열로에서 열풍을 불어넣으며 충분히 시간을 들여서 용선을 강철로 만들어 나간다. 동시에 인도 제거할 수 있다.

---

**89 시드니 토머스** [영국] 1850~1885년. 경찰 법원의 서기관으로 일하는 짬짬이 대학교의 화학 강의에 출석했다. 이때 "전로에서 인의 문제를 해결하면 큰돈을 벌 수 있을 것"이라는 이야기를 듣고 제철소에 다니는 사촌에게 염기성 벽돌을 사용한 전로를 시험해보게 한 뒤 특허를 취득했다.

**90 토머스 전로** 1877년에 특허를 취득한 전로 정련법. 전로 내화물을 규사 벽돌에서 돌로마이트 카본 벽돌로 바꿈으로써 슬래그가 노벽을 손상시키지 않게 했다. 그 결과 슬래그를 적극적으로 사용할 수 있게 되어 인이 많은 광석에서도 인 함유량이 적은 강철을 만들 수 있게 되었다.

# 제 8 장

# 금속,
# 역사를 더 강력하게
# 전진시키다

: 거대 건조물과 신금속의 대약진

## 금속의 이용

**해드필드**
AD 1882년  해드필드, 망간 첨가 내마모성 강철을 개발[영국]

**홀-에루법**
AD 1886년  홀[미국]과 에루[프루]가 각기 독자적으로 알루미늄의 용융염 전해 정련법 발명
AD 1886년  빙클러, 게르마늄 발견
AD 1886년  트레시더, 니켈강 발명[미국]
AD 1887년  로제봄, 상률을 합금 연구에 응용[네덜란드]
AD 1887년  엘리후 톰슨[미국], 철판의 전기 용접법 발명
AD 1887년  맥아더와 포레스트, 청화법의 특허 취득[영국]
AD 1888년  바이어, 보크사이트에서 알루미나 추출: 바이어법[오스트리아]
AD 1889년  영국의 라일리, 니켈이 강철의 내식성을 향상시킨다는 사실을 발견
AD 1890년  마르텐스, '긋기 경도 시험기'를 제작. '마르텐스 경도'를 정함

**몬드법**
AD 1890년  몬드, 일산화탄소로 환원해 니켈을 얻는 몬드법 발명[영국]
AD 1891년  르샤틀리에, 광학적 고온계
AD 1892년  해드필드, 고크롬강의 황산 부식이 심함을 보고[영국]
AD 1892년  오스몽, 고크롬강은 질산 에칭이 어려움을 보고[프랑스]
AD 1894년  볼츠만, 고체 내 확산 방정식 제창
AD 1894년  알렉산더 딕, 압출 가공법의 확립과 구리 또는 구리 합금 등 비철금속의 열간 압출 기술 개발[미국]

**테르밋법**
AD 1895년  한스 골트슈미트가 테르밋법으로 저탄소 크롬 합금의 제조에 성공, 독일에서 특허 출원[독일]
AD 1895년  헨드릭 로런츠, 고전 전자론[네덜란드]

**엑스선**
AD 1895년  빌헬름 뢴트겐, 엑스선 발견
AD 1895년  마르텔, '반발 경도' 고안

▼

## 금속의 이용(앞에서 이어서)

**앵바르** ......................................................

AD 1897년   기욤, 앵바르를 발명. 합금 조성 Fe - 35Ni[프랑스]

AD 1897년   페브르, 현대의 '정적 압입 경도'

AD 1897년   베크렐, 우라늄에서 방사선을 발견[프랑스]

AD 1898년   프랑스의 카르노와 구탈, 철 크롬 합금의 내식성이 탄소 함유량이 높으면 열화됨을 발견[프랑스]

AD 1898년   히토르프, 테르밋 반응으로 만든 크롬은 질산에 반응하지 않음을 보고[독일]

**라듐, 폴로늄** ......................................................

AD 1898년   퀴리 부부, 라듐과 폴로늄 발견[프랑스]

AD 1898년   테일러와 화이트, 고속도강의 체계적 연구[미국]

AD 1899년   에루, 아크 전기로를 발명. 훗날 스테인리스강의 제조를 가능케 함[프랑스]

**고속도강** ......................................................

AD 1899년   테일러와 화이트, 고속도강을 생산[미국]

## 철의 이용

AD 1880년   마그네시아를 반사로에 사용

AD 1881년   콜브룩데일 사가 합명회사에서 주식회사로 조직 변경[영국]

AD 1881년   마그네시아 벽돌의 발명

AD 1883년   강철 와이어로 만든 현수교인 브루클린교 개통[미국]

**베크 『철의 역사』** ......................................................

AD 1884년   베크, 『철의 역사』 저술[독일]

AD 1885년   크로미아 벽돌의 발명

**만네스만 천공기** ......................................................

AD 1885년   만네스만 형제, 경사 압연 방식의 강관 천공기 발명[독일]

## 철의 이용(앞에서 이어서)

**에펠탑** ......................................................

AD 1889년   세계 최초의 고층 건축물 에펠탑을 건설

AD 1889년   캠벨, 경주식 평로를 건설[미국]

AD 1890년   매킨리법(관세)으로 국내 양철 산업 육성[미국]

AD 1890년   세계의 용강 생산량은 1,163만 2,000톤

**하비 강판** ......................................................

AD 1891년   하비, 니켈 강판에 침탄 담금질 처리를 한 하비 강판 발명[미국]

AD 1892년   복수기의 압연기를 사용한 강철의 연속 압연

AD 1892년   카네기 제강 회사 설립[미국]

AD 1892년   에드워드 애치슨, 카보런덤 발명

**크루프 강판** ......................................................

AD 1893년   니켈 - 크롬 침탄 담금질 강판인 크루프강 개발

AD 1893년   히퍼드, 주철기를 발명[영국]

AD 1893년   아시아 최초 제철소 '한양철창', 출선 시작[중국]

AD 1893년   루돌프 디젤, 디젤 기관의 발명 특허

AD 1894년   알렉산더 딕, 압출 가공법을 확립[미국]

AD 1895년   카를 폰 린데가 공업 규모의 공기 액화에 성공[독일]

AD 1895년   강철 생산량, 영국을 제치고 세계 2위[독일]

AD 1896년   닐런드, 고로에 버킷식 장입법을 발명[미국]

AD 1897년   카네기 사 듀케인, 707m³ 고로[미국]

**전기로 제강법** ......................................................

AD 1898년   에르네스토 스타사노, 전기로로 철과 강철의 생산에 성공[이탈리아]

AD 1899년   휴란, 유도식 전기로 발명[스위스]

## 1880년부터 1890년까지
# 실용성과 제품화:
# 에펠탑과 알루미늄 정련

### ◉연대 해설

1880~1890년은 금속의 이용이라는 측면에서 살펴보면 신소재와 새로운 정련 설비가 출현했다. 또한 철의 이용이라는 측면에서는 가공 기술과 건조물이 등장했다.

금속의 이용이라는 측면에서는 1882년에 영국의 해드필드가 망간강을 발명했다. 1886년에는 미국의 트레시더가 니켈강[1]을 개발했다. 1889년, 영국의 제임스 라일리는 니켈이 강철의 내식성을 향상시킴을 발견했다. 정련 기술에 관해서는 1886년에 알루미늄 제조법인 홀 - 에루법이 발명되었다.

철의 제조라는 측면에서는 1884년에 독일에서 루트비히 베크가 『철의 역사』를 저술했다. 또한 1885년에는 독일에서 만네스만이 만네스만 천공기[2]를 발명했다. 1889년, 파리 만국박람회에서 프랑스의 귀스타브 에펠[3]이 세계 최초의 고층 건축물인 에펠탑[4]을 건설했다.

---

1 **니켈강** 일반적인 강재는 저온이 되면 인성(靭性)이 열화된다. 그런데 니켈을 첨가하면 인성이 악화되는 온도(전이 온도)가 낮아져 저온에서도 강해진다. 니켈강은 액화천연가스의 저장 탱크나 LPG선 등 극저온의 액체를 저장하는 시설에 이용되고 있다.

2 **만네스만 천공기** [독일] 1890년, 막스 그리고 라인하르트 만네스만 형제는 이음매가 없는 강관의 제조 기술을 발명했다. 원형 강재를 천공 롤러 사이에서 회전시키면 중앙부에 구멍이 뚫린다. 여기에 피어스라고 부르는 봉재를 삽입해 이음매가 없는 강관으로 성형하는 방법이다.

3 **귀스타브 에펠** [프랑스] 1832~1923년. 1889년에 준공된 에펠탑의 설계자이자 건설 수탁 회사 대표. 1886년에 완성된 미국 뉴욕의 자유의 여신상을 설계한 인물이기도 하다.

4 **에펠탑** 1889년의 파리 만국박람회에 맞춰서 건설되었다. 당시 이미 전로와 평로를 사용해서 만든 강인한 강철이 공급되고 있었지만, 신중한 설계자 에펠은 옛날부터 실적이 있는 무른 연철로 설계했다. 작은 부품을 조합한 구조인 까닭에 탑은 우아한 모습이 되었고, 그 외관에서 '철의 귀부인'으로 불렸다.

## ◉ 에펠탑의 비밀

### ■ 파리의 풍경

세계적인 전염병이 발생하기 전, 필자는 이따금 영국과 프랑스를 여행했다. 프랑스의 파리에서는 값싼 여관에 장기 숙박하면서 금속 순례를 했다. 파리의 거리를 걷다 보면 지하철역의 세련된 철제 지붕이라든가 강철 프레임과 유리를 조합한 파사주의 천장, 거리에 넘쳐나는 동상들이 눈길을 끈다. 여기에 청동제 대포가 나열된 전쟁 박물관 등 금속이라는 관점에서도 질리는 일 없이 하루하루를 보낼 수 있다. 기차역이었던 건물을 사용한 오르세 미술관의 대형 시계와 그곳에서 바라본 귀신상은 지금도 뇌리에 각인되어 있다.

### ■ 에펠탑의 인명판

에펠탑은 파리로 여행을 온 사람이라면 누구나 방문하는 명소다. 올라가 본 독자들도 있을 것이다. 그런데 이 에펠탑에 사람의 이름이 적혀 있는 것을 본 사람이 있는가? 필자는 여러 번 올라가 보기도 했고 아래에서 올려다보기도 했지만, 2017년에 방문했을 때 처음으로 그 이름을 발견했다.

낮에 마르세유를 구경하러 갔던 필자는 저녁 늦게 파리로 돌아왔다. 문득 에펠탑에 올라가 보고 싶어졌는데, 밤 9시가 넘었을 때라 올라갈 수는 없었다. 그래서 주위를 돌며 탑을 스케치했는데, 쌍안경으로 탑의 중단을 관찰하던 필

● 에펠탑의 문자 ●

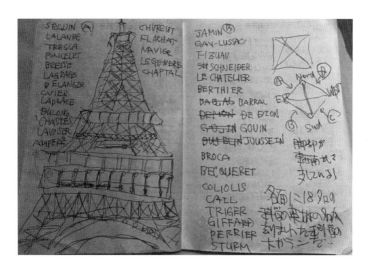

● 쌍안경으로 에펠탑을 보면서 옮겨 적었던 이름들 ●

자 눈에 길게 나열된 문자가 들어왔다.

탑의 중단에는 한 면에 18명, 네 면에 72명의 이름이 새겨져 있었다. 나중에 조사해보고 알았는데, 에펠탑이 건조된 당시 프랑스 과학계와 공업계의 저명 인사들 이름을 새긴 것이었다. 설계자인 에펠은 왕국이나 교회에 왕 또는 성인 의 조각상을 장식해 후세에 남기듯이, 이 탑을 과학계와 산업계의 사원으로 여 겼던 것이다.

내가 아는 이름은 '트레스카 항복 조건'의 트레스카, 천문학의 라플라스, 근 대 화학의 아버지 라부아지에, 전기 단위의 앙페르, 기체 역학의 게이뤼삭, '코 리올리 힘'의 코리올리, '쿨롱 힘'의 쿨롱, '푸코 진자'의 푸코, '푸앵카레 추측' 의 푸앵카레, 시계의 브레게, '푸리에 급수'의 푸리에였다.

그 당시 탑 아래에서 쌍안경으로 보면서 열심히 이름을 옮겨 적는 행복한 시 간을 보냈는데, 여름의 파리에서 밤 9시는 아직 밝은 시간대였다.

## ■ 생시몽파

당시의 프랑스는 이미 공업화를 선도하고 있었던 영국에 크게 뒤처지고 있다는 위기감을 느끼고 있었다. 영국의 과학 기술과 산업혁명을 보고 온 사람들은 '과학 기술의 발전이 인류를 더 나은 세계로 이끈다'라는 종교와도 비슷한 신념을 품기 시작했다.

그 중심에 있었던 인물이 생시몽[5]이었기 때문에 과학 기술을 신봉하는 사람들을 생시몽파[6]라고 불렀다. 생시몽파는 에펠탑을 자신들의 종교의 사원으로 여기고 장문의 제문을 발표했다.

우리의 신전을 주에게 보이리라.
신전의 둥근 기둥은
속이 빈 주철을
다발로 포갰으니
새로운 신전의 파이프 오르간
울려 퍼지네

철골은
철과 주철과 강철과[7]
구리와 청동으로 만들어졌으며
건축가는 둥근 기둥을, 철골을
관악기에 현악기를 더하듯이
포개서 완성했노라
(가시마 시게루, 『절경, 파리 만국박람회(絶景、パリ万国博覧会)』에서)

---

5 **생시몽** [프랑스] 1760~1825년. 앙리 드 생시몽. 사회주의 사상가.

6 **생시몽파** 영국과 미국의 산업혁명 같은 산업의 발전이 인류의 진보로 이어진다는 사상. 멤버들은 프랑스를 번영시키기 위해 우애사회를 지향했다.

7 **철과 주철과 강철과** 전부 틀렸다. 에펠탑은 퍼들법으로 만든, 탄소가 거의 들어 있지 않은 연철로 구성되어 있다. 델리의 철 기둥 같은 순철도 아니고, 아이언브리지 같은 주철도 아니다. 당시 강철은 이미 대량 생산되고 있었지만 아직 가격이 비쌌다. '그렇다면 주철로 아이언브리지처럼 만들면 되잖아?'라고 생각하겠지만, 주철은 잡아당기는 힘에 약해 뚝 하고 부러진다. 그래서 연철로 결정되었다. 당시는 돌로 만드는 방안도 검토되었던 모양이지만, 바벨탑도 아니고 300미터가 넘는 세계 최고의 석탑을 만드는 것은 무리였다. 프랑스에서 개최하는 만국박람회의 기념물인데 외국에서 재료를 수입할 수도 없어 전부 프랑스 국내에서 조달했다.

## ■ 에펠탑에 관한 기묘한 소문

만국박람회에서 이 초근대적인 건조물을 바라보는 사람들의 마음은 신전을 바라보는 마음과 비슷했을 것이다. 1889년의 파리 만국박람회가 열릴 무렵에는 산업자(産業者)의 산업자를 위한 사회 체제를 구축하고자 "모든 산업자가 단결해야 한다"라고 외치는 공상적 사회주의 사상이 퍼지고 있었다.

파리의 예술가들은 에펠탑 건설에 맹렬히 반대했다. 소설가 기 드 모파상도 그중 한명이었다. 훗날 그는 에펠탑의 레스토랑에서 살다시피 하게 되는데, "탑이 보이지 않는 곳은 여기뿐이니까"라는 이유에서였다.

그러고 보니 필자는 파리로 신혼여행을 갔을 때 마지막 날에 전망이 좋은 레스토랑에서 식사를 했는데, 에펠탑을 본 기억이 없다. 얼마 전에 아내에게 확인해보니 에펠탑의 쥘 베른 레스토랑[8]에서 식사를 했다는 대답이 돌아왔다. 역시 에펠탑을 본 기억이 없을 수밖에 없었다.

그리고 사족이지만, 생시몽파 여러분, 에펠탑은 연철로 만들었습니다.

## ⊙ 홀-에루법
## ■ 기이할 정도의 우연

기술이라는 것은 어떤 시기에 세계 각지에서 꽃을 피우는 경우가 있다. 금속 분야에서는 청동기나 철기가 멀리 떨어진 장소에서 같은 시기에 사용되기 시작하는 등 동시 발생이라고 밖에는 생각할 수 없는 사례가 있다.

물론 과거의 인류가 오늘날 우리가 생각하는 것보다 훨씬 멀리까지 이동했음은 틀림이 없다. 사람의 이동뿐만 아니라 정보의 이동과 기술 환경의 숙성 등도 맞물려, 각기 다른 장소에서 같은 것이 발명되는 일도 드물지 않았다. 특허 등에 '선사용권'이나 '선원권' 등이 존재하는 것도 그 때문이리라.

---

8  **쥘 베른 레스토랑**  에펠탑의 제2전망대에 있는 레스토랑의 이름은 프랑스의 공상과학 소설가인 쥘 베른(1828~1906)에서 유래했다. 1983년에 개업했으니, 필자는 개업 3년차에 방문한 것이었다.

## ■ 홀-에루법

홀-에루법은 그로부터 2년 후에 발명되는 바이어법과 함께 현대에 알루미늄 정제법으로서 실용화된 유이한 방법이다. 산화물인 알루미나에서 금속 알루미늄을 얻는 용융염 전해법[9]으로, 미국의 찰스 마틴 홀[10]과 프랑스의 폴 에루[11]가 1886년에 발명했다.

이렇게 말하면 '아하, 미국과 영국이 공동으로 기술을 개발했구나. 이런 시대도 있었네'라고 생각하는 독자도 있을지 모르는데, 그렇지 않다. 두 사람은 교류한 적이 없었다. 아니, 만나 본 적도 없었다. 전혀 다른 나라에서, 같은 해에, 같은 알루미늄 정련 기술을 개발한 것이다.

여기까지는 '뭐, 그런 우연도 있을 수 있지'라고 생각하는 사람도 있을지 모른다. 그런데 놀랍게도 이 두 사람은 같은 해인 1863년에 태어나 같은 해인 1914년에 세상을 떠났다. 우연의 일치도 이쯤 되면 기이한 수준이다.

## ■ 찰스 마틴 홀

어린 시절의 홀이 미국의 평범한 소년과 조금 달랐던 점은 광석을 굉장히 좋아해 집에서 실험을 하며 놀았다는 것이다. 그리고 대학교에 진학해서는 강의 시간에 교수에게 배운 알루미늄의 제조법에 흥미를 느꼈다. 홀은 대학교를 졸업한 뒤에도 실험을 계속해, 수많은 실패를 거듭한 끝에 마침내 용융염 전해법을 개발했다. 그 후 자본주의의 나라 미국답게 자본가의 출자를 받아서 알루미늄 공업적 제조를 시작했으며, 미국의 거대 알루미늄 회사인 알코아 사[12]의 기초를 쌓았다.

---

9 **용융염 전해법** 수용액 속에서 전기 분해를 실시해 금속을 분리하는 방법은 분리된 순간 물과 반응하는 이온화 경향이 강한 금속에는 사용이 불가능하다. 이온성의 원료염을 고온으로 용해해 전기 분해를 하면 금속으로 분해가 가능하다.

10 **찰스 마틴 홀** [미국] 1863~1914년. 어렸을 때부터 집에서 광석 실험에 몰두했다. 대학생 시절에 알루미늄 정련법에 흥미를 느껴 집에서 실험을 거듭하다 용융염 전해법에 적합한 용제를 발견했다. 그리고 1886년, 알루미늄 정련에 성공했다. 1889년, 알코아 사의 전신이 되는 회사를 설립했다.

11 **폴 에루** [프랑스] 1863~1914년. 금속의 전기 정련에 흥미를 느껴, 알루미늄의 저가격화에 몰두했다. 소형 발전기로 용융염 전해법을 시험하고 특허를 출원했다. 1889년에 미국 진출을 시도하지만 실패했다. 전기 제강로인 에루로를 발명했다.

12 **알코아 사** 미국의 알루미늄 제품 제조사

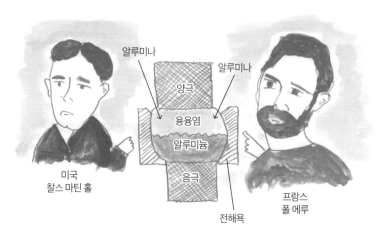

알루미나
알루미나
양극
용융염
알루미늄
음극
미국
찰스 마틴 홀
프랑스
폴 에루
전해욕

● 홀-에루법 ●

## ■ 폴 에루

프랑스에서 태어난 폴 에루는 학창시절부터 금속의 전기 정련에 흥미를 느껴, 당시 은보다 비쌌던 알루미늄을 좀 더 값싸게 만들 방법이 없을지 생각했다. 그리고 작은 발전기를 사용해서 녹인 빙정석에 산화알루미늄을 용해시켜 전해로 알루미늄을 제조하는 방법을 고안해 특허를 취득했다.

## ■ 홀-에루법이라는 명칭

찰스 마틴 홀은 자신의 발명을 이용해 미국의 알루미늄 대기업을 만들어 냈다. 반면 폴 에루는 기업화는 하지 않았다. 다만 각국에 특허를 출원한 타이밍은 에루가 조금 빨랐기 때문에 그를 무시할 수는 없었다. 그런 까닭에 타협안으로서 두 사람 이름을 나열한 기술명이 된 듯하다.

금속의 세계사에서도 이따금 기이한 사건이 일어나는데, 그런 사건들의 배후 관계를 상상해보면 흥미가 샘솟는다.

## ⊙ 베크의 『철의 역사』

### ■ 철의 역사

루트비히 베크가 쓴 『철의 역사』는 유명한 책이지만, 끝까지 읽으려면 상당한 노력이 필요하다. 원서는 독일어이지만 일본에서는 나카자와 모리토가 혼신의 노력을 기울여 번역한 덕분에 일본어로 읽을 수 있있다(한국은 미출간 - 옮긴이).

저자인 루트비히 베크[13]는 1841년에 태어나 1918년에 사망했다. 그런 까닭

| | |
|---|---|
| ◆ 제1권 제1분책 | 가장 오래된 시대부터 민족 이동까지의 철의 역사 |
| ◆ 제1권 제2분책 | 가장 오래된 시대부터 민족 이동까지의 철의 역사(계속) |
| ◆ 제1권 제3분책 | 중세의 철의 역사 |
| ◆ 제2권 제1분책 | 중세의 철의 역사(계속), 근세의 철의 역사 |
| ◆ 제2권 제2분책 | 16세기의 철의 역사 |
| ◆ 제2권 제3분책 | 16세기의 각국의 철의 역사 |
| ◆ 제2권 제4분책 | 17세기의 철의 역사 / 일반편 / 각국편 |
| ◆ 제3권 제1분책 | 18세기 전반의 철의 역사 |
| ◆ 제3권 제2분책 | 18세기 중엽과 후기의 철의 역사 |
| ◆ 제3권 제3분책 | 18세기의 각국의 제철업 |
| ◆ 제4권 제1분책 | 19세기 전반의 철의 역사 / 1800~1830년의 제철업 |
| ◆ 제4권 제2분책 | 19세기 전반의 철의 역사 / 1831~1850년의 제철업 |
| ◆ 제4권 제3분책 | 19세기 전반의 철의 역사 / 1851~1860년의 철의 역사 |
| ◆ 제5권 제1분책 | 19세기 후반의 철의 역사 / 1861~1970년의 제철업 |
| ◆ 제5권 제2분책 | 19세기 후반의 철의 역사 / 1871~1900년의 철의 역사(1) |
| ◆ 제5권 제3분책 | 19세기 후반의 철의 역사 / 1871~1900년의 철의 역사(2) |
| ◆ 제5권 제4분책 | 19세기 후반의 철의 역사 / 각국의 철의 역사(1871~1900년) |

● 『철의 역사』 내용 ●

---

13 **루트비히 베크** 루트비히 베크로 검색해보면 독일의 사이트에서조차도 제2차 세계대전 중에 히틀러를 암살하려다 실패하고 자살한 육군 참모총장에 관한 정보만 잔뜩 나온다(물론 완전히 별개의 인물이다). 아니면 독일의 백화점이 나오거나. 『철의 역사』를 쓴 베크의 경력은 안타깝게도 이 책에서만 읽을 수 있다.

에『철의 역사』에는 1900년까지의 이야기가 담겨 있다.

## ■ 베크의 생애

베크는 하이델베르크 대학교에서 로베르트 분젠 교수를 만났고, 프라이베르크 광산 학교에서 철 야금학을 연구했다. 그 후에도 여러 광산과 정련소, 대학교에서 연구를 계속했으며, 런던으로 유학을 가기도 했다.

런던에서는 왕립 광산 학교에서 철 야금학의 존 퍼시 교수의 조수가 되어 연구에 몰두했다. 퍼시 교수와의 만남은 그 후 베크가 1884년부터 1903년까지 철의 역사를 연구하는 계기가 되었다.

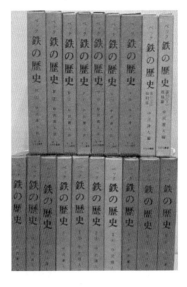

● 상당히 무거운 베크의 책 19권 ●

## ■ 철의 역사

베크의『철의 역사(Die Geschichte des Eisens)』는 원서의 경우 전 5권, 일본어 번역서의 경우 본편 17권, 색인 2권, 전 19권으로 구성된 대작이다. 일본어판은 1968년부터 1981년에 걸쳐 출판되었다. 인용문헌과 참고문헌이 방대하게 담겨 있어서 한 권 한 권을 읽어 나갈수록 철의 역사에 깊숙이 빨려들게 된다.

참고로『철의 역사』일본어판 세트는 우리 집을 뒤틀리게 만든 원흉이기도 하다. 그 밖에 독일생산문학전집이나 백과사전 같은 무시무시하게 큰 책들이 우리 집을 괴롭히고 있다.

## ■ 내용 요약

베크는 이집트인, 중국인, 그리스인, 로마인의 가장 오래된 제철 기술을 이야기하고, 유럽의 선사 시대 유적을 소개하면서 중세의 제철업을 추적한다.

제철에 수력을 이용하게 된 변화가 불러일으킨 거대한 약진을 이야기하고, 중세에서 근대로 넘어가는 전환점이 된 고로법과 주선의 경위를 제시한다. 이어서 18세기와 19세기의 기술적 발명, 증기력의 이용을 통해서 탄생한 변혁 등 제철업의 발전을 이야기하고, 철이 근대 생활의 지배적인 요인이 되어 간 과정을 밝혀낸다.

### ■ 『철의 역사』의 가치

『철의 역사』는 물론 철의 역사를 다룬 책이지만, 단순히 그 틀에 머무르지 않는다. 방대한 자료와 참고문헌, 도표를 통해 우리에게 최고의 지적 모험을 제공한다. 나도 처음부터 끝까지 읽은 것은 두 번뿐이지만, 어떤 권을 펼치든 새로운 만남이 있었다.

철과 관련된 일을 해 온 사람으로서, 남은 인생 동안 몇 번이나 더 읽을 수 있을지는 알 수 없지만 '성경'으로서 읽고 싶은 기분이다. 여담이지만 필자의 집에는 어째서인지 이 19권 전집이 두 세트나 있다.

루트비히 베크

● 베크와 『철의 역사』 일본어판 ●

# 8-2

# 군함과 강재: 전함 갑판용 강재의 개발 경쟁

## ⊙ 연대 해설

1890~1895년은 금속의 이용이라는 측면에서 그다지 주목할 만한 것이 없다. 철의 이용이라는 측면에서는 군사용 표면 경화 강판의 개발이 진행되었다.

### ■ 서양에서의 금속 관련 화제

금속의 이용이라는 측면에서 주목해야 할 것은 마르텐스와 몬드의 공적일 것이다. 아돌프 마르텐스는 1890년에 경도 시험기를 제작하고 마르텐스 경도(HM)를 규정했다. 역시 1890년, 독일 출신의 영국인 루트비히 몬드 루트비히 몬드[14]는 일산화탄소로 산화니켈을 환원하는 몬드법[15]을 발명했다.

철의 이용이라는 측면에서는 전함 등에 사용하는 강재의 표면 강화 기술이 경쟁적으로 개발되었다. 1891년, 미국의 헤이워드 하비는 니켈강에 침탄 담금질 처리를 한 하비 강판을 발명했다. 1893년, 독일의 크루프는 니켈 - 크롬 강판에 침탄 처리를 한 크루프 강판을 개발했다.

제철의 기술 혁신이라는 측면에서는 1895년에 독일의 카를 폰 린데[16]가 공기 액화에 성공해 산소 정련의 길을 열었다.

---

14 **루트비히 몬드** [영국] 1839~1909년. 1862년에 영국으로 건너갔으며, 1880년에 귀화했다. 니켈카르보닐을 발견하고, 광석에서 니켈을 추출하는 몬드법을 발명했다.

15 **몬드법** 니켈테트라카르보닐이라는, 니켈 이온에 일산화탄소 4개를 결합시킨 휘발성 착물을 만들고 가열 분해해서 고순도의 니켈 분말을 만드는 공정. 현재는 건식 정련 또는 습식 제련으로 니켈을 생산하며, 몬드법은 사용하지 않는다.

16 **카를 폰 린데** [독일] 1842~1934년. 1895년에 공기의 액체화에 성공했으며, 프랑스의 조르주 클로드(1870~1960)가 공업화에 성공했다. 공기를 압축한 뒤 단열 팽창시키면 온도가 내려가는 현상을 이용했다.

## ⊙ 하비 강판과 크루프 강판

### ■ 쓰시마 해전

1905년 5월 27일 쓰시마 해협, 일본 해군 연합 함대는 러시아의 발틱 함대와 결전을 앞두고 있었다. "날씨 쾌청하지만 파도 높음"이라는 유명한 무전과 함께 해전이 시작되었다. 해전은 일본 해군의 대승으로 끝난다. 전법이 무엇이었는지, T자였는지 정(丁)자였는지는 넘어가고, 여기에서는 쓰시마 해전을 금속학 관점[17]에서 살펴보자.

### ■ 연합 함대

일본 측의 연합 함대는 제1함대와 제2함대였다. 제1함대는 주력 전함으로 구성되어 있었다. 배치는 기함 미카사, 시키시마, 후지, 아사히, 가스가, 닛신의 순서였다. 그리고 선두에 있었던 기함 미카사가 위험을 무릅쓰고 크게 선회했다.

안 그래도 선두함은 표적이 되기 쉬운데 왜 기함인 미카사가 선두에 섰을까? 그 이유는 영국의 비커스 사가 단 두 척만 건조했던 초고성능 전함 중 한 척이 바로 미카사였기 때문이다. 미카사는 당시의 최신예 전함으로, 러시아를 견제하는 영국이 동맹국인 일본을 위해서 만든 것이었다.

### ■ 함대의 강재

제1함대의 전함에 사용된 강재의 종류를 살펴보자. 아사히는 니켈강, 후지는 니켈 – 크롬강, 시키시마는 침탄 니켈강, 즉 하비강이었다. 미카사는 침탄 니켈 – 크롬강, 즉 크루프 강이었다.

---

**17 금속학의 관점** 여기에서는 현측 갑판의 강판만을 다뤘는데, 강판이 파괴될지 어떨지는 철갑탄(장갑을 파괴하는 포탄)의 성능에 따라 결정된다. 당시 일본의 포탄은 러시아보다 훨씬 무거워서 장갑을 관통하기가 용이했다. 영일 동맹이 체결되어 있었기에 일본은 영국의 포탄 기술을 쉽게 입수할 수 있었다. 같은 시기에 패러데이의 연구에서도 활약하는 해드필드는 크롬 합금강으로 우수한 포탄을 개발했다고 공언했다. 어쩌면 해드필드도 쓰시마 해전과 관계가 있었는지도 모른다. 이래서 역사가 재미있다.

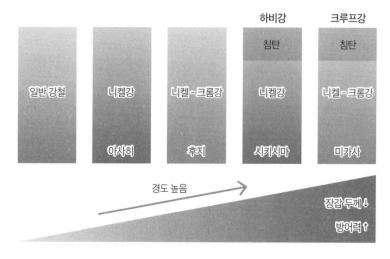

● 쓰시마 해전 일본 연합 함대 전함과 사용된 강재 ●

요컨대 제1함대의 전함은 더 우수한 강재를 사용한 순서대로 배치되어 있었다. 선두에 있는 전함일수록 피탄에 대한 방어력이 강했다. 게다가 현측(뱃전) 장갑의 두께는 후지가 457밀리미터인 데 비해 시키시마와 미카사는 229밀리미터로 딱 절반이었다. 이것은 선두함이 더 가벼워 선회 능력이 뛰어났음을 의미한다.

강재의 관점에서 살펴보면 기함 미카사와 시키시마는 속도가 빠르고 방어력이 우수해 크게 선회하는 전법에 안성맞춤이었다.

### ■ 하비 강판

하비 강판[18]은 1890년대에 미국의 헤이워드 하비[19]가 개발한 해군 전함용 장갑

---

18 **하비 강판** 하비의 특허에는 침탄 처리를 하는 군함용 강재의 제조 방법이 상세히 기술되어 있다. 코크스를 사용하는 고체 침탄을 수 주일에 걸쳐서 실시한다. 강가에 침탄로를 만들고 선로를 물속까지 부설한다. 침탄 가열한 강재를 올려 놓은 대차를 분리시키면 선로를 따라서 강 속으로 들어가 담금질된다.

19 **헤이워드 하비** [미국] 1824~1893년. 헤이워드 하비. 발명가. 철도 레일, 군함용 강재 제조, 나사 등의 침탄 처리 특허를 보유했다. <이브닝뉴스>의 부고에서는 군용 장갑과 롤러 스크루의 발명자이며 아버지의 회사를 계승했다고 소개되었다.

이다.

하비 강판은 니켈 강판의 한쪽 면을 침탄 담금질해서 만든다. 이 침탄 담금질을 '표면 경화'라고 부른다. 강철을 가열하고 표면에 코크스를 수 주 동안 놓아두면 침탄이 된다.

이 강판은 크루프 강판이 사용되기 전까지 주력함의 건조에 사용되었다. 비커스 사, 암스트롱 사, 크루프 사 등 군용 강판을 생산하는 기업들이 카르텔을 만들어 기술을 공유했다.

## ■ 크루프 강판

크루프 강판[20]은 1893년에 독일의 크루프 사가 개발한, 주력 전함의 건조에 사용된 해군 장갑용 강판이다.

크루프 강판의 제조 공정은 하비 강판과 마찬가지로 침탄 담금질을 한다. 경

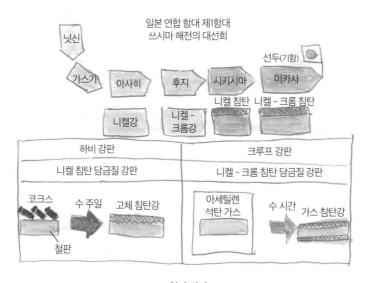

● 침탄 강판 ●

---

**20 크루프 강판** 표층 수 밀리미터는 침탄 조직이어서 매우 단단하고, 그 안쪽은 강철의 경화 조직인 마르텐사이트가 되며, 그보다 안쪽은 마르텐사이트를 다시 불린 조직이 된다.

도를 높이기 위해 합금에 1퍼센트의 크롬이 추가된 니켈 - 크롬강을 사용했다. 석탄 가스 또는 아세틸렌 등 탄소를 함유한 가스를 이용한 가스 침탄으로 더욱 깊은 곳까지 침탄할 수 있었다.

가열된 강철에서 침탄이 완료되면 접합면을 급속히 가열해 표면 경화강으로 변환시키고, 열을 강철 두께의 30~40퍼센트까지 침투시킨다. 다음에는 물 또는 기름의 강력한 제트 분사로 급속히 담금질한다.

크루프 강판은 개발 이후 주요 국가의 해군에 채용되었다. 탄도 테스트에서는 하비 강판보다 10여 퍼센트 얇은 두께로도 같은 성능임이 확인되었다.

# 8-3

**1895년부터 1900년까지**

# 방사선과 신기능: 방사선 과학과
# 신기능 금속 소재의 개발

## ⊙ 연대 해설

### ■ 전체적인 흐름

1895~1900년을 금속의 이용이라는 측면에서 살펴보면, 방사능을 지닌 금속이 발견되었다. 또한 신기능성 강철의 개발도 진행되었다. 철의 이용이라는 측면에서는 전기를 사용한 정련법이 눈에 띈다.

금속의 이용에 관해서는 1895년에 독일의 한스 골트슈미트[21]가 테르밋법[22]으로 특허를 취득했다. 또한 같은 해에 빌헬름 뢴트겐이 엑스선을 발견했다. 새로운 기능의 소재로는 1896년에 샤를 에두아르 기욤[23]이 앵바르를 개발했고, 1899년에 미국의 프레더릭 테일러 등이 고속도강을 개발했다.

### ■ 금속의 이용 기술

금속 이용의 측면에서 주목할 만한 것으로는 방사성 금속의 발견도 있다. 1898년, 퀴리 부부는 폴로늄과 라듐의 분리에 성공했다. 설비 개발의 측면에서는 1899년에 에루가 아크 전기로를 발명했다. 이 설비 덕분에 훗날 스테인리스강의 제조가 가능해졌다.

---

21 **한스 골트슈미트**  [독일] 1861~1923년. 분젠 교수의 제자. 아버지의 화학 회사를 이어받아, 금속 나트륨을 안전하게 다루기 위해 나트륨아말감을 발명했다. 그 밖에 알루미늄의 연소 반응을 이용한 테르밋 반응을 발견해 특허를 취득했다.

22 **테르밋법**  금속 분말과 산화 분말을 섞은 분말제에 불을 붙이면 고온의 반응열이 나오며 연소한다. 값싼 알루미늄을 사용한 테르밋법이 일반적이다. 전철 선로의 용접 등에 사용된다. 반응염은 매우 고온이고 자외선을 방출하기 때문에 맨눈으로 봐서는 절대 안 된다.

23 **샤를 에두아르 기욤**  [스위스] 1861~1938년. 1897년에 프랑스에서 실온 부근에서의 부피 변화가 극단적으로 작은 합금인 앵바르를 개발했다. 1913년에는 탄성 계수의 변화가 작은 엘린바를 발명했다. 1920년, 앵바르 합금을 발견한 공로로 노벨 물리학상을 받았다.

철의 이용이라는 측면에서는 1898년에 에르네스토 스타사노가 전기로 제강법을 완성했다.

## ⊙ 앵바르와 인바

### ■ 인바? 앵바르? 도대체 뭐지?

각 장 앞에 있는 연표에 다음과 같이 정리했다. "AD 1897년 기욤, 앵바르를 발명. 합금 조성 Fe – 35Ni[프랑스]" "AD 1929년 마스모토 하카루, 초불변강(슈퍼인바) 발명. Fe – 32Ni – 4Co"

이것은 잘못 표기한 것이 아니라 발명한 장소에 경의를 표하기 위함이다. 발명자인 기욤은 스위스인이지만 프랑스에서 연구했기에 처음에는 'Invar'를 '앵바르'라고 불렀을 터이다. 그랬던 것이 세계로 퍼지자 '인바'가 되었다.

조금 더 자세히 설명하면, 부피가 변하지 않는다는 점에서 영어로 '불변'을 의미하는 'Invariable'의 처음 다섯 글자인 'INVAR'를 합금의 이름으로 삼았다. 그런데 장소가 프랑스다. 'In'은 프랑스어 발음으로 '앵'이다. 외국에서는 전혀 문제가 없지만, 한국어나 일본어로 표기할 때는 '인'이나 '앵'이냐가 논란이 된다.

### ■ 인바의 성질

인바는 철과 니켈의 합금이다. 현재는 니켈이 평균 36퍼센트인 '인바 36'으로서 활용되고 있다.

이 합금은 상온 부근에서 열팽창률이 이를테면 철의 10분의 1밖에 안 될 만큼 작다는 특징이 있다. 그래서 일본에서는 '불변강'이라고 부른다. 일본에서 개발된 슈퍼인바[24]는 열팽창률이 인바의 10분의 1이다.

일반적인 금속은 온도가 상승하면 팽창한다. 이것은 정밀 계기나 반도체처럼 아주 작은 변형도 품질이나 성능에 영향을 끼치는 기기에는 부적절한 성질

---

24 **슈퍼인바** 인바의 열팽창 계수가 철의 10분의 1인 데 비해, 슈퍼인바의 열팽창 계수는 철의 100분의 1이다. 여기에 스테인리스 인바도 개발되고 있다.

이다. 그래서 인바가 천연가스의 운송 탱크에 사용되거나 우주 환경에서 사용되기도 한다.

### ■ 앵바르의 역사

앵바르(인바)의 역사는 1897년에 샤를 에두아르 기욤이 철과 니켈의 합금에서 앵바르의 특성을 발견하면서 시작되었다. 그는 이 공적으로 1920년에 노벨 물리학상을 받았다. 세계로 퍼진 '앵바르(인바)'는 상품명이며, 공식 명칭은 'Fe-Ni36'이다.

여기까지는 역사 연표에서 읽을 수 있는 사항인데, 그렇다면 기욤은 어떻게 인바를 발견했을까? 어느 날 우연히 발견한 것이 아니라 그 전 단계의 이야기도 있을 터이다.

기욤의 연구 스폰서는 프랑스에 있는 국제 도량형 위원회였다. 위원회는 1891년에 열팽창률이 작은 합금을 만들고 그것을 규칙에 담고자 기욤에게 합금의 개발을 의뢰했다. 기욤은 놋쇠나 청동은 사용하지 않고 니켈을 첨가한 합금에 주목했다.

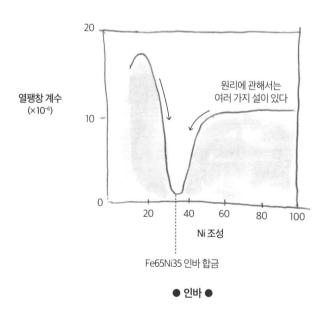

● 인바 ●

1896년에는 니켈이 30퍼센트 들어간 합금을 손에 넣었는데, 기욤은 그 합금의 열팽창률이 낮다는 사실을 깨달았다. 그래서 기업으로부터 제공받은 자금으로 수백 종류의 합금을 조사하고 그 성과를 1897년에 「니켈 합금에 관한 연구(Recherches sur le nickel et ses alliages)」라는 논문으로 발표해, 팽창률의 특이한 온도 의존성과 전기 저항의 관계를 세상에 공개했다.

언뜻 단순해 보이는 '발견'과 '노벨상'이라는 역사의 이면에는 그가 살았던 장소, 수요, 기회 등이 복잡하게 얽혀 있었다. 그렇게 해서 세기의 대발견으로 이어진 것이다.

## ◉ 고속도강

### ■ 고속도란?

대부분의 강재는 어떤 외적 환경을 견뎌냄으로써 가치를 만들어 낸다. 그래서 강재의 재질을 나타낼 때는 가급적 '무엇을 견뎌낼 수 있는가?'[25]를 명칭에 담는다. 이를테면 '내황화수소강', '내후성강', '내마모성강', '내피로성강' 같은 식이다.

그런데 과거에 만들어진 강재는 이런 명명법이 아니라 사용 조건을 당연히 알고 있는 전제에서 명명되는 경우가 있었다. 그 전형적인 예가 '고속도강'이다. 생략하지 않고 전부 적으면 '절삭 가공에 사용되는 강재는 절삭 도중에 온도가 상승한다. 공구의 회전수, 즉 속도를 고속도로 만들어도 공구가 고온 연화되지 않아 계속 가공할 수 있는 강재'다. 요컨대 절삭 회전 공구의 회전 속도가 고속도라는 의미다.

---

25 **무엇을 견뎌낼 수 있는가?** 강철의 인생은 마치 우리의 인생을 이야기하는 듯하다. 대놓고 말은 안 하지만, 사람들은 금속에 자신의 인생을 투영한다. 지금은 모르더라도 반드시 언젠가는 알게 되는 날이 온다. 강철 이야기로 돌아가면, 우리가 사용하고 있는 천연가스에는 황화수소가 섞여 있다. 이 황화수소에서 수소가 강재에 들어가면 강재는 파괴된다. 야외에서 사용되는 강재는 녹이 슬면 안 된다. 마모되어도 안 된다. 피로해져도 안 된다. 역시 강철은 우리의 인생 그 자체다.

## ■ 하이스의 탄생

고속도강은 '하이 스피드 스틸', 줄여서 '하이스(HSS)'라고 부른다. 금속 공구 강보다 빠른 회전 속도로 깎을 수 있고, 고온에서의 담금질성(경화능)이 우수하며, 높은 온도에서도 높은 경도와 인성을 유지하고, 내구성이 뛰어나다는 특징이 있다. 고속에 견딜 수 있다면 생산성 향상과 절삭 비용 절감이 가능해진다. 고속도강에는 텅스텐(W계) 고속도강과 몰리브덴(Mo계) 고속도강이 있다. 1899년, 미국의 프레더릭 테일러[26]와 마운셀 화이트 등이 미국의 베슬리헴 철강 회사에서 고속도강을 발명했다.

## ■ 하이스의 제조

고속으로 회전하는 공구에 사용하는 고속도강은 고온에서도 물러지지 않도록 강철에 크롬이나 텅스텐, 몰리브덴, 바나듐 등의 합금 성분을 대량으로 넣어서 만든다. 이 합금을 담금질한 것이 연삭·연마에 사용하는 공구의 소재가 된다.

## ■ 초경합금과 다른 점

같은 성질을 지닌 강재로 초경합금이 있다. 그렇다면 초경합금과 고속도강은 무엇이 다를까? 경도에서는 초경합금이 더 우수하며, 내마모성도 뛰어나다. 그러나 충격 등에 이가 빠지지 않는 강인함(인성)은 고속도강의 승리다. 고속도강은 움직임을 동반하는 사용 방식에 더 적합하다.

## ■ 하이스의 최근 동향

고속도강의 제조 기술은 시대의 변천과 함께 바뀌어 왔다. 최근에는 금속을 전부 녹인 다음에 주조·성형·조형하던 기존의 방법에서 분말 야금을 통한 소결 고속도강으로 성형 방법과 재료가 변화하고 있다.

---

26 **프레더릭 테일러** [미국] 1856~1915년. 프레더릭 윈즐로 테일러. 미드베일 스틸 시에 작업원으로 입사해, 조직적 태업을 해결하는 테일러 시스템을 도입했다. 재직 중에 고속도강을 발명했다. '과학적 관리법의 아버지'는 하이스의 아버지이기도 했다.

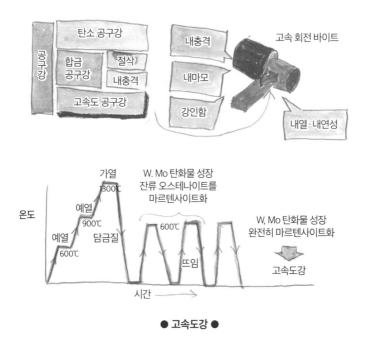

공구강
탄소 공구강
합금 공구강
절삭
내충격
고속도 공구강

내충격
내마모
강인함

고속 회전 바이트

내열·내연성

온도

예열 600℃

예열 900℃

담금질

가열 1300℃

W, Mo 탄화물 성장
잔류 오스테나이트를
마르텐사이트화

600℃

뜨임

W, Mo 탄화물 성장
완전히 마르텐사이트화

고속도강

시간 →

● 고속도강 ●

 

또한 제작한 공구 표면에 질화티타늄의 물리 증착 피막을 생성해 내마모성을 비약적으로 향상시킨 고속도강 공구도 등장했다.

### ■ 고속도강의 비화

영국 딘 숲의 제철소에서 조용히 살고 있던 로버트 무셋 로버트[27]은 금속 역사 책에는 등장하지 않는다. 그러나 베서머에게서 전로법으로 생산하는 강철의 품질 개선을 의뢰받고 불순물만을 제거하는 정련법을 개발해, 현대 제강 기술에 밀리지 않는 정련법으로 베서머 전로를 성공으로 이끈 인물이다.

---

27 **로버트 무셋**  1811~1891년. 무셋의 정련 방법은 단순하지만 영리했다. 베서머 전로에서 만들어진 용강에 공기를 불어 넣어 탄소나 황, 인 등의 불순물을 철저히 산화 제거한 다음, 철 - 망간 합금(스피겔아이젠)을 넣어서 강철을 만들었다. 베서머는 이 발명을 이용했지만, 무셋이 아무리 요구해도 발명의 사용 보수를 지급하지 않았다. 다만 무셋이 병으로 쓰러진 뒤 그의 딸이 베서머를 만나러 가서 아버지의 어려운 상황을 호소하자, 베서머는 마음을 고쳐먹고 무셋에게 고액의 연금을 지급하기로 했으며 베서머 골드 메달도 수여했다. 그러나 고속도강의 발명은 그 이면에서 계속 무시당했다.

1868년에는 텅스텐을 사용한 절삭 공구를 만들어 내 고속도강의 선구자가 되었다. 그러나 그는 자신의 성과나 발명을 제대로 평가받지 못한 채 생애를 마감했다. 베서머에게 개발에 들인 비용을 받기 위해 벌인 소송이 원인이었다는 이야기도 있다. 수많은 대발명의 그늘에 가려진 슬픈 선행 발명 중 하나였다.

# 여신님의 남모를 고민

SF 영화에서 지구로 돌아온 우주 비행사가 제일 먼저 발견하는 것은 대체로 뉴욕의 자유의 여신상이다. 문명이 멸망한 뒤에도 남아 있는 상징적 구조물로 다뤄질 때가 많다.

리버티섬에 있는 자유의 여신상은 미국의 독립 100주년을 기념해 프랑스 국민이 증정한 것으로, 1886년에 준공했다. 정식 명칭은 '세계를 밝히는 자유'다. 철제 골격에 청동제 외벽을 리벳으로 고정한, 거대 건조물로서는 독창적인 구조로 만들었다.

설계에 참여한 에펠(에펠탑의 설계자)은 다행히도 1세기 전에 갈바니가 발견한 이종 금속 접촉 부식 작용을 인식하고 있었다. 그래서 절연성 수지를 스며들게 한 석면으로 철골과 청동이 접촉하지 않게 하는 공법을 채용했다. 당시의 최신예 기술을 동원한 것이다. 에펠은 "제대로 관리해 준다면 이집트의 기념탑과 마찬가지로 오랫동안 남을 것이다"라고 기록했다.

이때 내부 철골의 도장을 검토하지 않은 이유는 알 수 없다. 안쪽이니까 부식 방지 처리를 소홀히 했는지도 모른다. 나중에 누군가가 여신상 내부 철골에 새까만 콜타르를 칠했고, 그 후에 알루미늄 페인트와 에나멜 등의 도료를 몇 겹으로 칠했다.

에펠탑도 그렇고 도쿄 타워도 그렇고, 대기에 그대로 노출된 채로 서 있는 구조물에는 반드시 도료를 칠하며, 몇 년 간격으로 다시 칠하기를 반복한다. 필자가 영국을 방문했을 때도 아이언브리지를 새로 도장한 직후였다. 색은 설계할 때부터 정해져 있어서, 언제나 변함없는 외관을 유지하고 있다.

반면 자유의 여신상은 설계 당시에 내부 철골 구조에 대한 도장을 지정하지 않았기 때문에 철골 위에 몇 겹으로 도료를 칠해 내부가 보이지 않는 상태였다. 당연히 철제 뼈대와 청동제 외판 사이에 수분이 갇히게 되었다. 장소에 따라서는 부식이 진행되어서 몇 겹으로 칠해진 도료만으로 지탱되고 있는 장소도 있었다고 한다.

이 상태는 지은 지 30여 년이 지난 필자 집의 담장과 똑같다. 안쪽의 철선은 이미 한참 전에 녹슬어서 없어진 상태이며, 주위의 수지만으로 지탱되고 있다. 녹슨 철선은 두 번 다시 원대의 상태로 돌아가지 못한다.

자유의 여신상은 100주년을 계기로 모금을 통해 새롭게 단장했다. 도료를 제거하고, 부식된 부분은 새로운 부재로 교체했다. 교체 금속으로는 알루미늄 청동과 니켈 합금을 포함한 5종류의 금속이 검토된 끝에, 결국 스테인리스강으로 결정되었다. 스테인리스강은 자유의 여신상이 설치된 지 반세기 후에 발명되었다. 영원한 문명의 상징으로 여겨지는 자유의 여신상도 금속으로 만들어진 이상 부식으로부터 벗어날 수 없다. 부식되는 것이 싫다면 순금으로 만드는 것도 한 가지 방법이다. 가능할지는 모르겠지만.

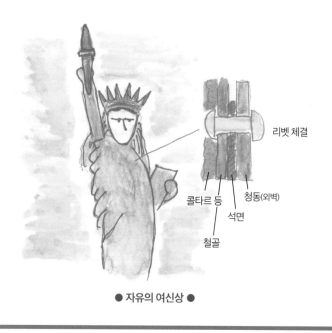

● 자유의 여신상 ●

제 9 장

# 금속,
# 누구도 가지 못한
# 길을 보여주다

: 금속 기능의 새로운 가능성

## 금속의 이용

**규소강** .......................................................
AD 1900년    해드필드, 규소강(2~4%)을 발명[영국]
AD 1900년    브리넬, '브리넬 경도 시험' 영구 압흔의 직경으로 구함[스웨덴]
AD 1902년    피터 쿠퍼 휴잇, 아크 방전 수은등을 발명[미국]

**방사능 이론** ...............................................
AD 1902년    러더퍼드와 소디, 방사능 이론 제창[영국]
AD 1903년    해드필드, 방향성 규소강판(고투자율 강판) 특허[영국]

**기체 산호 분리** ...........................................
AD 1903년    린데가 줄 - 톰슨 효과를 이용해 액체 공기에서 기체 산소를 분리[독일])

**자연 방사능** ...............................................
AD 1903년    마리 퀴리, 자연 방사능 연구로 노벨상 수상[프랑스]
AD 1904년    길레가 저탄소 철 - 크롬 합금의 연구를 통해 금속 조직을 페라이트, 마르텐사이트로 분류[프랑스]

**부유선광법** ...............................................
AD 1905년    미네랄스 세퍼레이션 사, 교반식 포말 부유선광법 발명

**니크롬선** ...................................................
AD 1906년    니크롬선(20% Ni - 80% Cr) 발명
AD 1907년    위르뱅과 벨스바흐, 루테튬 발견
AD 1907년    엘우스 헤인스, 코발트 - 크롬 합금 스텔라이트 제조[미국]

**경도의 정의** ...............................................
AD 1907년    앨버트 쇼어, '쇼어 경도 시험' 압자의 자연 낙하와 반발 높이로 구함[미국]
AD 1908년    마이어, '마이어 경도'[독일]
AD 1908년    루드위크, '루드위크 경도' 로크웰 경도에 촉발

**부동태화 현상** ...........................................
AD 1908년    몬나르츠와 보르헤르스, 철 - 크롬 합금의 내식성이 부동태화 현상임을 발견[독일]

▼

248

## 금속의 이용(앞에서 이어서)

두랄루민 ..............................................
**AD 1909년** 독일의 알프레드 윌름, 두랄루민을 발명. 이 무렵 다이캐스팅 개발

초전도 ..............................................
**AD 1911년** 라이덴 대학교의 헤이커 오너스, 수은에서 초전도 현상 발견(4.15K)[네덜란드]

**AD 1911년** 스윈덴, Mo강에서 강에 대한 Mo 첨가의 영향을 개통적 연구

**AD 1911년** 독일의 필립 몬나르츠, 무탄소 고크롬강은 부동태 현상을 통해 내산성을 띤다고 보고

스테인리스강 개발 경쟁 ..............................................
**AD 1912년** 브리얼리, Cr12% 스테인리스강 제조[영국]

**AD 1912년** 막스 폰 라우에, 결정을 이용한 엑스선 회절에 성공[독일]

**AD 1913년** 브리얼리가 마르텐사이트계 스테인리스강을 실용화. 미국은 1916년부터 실용화

하버 - 보슈법 ..............................................
**AD 1913년** 보슈와 하버, 질소 화합물의 공업적 생산 기술을 개량

**AD 1914년** 헨리 모즐리, 엑스선 분광 분석법 발명

**AD 1914년** 미국의 단치젠이 페라이트계 스테인리스강을 실용화

**AD 1914년** 독일의 마우러와 슈트라우스, 오스테나이트계 스테인리스강을 실용화

**AD 1914년** 타만, 『금속조직학(Lehrbuch der metallographie)』(최초의 금속 물리 · 화학서)

## 철의 이용

가스 용접 ..............................................
**AD 1901년** 에드몽 푸셰와 샤를 피카르, 가스 용접을 발명[프랑스]

US스틸 ..............................................
**AD 1901년** US스틸, 11억 달러의 자본금으로 창설. 세계 최대의 철강 트러스트. 미국 전체의 3분의 1의 철강 수주[미국]

**AD 1901년** 에르하르트, 강관의 수압 천공법 발명[독일]

액화 공기 ..............................................
**AD 1902년** 조르주 클로드가 피스톤식 팽창기로 공기 액화 성공[프랑스]

**AD 1902년** 린데, 질소 대량 채취 실용화[독일]

**AD 1904년** 코퍼스, 축열식 코크스로 발명[독일]

저항전기로 ..............................................
**AD 1906년** 지로, 저항식 전기로 발명[프랑스]

타타 제철 ..............................................
**AD 1907년** 잠셋지 타타, 타타 제철 설립[인도]

아크 용접 ..............................................
**AD 1907년** 키엘베르크, 피복 금속봉 전극을 사용한 아크 용접을 발명[스웨덴]

**AD 1908년** 피스톤식 팽창기를 이용하는 헤이랜드법의 완성으로 액체 산소의 제조

타이타닉 ..............................................
**AD 1912년** 여객선 타이타닉호 진수

**AD 1912년** 크루프 사, 스테인리스강, 내산성강을 개발[독일]

**AD 1914년** 제1차 세계대전 발발, 강재 가격 급등

# 9-1

# 전기강과 산소: 전기강판 발명과 산소 분리로 인한 고효율 정련

## ⊙ 연대 해설

1900~1905년을 금속의 이용이라는 측면에서 살펴보면, 신기능 강재의 개발과 방사능 등을 중심으로 활동이 활발해졌다. 또한 철의 이용이라는 측면에서 살펴보면 철강 회사들이 설립되고 액화 공기 기술이 진보했다.

금속의 이용이라는 측면에서는, 영국의 로버트 해드필드가 1900년에 매우 중요한 기능 합금강인 규소강을 발명했다. 엑스선과 라듐의 발견도 진행되었다. 1902년에는 어니스트 러더퍼드 등이 방사능 이론[1]을 제창했고, 이듬해인 1903년에는 마리 퀴리가 자연 방사능[2]의 연구로 노벨 물리학상을 받았다. 또한 같은 해에 액체 공기에서 기체 산소의 분리가 가능해짐에 따라 산소가 이용되기 시작했다.

철의 이용이라는 측면에서는 용접법의 궁리가 시작되어, 에드몽 푸세[3] 등이 가스 용접을 발명했다. 미국에서는 세계 최대급의 철강 트러스트인 US스틸이 설립되었다.

---

1 **방사능 이론** 전자선을 물질에 조사하면 엑스선이 방출되는 현상은 이미 알려져 있었다. 다만 당시는 이 현상을 보고 방사선은 외부로부터 열이나 복사 에너지를 흡수해서 발생하는 것으로 유추했다. 러더퍼드 등은 외부에서 에너지를 받지 않아도 원소는 다른 원소로 변하며 방사선을 방출한다는 사실을 발견했다.

2 **자연 방사능** 자연에 존재하는 방사성 동위 원소 가령 칼륨은 채소 등에 당연하게 함유되어 있는데, 칼륨 - 40은 방사능을 지니고 있다. 또한 탄소에도 우주선(宇宙線)이 질소와 반응해서 생성되는 탄소 - 14 등이 있다. 박물관 등에 설치되어 있는 윌슨의 안개상자(방사선이 날아간 궤적을 구름의 형태로 볼 수 있는 장치)를 보면 자연계에는 무수히 많은 방사선이 날아다니고 있음을 알 수 있다.

3 **에드몽 푸세** 영국의 에드몽 푸세(1860~1943)와 샤를 피카르는 1903년에 산소 아세틸렌 용접을 개발했다. 1836년에 영국의 데이비가 발견한 아세틸렌에 산소를 섞은 가스의 연소염은 온도가 3,300도에 달해 강재를 쉽게 녹인다.

## ⊙ 규소강

### ■ 규소강이란?

최근에 탄소 중립 사회의 실현이 과제가 되면서 각광받고 있는 강재로 규소강이 있다. 규소강은 전기강판[4]으로도 불리며, 철 합금에 규소를 첨가한 고성능 강재다. 높은 내구성과 성능 특성에서 현대 산업의 중요한 소재가 되고 있다.

다만 우리의 눈에 띄는 곳에는 전기강판이 사용되지 않는다. 발전소의 발전기, 고압 변전소의 변압기, 전신주 위의 변압기, 공장에서 사용되는 전동 모터의 부품 등 눈에 보이지 않는 곳에 사용된다. 최근에는 전기 자동차의 전기 모터나 풍력 발전소의 발전기 속에서도 전기강을 볼 수 있게 되었다.

이것은 전기강판의 수요가 전보다 높아졌기 때문이다. 전기강판이 없으면 탄소 중립 사회의 실현은 어렵다고 해도 과언이 아니다.

### ■ 규소강의 역사

1900년, 영국의 해드필드가 규소강을 발견했다. 그는 모터나 전자석의 철심으로 사용할 얇은 강판에 규소를 2~4퍼센트 첨가하면 철손[5]이 크게 감소한다는 사실을 발견했다. 철손이란 전류를 흘려서 전자석으로 만들었을 때 철심이 소비하는 에너지다. 이것이 작으면 전자석의 효율이 크게 향상된다.

1903년에는 미국과 독일에서 규소강판의 공업 생산이 시작되었다. 그리고 1924년에는 일본에서도 열연 규소강판의 공업 생산이 시작되었다.

1934년, 미국의 노먼 고스[6]가 냉간 압연과 소둔을 조합하면 압연 방향으로

---

4  **전기강판**  규소강은 소재를 강판으로 가공하는 과정에서 용도에 적합한 우수한 전기강판이 된다. 참고로 자성(磁性) 재료에는 일단 자기화되면 자성이 유지되는 '경자성 재료'와 자기장이 작용하는 동안만 자성이 발생하는 '연자성 재료'가 있는데, 전기강은 후자다.

5  **철손**  자성 재료로 만든 심을 가진 인덕터 코일 등에서 발생하는 자기장의 손실. 받은 전류 전압 가운데 아무 일도 하지 않음에도 소비되는 것으로, 원인은 심의 성질이다. 과전류가 흘러서 발생하는 손실과 심에 자기가 잔류하는 히스테리시스 손실의 합계다.

6  **노먼 고스**  [미국] 1902~1977년. 1935년에 전기강판 중에서도 자기 이방성이 높은 방향성 전기강판을 개발했다. 주로 고출력 변압기의 자심(磁芯)으로 사용된다. 자기 이방성이란 특정 방향이 특히 자기화하기 쉬운 성질로, 자력을 집중시키는 용도에 적합하다.

우수한 자기 특성이 나타난다는 사실을 발견했다. 이후 전기강판은 성능에 따라 '무방향성 전기강판'과 '방향성 전기강판'으로 불리게 된다. 전자는 열간 압연으로 만드는 규소강이고, 후자는 고스법으로 만드는 규소강이다.

1935년, 미국의 암코 사는 방향성 전기강판의 제조를 시작했다. 일본에서도 제2차 세계대전 전후로 방향성 전기강판을 제조하려는 움직임이 커졌고, 패전 후인 1958년에 암코 사와 기술 제휴를 맺어 방향성 전기강판의 제조를 개시했다. 이후 일본은 개량 발전을 거듭하며 전기강판을 일본의 대표 강재로 성장시켜 세계를 선도하게 된다.

규소강은 영국에서 탄생해 미국에서 성장하고 일본에서 꽃을 피운 전기강판이다. 전쟁이 키운 강재이지만, 현재는 지구를 구할 강재로서 대활약하고 있다.

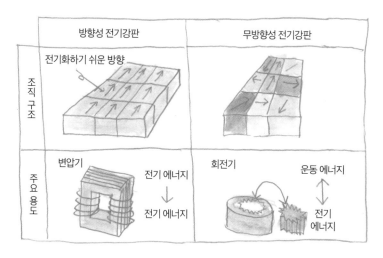

● 전기강판 ●

# 주석 페스트

사람이 병에 걸리면 약해지듯이, 금속도 병에 걸리면 건전한 상태를 유지하지 못한다. 금속이 병에 걸리는 원인은 공기나 물, 소금, 전류, 열 등이다. 이런 원인들 때문에 금속의 표면이나 내부에 이상이 발생한다.

유명한 사례로 '주석 페스트'가 있다. 주석은 보통 은색이며 정방정 구조를 띠고 있다. 그러나 저온 환경에서는 회색으로 변화하며, 비금속적인 구조로 변한다. 그리고 이 변화로 인해 팽창해서 급속히 바스러질 때가 있다.

혹한의 환경에 놓이면 이 현상이 일제히 발생해, 마치 주석이 페스트에 감염된 것 같은 상태가 된다. 나폴레옹이 러시아 원정에서 돌아올 때 프랑스군 군복에 달려 있던 주석제 단추가 일제히 바스러져 많은 희생자가 나왔다는 이야기가 있다.

다만 이 때문에 나폴레옹이 패배했다는 이야기는 도시 전설일 뿐이다. 이 이야기는 러시아 육군 창고에서 양철 단추가 바스러진 사건이 와전된 듯하다. 주석의 저온 변태는 일어나기까지 1년 이상 걸리기 때문이다.

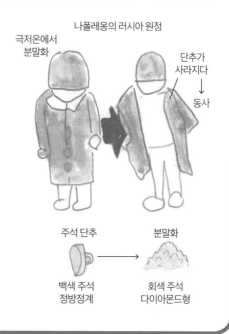

나폴레옹의 러시아 원정

극저온에서
분말화

단추가
사라지다
↓
동사

주석 단추          분말화

백색 주석          회색 주석
정방정계          다이아몬드형

## 9-2

**1905년부터 1910년까지**

# 표면의 기술: 표면 경도 지식과 표면 부동태화

## ⊙ 연대 해설

1905~1910년을 금속의 이용이라는 측면에서 살펴보면, 크롬을 함유한 합금의 연구와 경도 연구가 활발히 진행되었다. 또한 철의 이용이라는 측면에서 살펴보면 제철소의 설립이 이어졌고, 용접이나 노에 전기를 이용하는 기술이 개발되기 시작했다.

금속의 이용이라는 측면에서는, 먼저 빈광이나 난분해성 광석에서 유용한 광물을 추출하는 부유 선광법[7]이 개발되었다. 또한 1906년에 앨버트 마쉬[8]가 전기 저항 발열을 하는 니크롬선을 발명하고 1908년에 크롬 합금의 부동태화 현상[9]이 발견되는 등, 크롬강의 특성에 관한 연구가 진행되었다. 1907년부터는 쇼어 경도와 로크웰 경도 등 경도의 정의가 제안되기 시작했다.

철의 이용이라는 측면에서는, 1970년에 인도의 잠셋지 타타[10]가 타타 제철[11]

---

7 **부유 선광법** 부선제를 넣은 물에 잘게 부순 광물을 가라앉히고 공기를 불어 넣으면서 휘저으면 광물 입자가 기포에 달라붙어서 떠오른다. 이것은 광물 표면의 금속과 반응한 부유제의 물에 잘 젖지 않는 성질로 인해서 발생하는 현상이다.

8 **앨버트 마쉬** [미국] 1877~1944년. 여가 시간에 실험을 해도 된다는 조건으로 계약을 맺고 컨설턴트 회사에서 일하면서 니크롬을 개발했다. 그 후 특허를 취득해 회사에 매각했다. 니크롬은 니켈과 크롬의 합금으로, 전기 저항이 커서 발열 소자로 이용된다.

9 **부동태화 현상** 금속의 표면에 치밀한 산화 피막이 생성된 상태. 알루미늄이나 크롬 등 대기 속에서 금속광택을 지니는 금속이 부동태화하기 쉽다. 산화 피막이 매우 얇은 까닭에 가시광선이 투과해 그 밑에 있는 금속 표면이 비치기 때문에 금속광택이 생기는 것이다.

10 **잠셋지 타타** [인도] 1839~1904년. 인도의 타타 그룹의 창시자

11 **타타 제철** 1907년에 타타 스틸이 설립되었다. 지금까지 몇 차례의 국유화 시도가 있었지만 실패로 끝났다. 2006년, 생산 규모가 4배에 이르는 영국·네덜란드의 코러스를 인수했다. 현재 인도의 철강 생산량은 일본을 추월해 계속 확대되고 있는데, 타타 제철은 그런 인도 철강 생산의 한 축을 담당하고 있다.

을 설립했다. 그리고 전력을 철의 제조에 이용하려는 시도가 시작되어, 1906년에는 저항식 전기로가 발명되었다. 접합 분야에서도 피복 금속봉을 사용한 아크 용접[12]이 발명되었다.

## ◉ 경도의 정의

### ■ 우리 주변에 있는 금속의 경도

금속의 표면을 단단하게 만든다는 발상은 메소포타미아 시대 히타이트의 도검이나 중국 전국 시대의 탄소 표면 경화 도검 등 먼 옛날부터 존재했다. 금방 부러져서는 무기로 사용할 수가 없는데, 표면을 경화하면 유연하면서도 표면은 단단해서 잘 베어지는 무기가 된다. 이런 기술은 전함의 현측이나 전차의 장갑 같은 방어 수단에도 사용되고 있다. 현대에는 기계 제품의 거의 모든 부품, 예를 들면 나사나 베어링 등 강한 힘이 걸리거나 마모되는 부품의 경우 표면에 표면 경화 처리를 해서 안정 수명이 대폭 증가했다.

원리는 약간 다르지만 자동차의 차체, 특히 도어에는 덴트성이 요구된다. 덴트성이란 뾰족한 물건이 부딪치더라도 움푹 들어가지 않는 성질을 가리킨다. 자동차의 도어는 주행 중에 날아온 작은 돌 등에 부딪혀서 움푹 들어가는 경우가 있는데, 그렇다고 해서 두꺼운 강판을 사용하면 차체의 중량이 무거워져서 연비가 나빠진다. 그래서 얇은 강판이지만 움푹 들어가지 않게 하는, 즉 경도를 높이려는 궁리가 진행되었다. 그러나 멋진 자동차는 유선형에 안쪽으로 움푹 들어가기도 하는 등 디자인이 복잡한데, 고강도강을 프레스 가공해서 그런 형상을 만드는 것은 쉬운 일이 아니다. 그래서 프레스 가공을 할 때는 강도가 낮아 복잡한 형상을 가공할 수 있고 조립한 뒤 가열 건조 도장을 할 때 열

---

12 **아크 용접** 러시아의 니콜라이 베나르도스(1842~1905)는 1881년에 파리 국제 전기 박람회에서 탄소 전극을 발표했고, 1887년에 폴란드의 스타니스와프 올셰프스키(1852~1898)와 함께 특허를 취득했다. 전기 아크는 1800년에 당시 전기 분해의 일인자였던 영국의 데이비가 발견했다.

에 경화되는 강재인 BH 강판[13]이 개발되었다. 그 결과 자동차의 도어가 작은 충격에도 움푹 들어가는 일이 없어지게 되었다.

## ■ 경도란?

누구나 사용하고 있으며 품질 보증 항목에도 들어가 있지만 학문적으로는 참으로 모호한 개념이 '경도'다. 애초에 경도가 무엇이냐고 물어본다면 "물건의 표면 또는 약간 안쪽까지 들어간 부분의 기계적 성질"이라고 밖에 할 말이 없다. 백 수십 년부터 많은 연구자와 기술자가 시험 방법과 시험기를 고안하고 경도를 정의해 방대한 실험을 실시해 왔지만, 통일된 정의는 아직도 존재하지 않는 것이 현실이다.

경도의 정의는 이를테면 '꿀밤에 대한 머리의 저항력' 같은 것이어서, 머리에 꿀밤을 먹여서 주먹이 얼마나 튕겨 나오는지를 보고 측정하는 식이다. 꿀밤이 져서 선생님의 주먹이 '아프다'면 석두의 승리다. 다음에는 주판을, 그래도 안 된다면 더 단단한 물건을 머리가 움푹 들어갈 때까지 계속 부딪쳐서 석두의 한계를 측정한다. 이것이 경도의 정의[14]인 것이다.

## ■ 금속의 경도의 종류

금속의 경도 시험도 석두와 마찬가지다. 수많은 시험 방법 가운데 쉽게 실행할 수 있고 객관적으로 수치를 구하기 용이한 것이 역사 속에서 생존해 현재까지 살아남았다.

---

13 **BH 강판** BH는 소부경화(Bake Hardening)의 약자다. 'Bake'는 굽는다, 'Hardening'은 단단하게 만든다는 의미다. 도료의 소부 온도인 170도 정도에서 강철 속의 탄소가 확산되어 단단해지는 원리다. 이 글을 쓰다 보니 지금으로부터 약 35년 전에 철강 제조 현장에서 이 강재를 정식 생산하기 위해 개발을 진행하던 시절이 떠올랐다. 현장 사람들도 상사도 "이런 걸 정말 만들 수 있는 거요?"라며 회의적인 시선으로 바라보는 가운데 현장의 대기소에서 며칠씩 묵으며 제조 조건을 확립하고자 악전고투했던 나날들···. 그 시절을 떠올리니 용케도 정식 생산에 성공했구나 하는 감탄과 강렬한 감동이 다시 한번 밀려왔다.

14 **경도의 정의** 필자가 초등학생 시절에 장난을 치다가 들켰을 때 경험했던 일이다. 당시는 꿀밤이 허용되었던 시절이다. 물론 주먹 말고는 어디까지나 비유일 뿐이지만, 그 꿀밤으로 내가 한 행동의 잘잘못을 배울 수 있었다.

1. 정적으로 계측 도구를 밀어 넣는 방법: 브리넬[15], 로크웰[16], 비커스, 누프 경도 등, 석두에 주먹을 대고 돌리면서 누르는 방법이라고 생각하기 바란다. 그렇게 했을 때 얼마나 움푹 들어가는지를 보고 판단한다.
2. 동적 방법: 쇼어, 허버트, 리브 경도 등 석두에 돌을 부딪쳐서 튕겨 나오는 정도라고 생각하기 바란다. 석두가 단단할수록 더 많이 튕겨 나온다.
3. 표준 물체로 긁는 방법: 마르텐스, 비어바움 경도 등 석두를 긁어서 난 상처를 보고 판단하는 방법이다.
4. 긁었을 때 상처가 나지 않는 표준물질로 판단하는 방법: 모스[17] 시험, 시금석. 표준 석두를 몇 단계 정도 준비해놓고, 경도를 알고 싶은 석두를 문질러 어떤 석두까지 상처가 나는지 그 한계를 보는 방법이다. '시금석'이라는 판을 준비하고 이것을 황금으로 생각되는 금속에 문질러 그 금속의 황금 함유량을 정확히 측정하는 방법도 있다.

## ■ 금속의 경도 시험의 역사

경도의 역사를 간단히 살펴보자. 1812년, 프리드리히 모스가 긁힘 경도를 고안했다. 10개의 광석으로 '모스 경도'의 척도를 결정한 유명한 경도 시험법이다. 초등학생 시절에 과학실에서 본 적이 있을 것이다. 1900년에는 요한 브리넬(스웨덴)이 '브리넬 경도 시험'을, 1919년에는 미국의 휴 로크웰이 '로크웰 경도 시험'을 고안했다. 그리고 이후로는 둑이 터진 듯이 '나의 경도 시험법'이 속속 발표되었다. 20세기 초엽은 경도 시험 대유행의 시대였다.

---

15 **브리넬** [스웨덴] 1849~1925년. 요한 아우구스트 브리넬. 제철소 기술자. 브리넬 경도 시험기는 1900년의 파리 만국박람회에서 처음으로 전시되었다. 5회째를 맞이한 파리 만국박람회에는 대관람차와 에스컬레이터, 디젤 엔진 등이 등장했다.

16 **로크웰** [미국] 휴 로크웰(1890~1957)과 스탠리 로크웰(1886~1940)이 1919년에 로크웰 경도 시험을 공동 개발했다. 브리넬 경도계는 계측 시간이 길고 경화 조직에는 쓸모가 없었기 때문에 담금질 베어링의 계측용으로 개발했다.

17 **모스** [독일] 1773~1839년. 프리드리히 모스. 광물학자. 1822년의 논문에서 광물의 경도를 10단계로 분류하는 모스 경도를 발표했다. 이 방법은 기원전 3000년경에 아리스토텔레스의 후계자였던 그리스의 테오프라스토스(기원전 371~기원전 287년)가 언급했고 로마의 대 플리니우스도 『박물지』에서 이야기했던 방법이다. 모스의 독창적인 점은 공업적으로 이용 가능한 척도를 만들었다는 것이다.

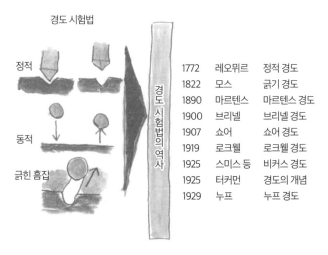

| | | |
|---|---|---|
| 1772 | 레오뮈르 | 정적 경도 |
| 1822 | 모스 | 긁기 경도 |
| 1890 | 마르텐스 | 마르텐스 경도 |
| 1900 | 브리넬 | 브리넬 경도 |
| 1907 | 쇼어 | 쇼어 경도 |
| 1919 | 로크웰 | 로크웰 경도 |
| 1925 | 스미스 등 | 비커스 경도 |
| 1925 | 터커먼 | 경도의 개념 |
| 1929 | 누프 | 누프 경도 |

● 경도의 정의 ●

이처럼 수많은 경도 시험이 연구되고 제안되었지만, 그럼에도 통일된 개념은 아직 완성되지 않았다. 참으로 신기한 일인데, 금속의 기본적인 성질이 끊임없는 연구 속에서도 아직까지 분명하게 밝혀지지 않았다는 것은 조금 재미있는 사실이다.

## ⊙ 연대 해설

1910~1915년을 금속의 이용이라는 측면에서 바라보면, 신기능성 소재의 개발 경쟁이 벌어졌다. 철의 이용 분야라는 측면에서 바라보면, 평시에서 전시로 이행되기 시작되었다.

금속의 이용이라는 측면에서는 1911년에 네덜란드의 헤이커 카메를링 오너스[18]가 수은에서 초전도 현상[19]을 발견했다. 또한 같은 해에는 독일의 알프레드 윌름[20]이 두랄루민을 발견했다.

두랄루민은 알루미늄 합금의 일종으로, 알루미늄과 구리가 주성분이다. 가볍고 강도가 높으며 내식성도 뛰어나 다양한 산업 분야에서 중요한 소재로 이용되고 있다. 독일에서 개발된 두랄루민은 개발 당시부터 공개되었지만, 처음에는 누구도 흥미를 보이지 않았다. 그러다 1916년에 독일의 융커스 사가 '항공기에 사용할 수 있지 않을까?'라는 생각에서 힌덴부르크 호 등의 비행선 골격에 두랄루민을 채용했는데, 이것이 대성공을 거두면서 순식간에 항공기체 소재로 인식되게 되었다. 일본도 항공기에 사용할 생각으로 개발을 진행해, 개량판인 초초두랄루민을 해군의 제로 전투기에 채용했다.

---

**18 헤이커 카메를링 오너스** [네덜란드] 1853~1926년. 독일 유학 시절에 분젠의 가르침을 받았다. 귀국 후 델프트 공과대학교 강사 시절에 요하너스 판데르발스를 만나 저온 물리학에 흥미를 품게 되었다. 1908년에 액화 헬륨을 제조하는 데 성공했으며, 1911년에는 순금속의 초전도 현상을 발견했다.

**19 초전도 현상** 오너스는 발견 당시를 이렇게 회고했다. "수은의 전기 저항이 갑자기 소멸했다. 전극의 쇼트인가 생각했는데, 그 후 실제로 전기 저항이 제로가 되었음을 깨달았다. 수은은 새로운 상태로 전이했다. 초전도 현상이라고 불러야 할까?"

**20 알프레드 윌름** [독일] 1869~1937년. 야금학자. 군사 연구소에서 근무하던 1903년에 알루미늄 합금의 시효 경화 현상을 발견했다. 만년에는 농민이 되었다.

1912년부터는 스테인리스강 개발 경쟁이 일제히 시작되었다. 그 결과 이 시기에 마르텐사이트계, 페라이트계, 오스테나이트계 스테인리스강이 등장한다. 1913년, 독일의 프리츠 하버와 카를 보슈[21]는 공업적 암모니아 합성에 하버-보슈법[22]을 적용했다.

철의 이용이라는 측면에서는 1912년에 호화 여객선 타이타닉이 진수했다. 독일의 크루프 사는 스테인리스강과 내산성강의 개발을 진행했다. 이런 새로운 강재는 병기의 개량으로 이어지기 때문에 전쟁에 대비해 각국이 열정적으로 개발을 진행했다. 1914년 세계는 제1차 세계대전[23]에 돌입한다.

## ◉ 타이타닉

### ■ 미야자와 겐지의 타이타닉

타이타닉 호는 1912년에 취항한 영국의 호화 여객선이다. 당시 세계 최대인 동시에 가장 호화로운 여객선이었는데, 취항 후 불과 4일 만에 북대서양에서 빙산과 충돌해 침몰했다. 1,500명이 넘는 희생자를 낸 이 비극적인 사건은 역사상 최악의 해난 사고로 기억되고 있다.

미야자와 겐지의 소설 『은하철도의 밤』에는 이 타이타닉 호로 생각되는 묘사가 등장한다. "흠뻑 젖은 소년이 기차에 올라탔다", "빙산과 충돌해 바다로 던져졌다"라는 묘사다. 또한 그의 시집인 『봄과 수라』에는 "Nearer my God 인가 하는 노래를 부르는 비장한 승객이 된 기분이구나"라는 시구가 나온다 ('Nearer my God'은 정확히는 'Nearer, My God, to Thee'로, 우리말 제목은 '내 주를 가까이 하게 함은' 혹은 '주여 임하소서'인 찬송가다. 타이타닉 호가 침몰할 때 악단이 마지막 순간까지 이

---

21 **프리츠 하버와 카를 보슈** [독일] 1899년, 하버(1868~1934)와 보슈(1874~1940)는 암모니아 합성 기술을 개발하고 있었다. 고등학교 화학 교사에게서 "오스뮴으로 암모니아를 합성할 수 있다"라는 이야기를 들은 그들은 악전고투를 거듭한 끝에 저렴한 철 촉매로 암모니아를 합성하는 데 성공했다.

22 **하버-보슈법** 촉매는 산화철과 알루미나, 산화칼륨을 섞은 것이다. 수소와 질소를 고온·고압의 초임계 상태에서 반응시킨다. 어딘가에서 본 글이다 싶었는데, 대학교 1학년의 독일어 교과서가 『공기에서 만든 비료』였던 것이 생각났다. 낙제해서 학점 취득은 못 했지만.

23 **제1차 세계대전** 1914년부터 전 세계를 전쟁에 휘말리게 한 제1차 세계대전은 1,700만 명의 사망자를 낸 대참사였다. 이 전쟁에서는 항공기, 전차, 잠수함, 기관총이라는 신병기가 등장했고, 병기를 뒷받침하는 소재인 금속의 기술 개발이 진행되었다.

곡을 연주했다고 알려져 있다-옮긴이). 타이타닉 호의 침몰 사고가 발생했을 때, 미 야자와 겐지의 나이는 27세였다. 풍부한 감수성과 공감 능력을 지녔던 그는 이 비극적인 사건에 대해 깊은 애도의 감정을 품었을 것이다.

## ■ 금속 관점으로 본 타이타닉의 침몰 이유

영국의 호화 여객선 타이타닉 호는 빙산과 충돌해 현측(뱃전)이 파손된 결과 침몰했기 때문에 취약한 강재를 사용했던 것이 아니냐는 논란이 있다. 그러나 보통강을 사용한 타이타닉호가 특별히 취약했다고는 생각하기 어려우며, 빙 산 충돌의 충격이 컸던 것과 충돌한 부분이 좋지 않았던 것이 진짜 원인이 아 닐까 싶다.

당시의 선박은 현재와 같은 용접이 아니라 리벳이라고 부르는 징으로 외판 을 고정했다. 보통은 리벳을 박을 때 기계를 사용하지만, 배의 앞머리처럼 곡 선 부분은 기계를 사용할 수 없기 때문에 사람이 망치질을 해서 리벳을 고정 시켰다. 그런데 사람이 망치로 박으려면 강도가 높은 커다란 리벳은 사용할 수가 없다. 그 결과 선수의 리벳 고정 강도는 현측에 비해 약했다. 게다가 거대 한 함선인 탓에 그 범위가 넓었고, 그 부분이 빙산에 충돌하고 말았다. 그뿐만 이 아니다. 당시의 해역은 빙산이 떠다닐 만큼 추워서, 충격에 대한 강재의 저 항력도 약해져 있었다. 충돌 부분의 리벳이 파손되어 선수의 장갑이 부분적으 로 말리면서 바닷물이 선내로 들어왔다.

타이타닉 호와 동형의 자매선인 올림픽 호와 브리타닉 호는 훗날 제1차 세 계대전에 징발되었다. 수송선이 된 올림픽 호는 독일의 잠수함 U보트에 돌격 해 충돌해서 U보트를 침몰시켰다. 병원선이 된 브리타닉 호는 지중해에서 U 보트가 부설한 기뢰에 현측이 파손되었지만, 부상병과 의료 관계자가 구명보 트로 탈출할 때까지 침몰하지 않고 버텨냈다[24].

---

24 **침몰하지 않고 버텨냈다**  타이타닉 호가 침몰할 때, 아이와 여성을 우선적으로 구명보트에 태우고 남성은 배에 남았다. 역시 신사의 나라다. 다만 여기에는 여러 가지 설이 있어서, 당시의 상식으로는 배가 침몰하기까지 반나절 이상은 걸릴 것으로 예상되었다. 요컨대 신사들은 여성과 아이들을 보낸 뒤 배 위에서 천천히 구조를 기다릴 여유가 있었다. 그러나 이번만큼은 그 상식이 통하지 않았다. 침수로 선체가 파손되어 단시간에 가라앉아 버린 것이다.

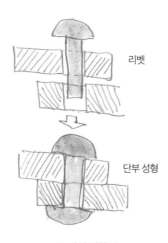

● 리벳 접합 ●

　유일하게 살아남은 올림픽 호는 전쟁이 끝난 뒤 여객선으로 복귀했고, U보트와 1 대 1로 맞붙어 승리한 무용담에서 '믿음직한 할머니'라는 애칭으로 불리며 사랑받았다. 세 자매선은 묵묵히 각자의 길을 걸으며 격동의 시대를 헤쳐 나갔다고 할 수 있다.

## ⊙ 초전도

### ■ 발견자는 오너스

물질을 계속 차갑게 만들어 나가면 물질마다 특유의 임계 온도에서 전기 저항이 제로가 된다. 이 현상을 초전도 현상[25]이라고 부른다. 1911년, 네덜란드의 헤이커 오너스는 4.2K(-268.8도) 이하에서 수은의 전기 저항이 사라진다는 사실을 발견했다.

---

25　**초전도 현상**　'초전도(超電導)'와 '초전도(超傳導)' 중 어느 쪽이 올바를까? 영어로 번역하면 양쪽 모두 'Superconducting' 이다. 대학교나 연구소에 등 문부과학성 계열은 초전도(超傳導)를 사용하고 산업계에서는 초전도(超電導)를 사용하는 경우가 많은 듯하다. 필자가 좋아하는 작가인 무라카미 류의 소설 제목도 『초전도(超電導) 나이트클럽』이라서 개인적으로는 초전도(超電導)를 채용하고 싶지만, 여기에서는 어른스럽게 좀 더 일반적인 '초전도(超傳導)'를 채용했다. 그러나 이 현상은 전기와 관련되어 있다. 전도되는 것으로는 열과 전기가 있는데, 초전도(超傳導)라고 표기해서는 어느 쪽인지 알 수가 없지 않은가? 이렇게 불평하고 싶은 심정이다. 그리고 솔직히 말해서 '초전도(超傳導) 리니어모터카'는 가슴이 덜 두근거리지 않는가?

보통 초전도에 관한 설명은 이런 식인 경우가 많다. 그런데 오너스는 초전도를 우연히 발견한 것일까, 아니면 엄청난 노력 끝에 발견한 것일까? 여기에서는 그 배후 관계를 파고들어 보려고 한다.

## ■ 극저온을 향한 집착

애초에 오너스는 왜 수은을 이렇게 낮은 온도로 만들려고 했을까? 그 계기는 초전도를 발견하기 약 30년 전인 1893년, 오너스가 28세였을 때로 거슬러 올라간다. 당시 아직 젊은 연구자였던 오너스는 1873년에 요하너스 판데르발스[26]가 발표한 기체에 관한 유명한 상태 방정식이 올바른지 실험적으로 검증하는 일을 하고 있었다. 이를 위해서는 초고온에서 극저온까지의 범위에 관해 기체의 압력과 부피의 관계를 조사해야 했고, 그러기 위해서는 초저온 상태에서도 액화하지 않는 기체가 필요했다.

## ■ 액화 헬륨

오너스는 1894년에 저온 연구를 준비하기 시작했다. 1904년에는 대학교에서 액체 공기를 만들 수 있게 되었고, 1906년에는 수소 액화기를 만들었다. 그리고 이윽고 '헬륨은 5K 부근에서 액화하지 않을까?'라고 생각하게 되었다.

문제는 헬륨을 입수하기가 어렵다는 것이었는데, 다행히도 네덜란드의 관공서에서 일하고 있었던 형이 모나자이트 모래[27]를 구해줬다. 오너스는 이 모래에 들어 있는 우라늄염에서 헬륨을 채취할 수 있었다.

이렇게 해서 오너스는 실험에 필요한 최소량의 헬륨을 모으는 데 성공했다. 그리고 1908년, 최초로 액화에 성공해 4K의 액체 헬륨을 만들어 냈다. 이로써

---

26 **요하너스 판데르발스** [네덜란드] 1837~1923년. 분자간 힘을 고려한 기체의 상태 방정식을 발견했으며, 그 공로로 노벨 물리학상을 받았다.

27 **모나자이트 모래** 모나즈석이라고도 한다. 세륨이나 란타넘 등의 희토류를 함유한 광물이다. 트리튬과 우라늄이 들어 있어 방사능을 지니며, 알파 붕괴를 한다. 방출되는 알파선은 헬륨의 원자핵이기 때문에 광석 속에 헬륨 가스가 많이 포함되어 있다.

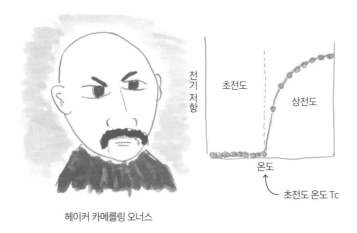

전기
저
항

초전도

상전도

온도

초전도 온도 Tc

헤이커 카메를링 오너스

● 초전도 ●

최초의 목적이었던 기체의 성질은 충분히 연구할 수 있게 되었다.

### ■ 초전도 연구의 시작

그 후 오너스는 고체 헬륨을 만들고자 1K 근처까지 온도를 낮춰서 실험을 했지만, 실험은 난항을 겪었다. 그래서 액체 헬륨의 연구는 일단 포기하고 금속의 전기 저항이 온도에 따라 어떻게 변화하는지 연구하기로 했다.

금속에 전압을 걸면 전류가 흐른다. 그러나 금속의 온도가 높으면 전자가 자유롭게 움직이지 못한다. 이것이 전기 저항이다. 그렇다면 온도를 계속 낮출 경우 전기 저항은 어떻게 될까? 그렇다, 전기 저항은 점점 작아진다.

### ■ 왜 수은을?

전기 저항은 금속에서 불순물을 없애면 작아진다. 그리고 금속 가운데 쉽게 높은 순도를 얻을 수 있는 것이 수은이었다. 수은은 저온에서도 액체인 까닭에 증류를 통해서 청정화 할 수 있지만 다른 금속은 이것이 불가능하기 때문이다. 그래서 오너스는 수은으로 전기 저항을 계측하려 한 것인데, 그러자 수은은 액체 헬륨의 온도에서 갑자기 전기 저항이 제로가 되었다.

이렇게 해서 수은의 초전도 현상을 확인한 것이다. 먼저 액체 헬륨을 만들 필요가 있었다. 그리고 수은은 증류로 순도를 높일 수 있다. 이와 같은 오너스의 실험 환경이 겹치면서 초전도 현상의 발견으로 이어진 것이다.

## ■ 일사천리로 진행된 초전도 현상 연구

초전도 금속을 하나 발견하자 그다음은 일사천리였다. 1912년에는 주석이 약 3.7K, 납이 6K 부근에서 초전도가 된다는 사실을 발견했다. 그리고 1913년, 오너스는 노벨 물리학상을 받았다.

오너스에 이은 연구로 1933년에는 초전도체에 강한 반자성, 즉 마이너스 효과[28]가 있음이 발견되었고, 1947년에는 초전도 현상의 원리인 BCS 이론[29]이 해명되었다. 그리고 1962년에는 초전도의 양자론을 발전시킨 조지프슨 효과[30]가 발견되었으며, 1986년에는 고온 초전도체[31]가 발견되었다.

이렇게 해서 초전도 열풍이 찾아왔다. 일본에서도 1986년 당시 모두가 일확천금을 꿈꾸며 조금이라도 고온에서 초전도 현상이 나타나는 화학 조성을 찾아내려고 막자사발에 시료를 섞었다. 물론 어디까지나 열풍으로 끝나고 말았지만, 그때만큼 초전도가 친근하게 느껴지고 가슴이 두근거렸던 시대는 없었다. 마치 골드러시의 재림 같았다.

---

28 **마이너스 효과**  자기장 속에 초전도체를 두면 자기장이 초전도체의 내부에서 밀려나는 현상. 물체가 떠오르기도 한다. 오너스의 조수였던 로베르트 오크센펠트(1901~1993)가 발견했다.

29 **BCS 이론**  초전도 현상은 이론화가 늦어지고 있었다. 존 바딘(1908~1991), 리언 쿠퍼(1930~), 존 슈리퍼(1931~2019)가 제창했으며, 세 명이 이름의 머리글자를 따서 BCS로 명명되었다.

30 **조지프슨 효과**  절연체 장벽을 사이에 두고 초전도체 두 개를 결합시키면 절연체를 뛰어넘어 초전도 전류가 흐른다. 이것은 초전도 전자쌍의 터널 효과에 따른 현상이다. 대학원생이었던 영국인 브라이언 조지프슨(1940~)이 발견했다.

31 **고온 초전도체**  일반적으로 액체 질소의 최고 온도인 -196도 이상에서 초전도 현상이 일어나는 물질을 가리킨다. 1985년에 구리 산화물에서 발견되었다. 1986년에 논문이 공개되었다.

## ⊙ 스테인리스강 개발 경쟁

### ■ 철은 녹슨다[32]

철은 다른 금속에 비해 여러 가지 좋은 성질을 지닌 금속이다. 이것은 세계사에서 철기 시대가 현대까지 계속되고 있음을 봐도 분명하다. 그러나 철에는 다른 금속에 비해 열등한 성질도 몇 가지 있다. 이를테면 '추워지면 깨지기 쉬워진다', '산에 약하다', '녹슨다'는 성질이다.

철이 녹슬지 않게 하려는 시도는 역사 속에서 꾸준히 진행되어 왔다. 표면을 양철이나 함석 같은 다른 금속으로 덮는 도금도 그런 시도 중 하나다. 또한 철 자체가 녹슬지 않는 문자 그대로의 '녹슬지 않는 철'을 만들려는 시도도 19세기에 접어들면서 가속화되었다. 계기는 시베리아에서 새로운 금속인 크롬이 발견된 것이었다.

### ■ 철과 크롬의 만남

1797년, 프랑스의 루이니콜라 보클랭이 「시베리아의 빨간 납과 그것에 들어 있는 새로운 금속의 연구(Memoir on a New Metallic Acid which exists in the Red Lead of Siberia)」에서 크롬의 발견을 보고했다. 크롬은 다양한 화합물을 만드는데, 전부 다른 색이 된다. 그래서 그리스어로 '색'을 의미하는 '크로마(chroma)'를 어원으로 삼아 '크롬'이라는 명칭이 붙었다.

제일 먼저 크롬을 강철에 첨가하는 연구를 한 사람은 젊은 시절의 패러데이였다. 패러데이는 다마스쿠스강을 만들고자 강철에 다양한 금속을 섞어서 합금을 만들었다. 금, 은, 백금은 물론이고 당시 갓 발견되었던 니켈이나 팔라듐 같은 금속도 모아서 섞었다.

---

32 **철은 녹슨다** 철은 그 자체로는 녹슬지 않는다. 맨홀 뚜껑은 녹슬지 않으며, 수도에 사용하는 주철관도 녹슬지 않는다. 도쿄 타워도 에펠탑도 건재하다. 그렇다면 왜 철은 녹슨다고 말하는 것일까? 그 이유는 철의 본래 성질로 인해 녹슬기 때문이다. 고온에서 산화물이 되는 것은 '녹'이라고 부르지 않고 '스케일'이라고 부른다. 반면 철 위에 물이 고이고 이 물을 통해 전류가 흘러 산화물이 생성될 때, 이것이 녹이다. 요컨대 '녹슨다'는 것은 대기에 노출된 강재가 물이나 습기에 닿음에 따라 끊임없이 산화가 진행된다는 뜻이다.

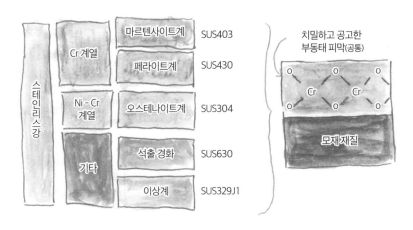

● 스테인리스강의 재질과 성분계 ●

패러데이가 일련의 실험에서 마지막으로 섞었던 금속이 당시 갓 발견되었고 누구도 아직 강철에 섞은 적이 없었던 크롬이다. 그리고 1922년에 그 결과를 논문 「강철의 합금에 관하여」에서 발표했다. 다만 실험 후의 결과에 관해서는 매우 간결하게 "녹슬지 않는다"라고만 기술했다. 애초에 패러데이의 관심사는 다마스쿠스 무늬였을 뿐 크롬의 실험 결과가 아니었는지도 모른다. 이 논문을 마지막으로 패러데이의 연구 대상은 금속에서 전자기로 넘어갔다.

## ■ 크롬의 효용

패러데이 본인은 금속 연구에서 은퇴했지만, 패러데이의 논문은 유럽 야금학자들의 연구 의욕에 불을 붙였다. 이후 크롬이 철의 녹에 끼치는 영향에 관한 연구가 시작된다.

그 과정에서 잘못된 해석이 나오기도 했다. "크롬 합금은 녹이 잘 슬지 않는다, 산에 잘 부식되지 않는다"는 발표가 이어지는 가운데, 영국의 해드필드는 1892년에 "크롬이 많으면 황산 부식이 증가한다"라고 보고했다. 이것은 탄소가 많을 경우의 현상인데, 탄소의 영향에 관한 지식은 1898년까지, 철과 크롬의 상태도가 완성되는 것은 1907년까지 기다려야 했다.

## ■ 스테인리스강 개발

20세기에 접어들자 드디어 녹슬지 않는 강철인 스테인리스강의 개발 경쟁이 시작되었다. 독일 크루프 사의 연구소가 오스테나이트계 스테인리스강의 원형을 만들고 그 개량품을 세상에 내놓았다. 탄소의 영향도 판명되어서, 저탄소화를 위한 규소 환원법, 탄소를 우선적으로 태우는 산소 제강법 등 설비·조업의 개발이 진행되었다.

스테인리스강의 특징은 강철의 표면에 부동태 피막[33]을 만드는 것이다. 독일의 필립 몬나르츠가 1911년에 부동태 현상을 보고했다.

| | |
|---|---|
| 1906년 | 레온 길레, 철-크롬-니켈계 합금에 관한 연구. 오스테나이트계 스테인리스강의 연구에 해당(프랑스) |
| 1911년 | 독일의 몬나르츠, 무탄소 고크롬강은 부동태 현상으로 내산성을 띤다고 보고 |
| 1912년 | 크루프 사, 스테인리스강, 내산성 강을 개발(독일) |
| 1913년 | 브리얼리가 마르텐사이트계 스테인리스강을 실용화. 미국은 1916년부터 실용화 |
| 1914년 | 해리 브리얼리, 스테인리스강 발명 |
| 1914년 | 미국의 단치젠이 페라이트계 스테인리스강을 실용화 |
| 1914년 | 독일의 마우러와 슈트라우스, 오스테나이트계 스테인리스강을 실용화 |
| 1919년 | 크루프 사, 에센 보르베크 제철소. 스테인리스강의 생산 기지(독일) |

● 스테인리스강 관련 연표 ●

---

[33] **부동태 피막**  부동태 피막은 강재의 표면에 치밀한 산화물을 형성해 산소의 침입을 방지하는 산화물층이다. 철 산화물은 산소를 그대로 통과시키기 때문에 녹의 진행을 막지 못한다. 반면에 크롬 산화물은 얇지만 치밀한 막을 만드는 까닭에 스테인리스강에 필수 원소가 되었다.

# 에보시의 다타라 제철장 탐방기

영화 <모노노케 히메>의 등장인물인 에보시 고젠은 다타라 제철장으로 불리는 공방의 지도자다. 에보시가 경영하는 다타라 제철장은 매력적인 장소로, 무로마치 시대의 첨단 공장이다.

다타라 제철장은 산으로 둘러싸인 숲, 호수, 강의 근처에 자리하고 있다. 이 장소에서는 남녀평등의 사회가 뿌리를 내리고 있어서, 여성도 철을 만드는 노동자로 활약했다. 다타라 제철장에 등장하는 제철 설비는 다타라로의 발전형인 각로(角爐)나 농부로 같은 거대한 정련로다. 이곳에서 밤낮에 걸쳐 쉬지 않고 '철'을 만들었다

한편 격리된 한쪽 구석에서는 나라를 무너트릴 수 있는 무기인 석화시를 최신 기술을 통해서 제조하고 있었다. 이것은 휴대용 대포 같은 무기로, 오늘날로 치면 로켓런처와 비슷하다.

에보시는 현대적인 사상의 소유자로 보이지만, 동시에 고대 샤먼적인 측면도 지니고 있다. 그녀의 강함은 땅의 돌에서 철을 추출하는 사람들과 닮았다.

<모노노케 히메>는 다양한 해석이 가능한 영화다. 자연과 조화를 이루며 살자는 관점도 있고, 자연을 이용할 필요가 있다는 현실적인 측면도 있다. 사람들은 자연과 함께 살아갈 방법을 모색하는 가운데, 인간다움을 찾았다고 말할 수 있을 것이다.

여담이지만, <모노노케 히메>의 모험 장면에 등장하는 거대한 멧돼지에 빙의한 '재앙신'은 형태도 크기도 겉모습도 다타라로에서 만들어지는 '게라(거대한 쇳덩이)'를 쏙 빼닮았다. 시마네 현의 산속에 있는 가나야고 신사에 가면 지금도 수많은 '게라'를 볼 수 있어 <모노노케 히메>의 분위기를 맛볼 수 있다.

# 제 10 장

# 금속,
# 살아 움직이듯
# 거대해지다

: 금속 성질 및 건조물의 성장

<table>
<tr><td colspan="2">

## 연표 8: AD 1915~1935년

</td><td colspan="2">

## 금속의 이용

</td></tr>
</table>

## 연표 8: AD 1915~1935년

## 금속의 이용

### AD 1915년

**충격과 경도의 연구**

**장거리포**

**지구화학**

**질소의 효용**

### AD 1925년

**합금의 진화**

**철강 설비의 대형화**

**금속의 과학**

**스테인리스를 두른 마천루**

### AD 1935년

| | |
|---|---|
| AD 1915년 | 금, 니켈 수출 금지[프랑스] |
| AD 1915년 | 금 수출 금지[스웨덴] |

**분말 엑스선 회절** ·····

| | |
|---|---|
| AD 1914년 | G.W.엘멘과 H.D.아놀드, 투자율(透磁率)이 높은 '퍼멀로이' 발명[미국] |
| AD 1915년 | 디바이와 쉐럴, 분말 엑스선 회절에 성공[네덜란드] |
| AD 1915년 | W.H.와 W.L. 브래그, 결정 구조의 엑스선 분석으로 노벨상 수상[영국] |
| AD 1915년 | 론, Ni - Cr 합금의 진공 용해[독일] |
| AD 1916년 | 노스럽, 고주파 유도 가열로 발명 |

**충격 시험** ·····

| | |
|---|---|
| AD 1917년 | 샤르피와 코르뉴 테나르, 충격 시험 실시 |

**KS강** ·····

| | |
|---|---|
| AD 1917년 | 혼다 고타로, KS강을 발명 |
| AD 1917년 | 혼다 고타로와 다카키 히로무, KS자석강(Fe - W.Co 담금질 경화형) 개발[일본] |

**로크웰 경도** ·····

| | |
|---|---|
| AD 1919년 | 로크웰, '로크웰 경도 시험[미국] |
| AD 1919년 | 시그반, 엑스선 분석법을 창시[스웨덴] |
| AD 1920년 | 기욤, '인바 합금을 발견해 정밀 계측에 기여한 공로로 노벨상 수상[프랑스] |
| AD 1922년 | 혼다 고타로, 강력자석강의 발명으로 베서머상 수상 |
| AD 1922년 | 유진 빙엄, 유변학 제창[미국] |

**퍼멀로이** ·····

| | |
|---|---|
| AD 1923년 | 벨 연구소의 아놀드와 엘멘, 투자율을 비약적으로 향상시킨 퍼멀로이 발명[미국] |
| AD 1923년 | 카를 슈뢰터, 초경합금 위디아(W-C-Co 합금) 특허[독일] |

**클라크 수** ·····

| | |
|---|---|
| AD 1924년 | F.W.클라크, 지각의 화학적 조성을 클라크 수로서 구함 |

**합금의 안전상** ·····

| | |
|---|---|
| AD 1926년 | 홈 - 로더리, 합금의 안정상의 규칙 |

▼

## 금속의 이용(앞에서 이어서)

**슈퍼인바**

**AD 1929년**  마스모토 하카루, 초불변강(슈퍼인바) 발명.
Fe - 32Ni - 4Co

**S커브**

**AD 1930년**  셰퍼드, 담금질성을 연구. 결정립과 열처리,
기계 특성의 관계 지적(S커브)

**베이나이트**

**AD 1930년**  데이븐포트, 베이나이트 조직

**비커스 시험기**

**AD 1930년**  비커스 시험기[영국]

**AD 1930년**  자케, 금속 표면의 전해 연마

**AD 1932년**  미시마 도쿠시치, MK 자석 합금 개발(Fe - Ni
- Al 석출경화형)

**AD 1933년**  혼다 고타로, 마스모토 하카루, 시라카와 유
키: 신 KS자석합금(Fe - Ni - Ti 석출경화형)

**AD 1934년**  F.졸리오퀴리, I.졸리오퀴리, 최초로 인공 방
사성 원소 제작

**전위론**

**AD 1934년**  전위론의 동시 발생. G.I.테일러[영국], E.오로
완[헝가리], M.폴라니[헝가리]

**AD 1934년**  N.P.고스, 전기강판 개발(Fe - Si 합금의 '집합조
직') '일방향성 고스 강판'

## 철의 이용

**파리 대포**

**AD 1917년**  크루프 사, 사정거리 130킬로미터의 장거리
포(파리 대포) 개발[독일]

**AD 1918년**  제1차 세계대전 종결

**AD 1919년**  크루프 사, 에센 보르베크 제철소. 스테인리
스강의 생산 기지(독일)

**AD 1920년경**  스트립 밀 보급

**AD 1920년**  벤슨, 임계 압력에서 증기를 발생시키는 보일
러 제작[독일]

**AD 1921년**  강재 수출 덤핑 개시[독일]

**AD 1922년**  전후 반동에 따른 철강 감산[미국]

**AD 1922년**  미한, 펄라이트 주철, 미하나이트 주철을 제
조, 강인주철 제조 개시[미국]

**질화강**

**AD 1923년**  크루프 사, 질화강을 발명[독일]

**AD 1924년**  4단 연속 압연기의 완성, 스트립 밀의 발단
[독일]

**AD 1925년**  론과 센지미어, 다단 박판 압연기 개발

**AD 1927년**  베카 제강소, 코발트를 대량 함유한 초고속도
강 제조[독일]

**초대형 단조 프레스**

**AD 1929년**  크루프 사, 당시 세계 최대의 15,000톤 단조
프레스[독일]

**AD 1929년**  세계 대공황

**엠파이어스테이트 빌딩**

**AD 1931년**  381미터의 엠파이어스테이트 빌딩 완성

**직접 제철법**

**AD 1934년**  크루프 사의 요한센, 크루프식 직접 제철법
(렌법)을 발명[독일]

# 10-1

## 경도와 전쟁: 충격과 경도의 정의, 전쟁이 낳은 거대 대포의 충격

## ◉ 연대 해설

1915~1920년을 금속의 이용이라는 측면에서 살펴보면, 주목할 만한 점은 전쟁의 영향을 크게 받았다는 것과 금속을 알고자 하는 시도가 진행되었다는 것이다. 철의 이용이라는 측면에서도 역시 전쟁이 큰 영향을 끼쳤다.

금속의 이용이라는 측면에서는 제1차 세계대전의 영향으로 1915년에 프랑스와 스페인이 금과 니켈 등의 금속 수출 금지를 시작했다. 또한 이 시기에는 각종 조사 기술과 해석 기술이 발전했다. 1915년에는 피터 디바이[1] 등이 분말 엑스선 회절 분말[2]에 성공했다. 또한 같은 해의 노벨상은 엑스선으로 결정 구조를 분석한 브래그 등[3]에게 돌아갔다. 1917년에는 샤르피[4] 등이 충격 시험을 실시했다. 경도 시험법의 경우는 1919년에 로크웰이 로크웰 경도를 실험했고, 역시 1919년에 엑스선을 주물의 결함 검사에 사용하는 방법이 개발되었다.

철의 이용이라는 측면에서는 제1차 세계대전 말기에 독일의 크루프 사가 장거리포인 파리 대포를 제조했다. 사정거리가 130킬로미터나 되었던 까닭에 발사음도 듣지 못한 상태에서 포탄이 날아왔다고 한다.

---

1  **디바이**  [네덜란드] 1884~1966년. 피터 디바이 '분자 구조의 연구에 공헌한 공로'로 1936년 노벨 화학상을 받았다. 다수의 모델과 공식에 그의 이름이 붙어 있다.

2  **분말 엑스선 회절**  엑스선을 고체에 조사한 뒤 반사 각도를 바탕으로 결정 구조를 해석하는 방법이 엑스선 회절법이다. 단결정의 경우는 방향을 사방팔방으로 돌리며 계측해야 해서 번거롭지만, 분말 시료를 사용하면 애초에 시료 자체의 방향이 다양하기에 수고가 절약된다. 콜럼버스의 달걀 같은 발상의 방법이다.

3  **브래그 등**  [오스트레일리아] 사실 노벨상을 받은 브래그는 두 명이다. 아버지인 헨리(1862~1942)와 당시 25세였던 아들 로런스(1890~1971)다. 아들이 5세였을 때 뼈가 부러지자 아버지가 그해에 발견되었던 엑스선을 사용해서 검사했는데, 이것이 오스트레일리아에서 의료에 엑스선을 사용한 최초의 사례였다

4  **샤르피**  [프랑스] 1865~1945년. 조르주 샤르피. 진자 파괴 시험으로 잔류 파괴 에너지를 계측한다는 아이디어는 1896년에 미국인인 러셀이 제안한 것이다. 1901년, 샤르피는 홈을 판 샘플과 그것을 타격하는 진자를 궁리해 표준화했다.

## ⊙ 파리 대포란?

### ■ 장거리포=파리 대포의 개요

제1차 세계대전 말기, 독일의 크루프 사는 멀리 떨어진 곳에서 파리를 포격하기 위해 장거리포를 만들어 냈다. 이름하여 '파리 대포'다. 길이 17미터, 구경 38센티미터의 기존 포신 속에 길이 30미터, 구경 21센티미터의 포신을 삽입한 무게 256톤의 주강제 거대포다.

파리 대포에서 발사된 94킬로미터의 포탄은 40킬로미터 상공의 성층권까지 도달했고, 적은 공기 저항 덕분에 약 130킬로미터 떨어진 장소를 포격할 수 있었다. 인류가 만든 물질 가운데 최초로 성층권에 도달한 것이 파리 대포의 포탄이었다.

### ■ 파리 대포의 실제

1918년, 독일군은 파리 대포로 300발이 넘는 포탄을 파리 시내에 떨어트렸다. 발사음도 없이 갑자기 떨어지는 포탄은 파리 시민에게 공포 그 자체였으며, 포격으로 수백 명이 사망했다.

다만 파리 대포에도 약점은 있었다. 강렬한 화약으로 포탄을 발사하는 까닭에 포신 안쪽에 파 놓은 강선(라이플)이 심하게 깎여 나가, 한 발을 발사할 때마다 포탄의 지름을 바꿔야 했다. 또한 기나긴 포신이 대포의 무게 때문에 처지는 것을 막기 위해 버팀대로 지탱해야 했다.

### ■ 그 후의 파리 대포 이야기

연합군의 진격하자 독일군은 파리 대포를 철수시켰고, 종전 직전에 스스로 파괴했다. 그래서 실물은 현재 남아 있지 않다. 파리 대포는 그 후 부활하지 못했지만, 걸프전쟁 당시 이라크의 슈퍼건 구상이었던 바빌론 프로젝트[5]에 영향

---

5  **바빌론 프로젝트**  이라크의 사담 후세인이 추진한, 대포로 물체를 우주에 날려 보내는 계획. 계획에는 전체 길이 156미터의 슈퍼건도 있었다. 그 형상이 라인파이프와 닮았기 때문에 지레짐작했었다. 훗날 사진으로 판명된 실제 포신은 아주 두꺼운 파이프였다.

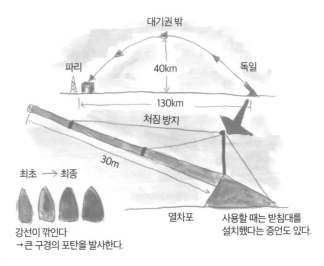

대기권 밖

파리    40km    독일

130km

처짐 방지

30m

최초 → 최종

열차포    사용할 때는 받침대를
설치했다는 증언도 있다.

강선이 깎인다
→ 큰 구경의 포탄을 발사한다.

● 파리 대포 ●

을 끼쳤다.

　그러고 보면 걸프전쟁 당시 필자는 제철소에서 이라크에 수출하기 위한 UO 라인파이프를 만들고 있었는데, 이 파이프가 포신으로 전용될 가능성은 없는지 논의했던 기억이 난다. 당시는 황당무계한 계획이라고 생각했지만, 어쩌면 의외로 진지한 검토였는지도 모르겠다. 그렇게 생각하니 갑자기 식은땀이 났다.

# 지구에 대한 이해: 지구과학의 등장과 질소의 효용

## ⊙ 연대 해설

전체적으로 1920~1925년을 금속의 이용이라는 측면에서 살펴보면, 신소재의 탐구와 지구 화학 조성의 조사가 진행되었다. 철의 이용이라는 측면에서 살펴보면, 새로운 강철의 개발과 압연 방법의 개선이 진행되었다.

금속 분야에서는 1920년에 기욤이 인바 합금을 발견해 정밀 계측에 공헌한 공로로 노벨 물리학상을 받았다. 1923년, 벨 연구소의 아놀드 등은 자기 차폐 성능이 뛰어난 퍼멀로이[6]를 개발했다. 1924년, 클라크는 자신이 연구하고 있었던 지구의 화학적 조성 비율을 클라크 수로 삼았다.

철 분야 측면에서는 크루프 사가 질화강을 발명했다.

## ⊙ 클라크 수

### ■ 교과서에서 사라진 클라크 수

클라크 수는 지구의 지표 부근에 존재하는 원소의 비율을 질량 백분율로 나타낸 것이다. 최근에는 중학교나 고등학교 교과서에 실리지 않게 되었기 때문에 처음 보는 사람도 있을지 모르겠다.

클라크 수의 본래 정의인 "지하 10마일까지의 암석권, 수권(水圈), 기권(氣圈)을 포함한 원소의 중량 퍼센트"라는 개념이 발표되었을 때는 1924년이다. 당시는 지구 화학적으로 의미가 있었다. 그러나 현재는 그로부터 100년 동안 지구과학이 발전함에 따라 지각에 관한 지식도 늘어났다. 원소의 비율을 알고

---

6  **퍼멀로이**  퍼멀로이는 투자율(透磁率)을 뜻하는 'Permeability'와 합금을 뜻하는 'Alloy'의 합성어다. 자기장의 아주 작은 변화에도 대응하는 까닭에 감싼 내부의 기기 등을 외부 자기의 외란으로부터 보호한다.

싶을 때는 정의가 모호한 클라크 수보다, 알고 싶은 정보를 정확히 알 수 있는 지구 지각 내 원소 존재비[7]를 사용한다.

## ■ 클라크 수란?

다만 클라크 수는 역사 속에서 과학적인 의미를 충분히 다해 왔다. 클라크 수는 미국의 지구화학자였던 프랭크 클라크[8]의 이름을 딴 지수다. 클라크 본인이 클라크 수를 제안한 것은 아니다. 소련의 알렉산드르 페르스만[9]이 클라크가 평생에 걸쳐서 연구해 온 수치를 바탕으로 그의 사후에 제창했다.

클라크 등은 자신들이 정의한 지각에 해당하는 '암석권', 바다와 강에 해당하는 '수권', 대기권에 해당하는 '기권'의 화학 조성을 합산해 지구 표층부의 평균 원소 조성으로서 산출했다. 자세한 수치는 생략하고 구성 원소의 순서를 중량 퍼센트로 살펴보면, 1위는 산소, 2위는 규소, 3위는 알루미늄, 4위는 철, 그다음은 칼슘, 나트륨, 칼륨, 마그네슘, 수소, 티타늄 순서다. 학창 시절에 이 순서를 열심히 외웠던 사람도 있을지 모르겠다.

## ■ 클라크 수의 이용법

클라크 수는 어떤 쓸모가 있을까? 예를 들어 지면에서 어떤 금속을 추출하고 싶을 때, 그것이 지면에 넓고 얕게 존재한다면 채산이 맞지 않는다. 금처럼 거래 가격이 비싼 금속이라면 어느 정도까지는 괜찮을지 모르지만, "바닷속에는 상당한 양의 금이 들어 있어"라는 말을 들은들 좋아하는 사람은 없을 것이다. 지면의 모래를 퍼 올리면서 "이 속에는 알루미늄도 규소도 잔뜩 들어 있어"라

---

7 **지구 지각 내 원소 존재비** 원소 존재비는 수소나 헬륨, 리튬 등 가벼운 원소부터 시작되는데, 철이나 철과 비슷한 원소는 극단적으로 작다. 이것은 지구 형성 시에 철이 중심으로 모여들었고, 비슷한 원소도 핵으로 끌려 들어갔기 때문이라고 한다.

8 **프랭크 클라크** [미국] 1847~1931년. 지구화학 분야의 창시자 중 한 명. 지구의 지표 부근에 존재하는 원소의 비율을 화성암의 화학 분석 결과에 입각해 추정하고, 그 결과를 질량 퍼센트로 환산해 가시화했다. 다만 클라크 자신은 원소의 비율이나 순서 등을 결정하거나 주장하지 않았으며, 미국 화학회의 요청으로 자신이 채취한 데이터 가운데 신뢰할 수 있는 것만을 발표했을 뿐이다. 러시아의 페르스만이 멋대로 데이터를 해석하고 클라크의 이름을 붙여서 발표했다.

9 **알렉산드르 페르스만** [소련] 1883~1945년. 모스크바 대학교에서 지구화학 강의를 개설했다. 일반인을 대상으로 출판한 책도 많다.

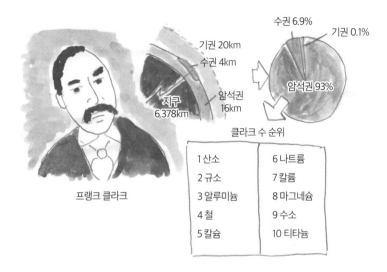

수권 6.9%

기권 0.1%

기권 20km

수권 4km

지구
6,378km

암석권
16km

암석권 93%

클라크 수 순위

| | |
|---|---|
| 1 산소 | 6 나트륨 |
| 2 규소 | 7 칼륨 |
| 3 알루미늄 | 8 마그네슘 |
| 4 철 | 9 수소 |
| 5 칼슘 | 10 티타늄 |

프랭크 클라크

● 클라크 수 ●

고 말한들 "그게 무슨 의미가 있는데?"라는 반응이 돌아올 뿐이다.

요컨대 금속은 한정된 좁은 장소에 농축되어 있지 않으면 이용할 수 없다. 이 농축된 정도를 비교할 때, 과거에는 클라크 수의 수십 배인가 아닌가로 판단했다. 현재는 지구 지각 내 원소 존재비를 사용한다.

**1925년부터 1930년까지**

# 10-3 진화와 거대화: 합금과 철강 설비의 거대화

## ⊙ 연대 해설

1925~1930년을 금속의 측면에서 살펴보면, 합금의 성질 조사와 신소재, 성형 기술이 진화했다. 철의 이용이라는 측면에서는 설비의 대형화가 진행되는 가운데 1929년에 세계 대공황이 찾아온다.

금속 분야에서는 1926년에 윌리엄 흄-로더리[10]가 합금의 안정상 규칙[11]을 발견했다. 1928년에는 라만 효과[12]가 발견되었고, 하이젠베르크[13]가 강자성 이론[14]을 제창했다. 1929년에는 마스모토 등이 열 변형이 매우 적은 슈퍼인바를 발명했다.

철 분야에서는 1925년에 미국에서 초대형 고로인 1,000톤 고로가 출현했다. 또한 같은 해에 센지미어[15] 등이 다단 박판 압연기[16]를 개발했다. 1929년에는 독일의 크루프 사가 당시 세계 최대급의 초대형 단조 프레스를 설치했다.

---

10 **윌리엄 흄-로더리** [영국] 1899~1968년. 야금학자. 합금의 안정상에 관한 '흄-로더리 규칙'으로 유명하다.

11 **합금의 안정상 규칙** 두 합금이 섞일 때 금속 원자의 크기가 비슷하면 잘 섞이지만 극단적으로 다르면 잘 섞이지 않는다. 가령 철 속에 나트륨이나 마그네슘을 넣어도 거의 섞이지 않는다.

12 **라만 효과** [인도] 찬드라세카라 벵카타 라만(1888~1970)은 물질에 빛을 입사했을 때 산란광 속에 입사광과 다른 파장의 빛이 포함되는 현상을 발견했다. 이것은 빛과 물질 사이의 에너지 교환이 있기 때문에 발생한다.

13 **하이젠베르크** [독일] 1901~1976년. 베르너 하이젠베르크. 양자역학의 확립에 공헌했다. '논문의 구두시험에서 실험 물리학에 관한 질문에 전혀 대답하지 못했다', '꽃가루 알레르기로 요양 중에 양자역학을 생각해냈다' 등 수많은 일화가 있다.

14 **강자성 이론** 강자성은 전자가 전자쌍을 만드는 것이 아니라 같은 방향으로 평행하게 정렬되는 현상이다. 이것을 양자역학적 관점에서 정리했다.

15 **센지미어** [폴란드] 1894~1989년. 타데우스 센지미어. 폴란드에서 태어나, 미국으로 이민을 갔다. 아연 철판 제조 기술자이며, 센지미어 압연기를 개발했다.

16 **다단 박판 압연기** 센지비어 압연기는 1스탠드에 20개의 롤러가 들어간다. 실제로 강재에 접촉하는 워크 롤러는 1개뿐이지만, 다른 롤러가 그것을 지탱한다. 형상의 제어 정밀도가 매우 높으며, 강재 강도와 상관없이 압연할 수 있다.

## ⊙ 고로의 대형화

1925년에 가장 거대한 고로는 1,000톤 고로였다. 그렇다면 현재 큰 고로의 용적은 어느 정도일까? 그것은 한국 포스코의 6,000세제곱미터다. 오랫동안 일본의 5,555세제곱미터가 최대였는데, 여기에서 10퍼센트 증가했다.

일반적으로는 용적을 키우면 생산 효율이 상승한다. 그러나 고로의 경우는 높이와 원통부의 균형이 나쁘면 조업이 안정되지 못한다. 거대화=효율화가 아닌 것이 고민스러운 점인 것이다. 고로는 상상 이상으로 인간을 닮아서, 변비에 걸리거나 배탈이 나기도 한다. 게다가 특효약은 없으며, 한방 치료처럼 조금씩 개선해야 한다.

# 10-4 이론과 마천루: 과학 이론 진보와 스테인리스강을 두른 마천루

## ⊙ 연대 해설

1930~1935년을 금속의 이용이라는 측면에서 살펴보면, 금속 성질의 연구와 자석 합금의 개발이 진행되었다. 또한 철의 이용이라는 측면에서 살펴보면, 강재 가공 기술이 진보했으며 강철제 건물이 만들어졌다.

## ■ 금속학의 진보

1930년에 프리츠 라베스[17]가 라베스 상(相)[18]을 발견했다. 같은 해에 셰퍼드는 담금질을 연구하는 과정에서 S커브를 발견했고, 데이븐포트는 베이나이트 조직을 발견했다.

또한 1930년에는 영국에서 비커스 시험기가 개발되었다. 아울러 피에르 자케는 금속 표면의 전해 연마 기술을 개발했다. 1932년에는 미시마 도쿠시치가 MK 자석 합금을 개발했고, 1933년에는 혼다 고타로 등이 신KS 자석 합금을 개발했다[19].

---

17 **프리츠 라베스**  [독일] 1906~1978년. 결정학자. 금속 간 화합물에는 라베스의 이름이 붙은 것이 있다.

18 **라베스 상(相)**  두 금속의 조성이 1 대 2인 금속 간 화합물. 금속답지 않은 거동을 한다. 전기 전도성은 높지만 금속 특유의 전성(얇게 펴지는 성질)이나 연성(파괴되지 않고 늘어나는 성질)이 매우 낮다. 수소저장합금 대부분이 라베스 상이기 때문에 최근 들어 주목받고 있다.

19 **개발했다**  "셰필드에 관해 이렇게 기술해 대영 제국의 다른 지역이나 다른 국적인 야금학자의 귀중한 연구를 무시하거나 과소평가할 생각은 전혀 없다. 프랑스, 미국, 독일, 이탈리아, 벨기에, 현재는 일본이 극동에서 연구를 진행하고 있다. 이 '동양의 섬나라'라는 표현은 현재 센다이에서 진행되고 있는 중요한 야금학적 연구를 통해 완전히 정당화, 확인되고 있다. 1922년에 도호쿠 데이코쿠 대학교 일본철강 연구소 소장인 혼다 고타로 교수가 영국 철강 협회로부터 베서머 금메달을 수여받고 야금학계의 푸른 리본을 받은 사실도 있다. 혼다 교수와 센다이의 국립 연구소가 자유롭고 활달하게 발표한 수많은 금속학적 논문을 통해, 일본은 세계의 금속학적 지식의 진보에 공헌하는 역할을 충분히 수행하고 있다." 1931년에 해드필드가 간행한 책에서 인용했다.

1934년이 되자 퀴리 부부의 딸과 사위가 인공 방사성 원소를 만들기 시작한다. 이때는 세계 각지에서 거의 동시에 전위론이 발견된다. 또 같은 해에 노먼 고스 등이 일방향성 전기강판을 개발했으며, 산성 평로에서의 특수강 용제 방법의 실학적 연구와 수소에서 기인하는 백점에 관한 연구(강재의 다듬질 표면에 나타나는 백색의 미세 균열 – 옮긴이)가 진행되었다.

## ■ 철의 이용

1931년에 미국에서 엠파이어스테이트 빌딩이 완성되었다. 이 거대 강철 건축물은 높이가 381미터에 이른다. 한편 1932년에는 초박판 압연용인 센지미어 밀이 개발되었다. 1934년, 독일 크루프 사의 요한센은 크루프식 직접 제철법인 크루프-렌법[20]을 발명했다.

## ⊙ 엠파이어스테이트 빌딩

### ■ 뉴욕의 랜드마크

엠파이어스테이트 빌딩[21]은 뉴욕에 있는 102층, 높이 381미터의 랜드마크 빌딩이다. 1931년에 준공해 현재 90년 이상이 경과했지만 여전히 현역이다. 그 거칠고 아름다운 외관, 요즘식으로 말하면 SNS에 올리기 딱 좋은 모습을 어딘가에 한 번쯤은 봤을 것이다.

사실 이 빌딩의 바로 옆에는 77층에 높이가 319미터인, 아르데코 양식의 빌딩이 있다. 크라이슬러 빌딩[22]이다. 엠파이어스테이트 빌딩보다 1년 전에 지어

---

20 **직접 제철법인 크루프-렌법** 비스듬하게 기울인 샤프트로 속에 철광석이나 환원제를 투입하고 하부에서 연소 가스로 가열하면 해면철이 생성된다. 그리고 도중에 녹아서 작은 입자인 루페가 되어 배출된다. 저품위 빈광의 정련에 적합하다.

21 **엠파이어스테이트 빌딩** 뉴욕에 있는 높이 381미터의 빌딩. 1931년에 준공되었는데, 준공 직후에 대공황이 찾아왔다. 외벽에 스테인리스강을 사용해, 90년이 지난 현재도 훌륭한 외관을 유지하고 있다.

22 **크라이슬러 빌딩** 뉴욕에 있는 높이 319미터의 빌딩. 당시 세계에서 가장 높은 빌딩의 지위를 두고 경쟁한 고층 빌딩들은 라이벌에 승리하기 위해 도중에 계속 사양을 변경했다. 본래 246미터로 계획되었던 빌딩이 점점 높아졌고, 결국 첨탑까지 올려서 세계 최고가 되었다.

진 이 빌딩은 불과 1년 만에 세계에서 가장 높은 빌딩의 자리를 엠파이어스테이트 빌딩에 내주고 말았다.

## ■ 기시감

이 내용을 쓰던 필자는 갑자기 기시감을 느꼈다. 제철소에서 강재를 만들던 1980년대 후반에 있었던 일이 떠오른 것이다. 어느 날, 도쿄도의 사람들이 찾아와 "일본에서 제일 높은 빌딩을 세우고 싶소"라고 말했다. 그로부터 1년 후, 이번에는 다른 사람들이 찾아와 "그보다 더 높은 빌딩을 세워 주시오"라고 말했다.

그렇게 해서 완성된 건물이 1991년에 준공된 높이 243미터의 도쿄도 청사[23]와 1993년에 준공된 높이 296미터의 요코하마 랜드마크 타워[24]다. 강재와 관련된 까다로운 요구에 우왕좌왕했던지라, 시간이 한참 지난 뒤에야 내가 만든 강재로 지어진 빌딩을 방문할 수 있었다.

## ■ 스테인리스강으로 만든 빌딩 외벽

크라이슬러 빌딩과 엠파이어스테이트 빌딩에 공통된 이야깃거리는 서로 바로 옆에 있다는 점이나 높이 경쟁만이 아니다. 외벽에 관해서도 공통점이 있다.

두 건물 모두 외벽이 SUS302(오스테나이트계 스테인리스강[25], SUS302는 SUS304의 원형으로 당시의 최고급 SUS 18Cr-9Ni)으로 덮여 있다. 엠파이어스테이트 빌딩의 창틀의 사다리처럼 생긴 패널에는 300톤이 넘는 스테인리스강이 사용되었다. 강재

---

23 **도쿄도 청사** 건축가 단게 겐조가 파리의 노트르담 대성당을 모티프로 설계한 고층 빌딩. 대형 기둥과 대형 들보에 응력을 집중시키는 '슈퍼 스트럭처 구조'로 지진이나 바람 등의 외력을 견뎌낸다. 이렇게 말하면 간단해 보이지만, 그 견뎌내는 구조는 필자가 만든 강재를 통해서 실현되었다(고 생각한다). '정말 괜찮을까?'라는 불안감에서 도쿄에 갈 때마다 종종 아래에서 올려다봤다. 도쿄도 청사든 요코하마의 빌딩이든, 세토 대교든 도쿄만의 우미호타루 휴게소든, 내가 만든 강재가 지탱하고 있는 곳에 올라가는 것은 지금도 약간 용기가 필요한 일이다.

24 **요코하마 랜드마크 타워** 미나토미라이 지구의 상징. 보기 드문 원기둥이 지탱하고 있다. 바닥을 세 방향으로 떠받치기 위해서다. 기둥을 만들기 위해 9센티미터 두께의 강재를 지름 90센티미터로 둥글게 말아서 파이프로 성형했다. 필자의 인생에서 몇 손가락에 꼽을 만큼 어려운 강재 제조 경험이었다.

25 **오스테나이트계 스테인리스강** 니켈이 많이 들어간 고급 스테인리스강

1931년 준공
381m 102층
외벽: SUS302(오스테나이트계)

● 엠파이어스테이트 빌딩 ●

의 재질은 1995년에 외벽이 청소될 때 샘플 조사로 밝혀졌다.

스테인리스강으로 만든 외벽은 오랜 세월 동안 뉴욕의 공해와 바다의 염해를 견뎌냈고, 킹콩의 등정도 버텨냈으며(1933년과 2005년의 영화에서 일어난 사건이다), 1945년의 폭격기의 충돌도 견뎌낸 채 지금까지 그 웅장한 모습을 유지하고 있다.

# 제 11 장

# 금속,
# 전쟁의 소용돌이
# 속으로 휘말리다

: 금속과 세계대전

## 금속의 이용

▼

## 금속의 이용(앞에서 이어서)

AD 1947년   세라믹 공구의 출현
AD 1947년   커켄달과 스미겔스카, 커켄달 효과 발견. 구
            리 등의 상호 확산과 공동의 구조[미국]
AD 1948년   루이 네엘, 페리자성을 제창[프랑스]

### 랭크포드 값 ·····················································

AD 1948년   랭크포드, 강판의 성형성의 지표인 r값의 기
            초 현상 발견
AD 1948년   H.모로, A.P.가그네빈이 각기 독자적으로
            MgO 처리를 통한 구상흑연주철 제조
AD 1949년   티타늄의 양산 개시[미국]
AD 1949년   카스탱, 엑스선 마이크로 분석기 개발[프랑
            스]

### 프랭크 - 리드 소스 ·······································

AD 1950년   프랭크와 리드, 전위의 프랭크 - 리드 소스 제
            창

## 철의 이용

AD 1935년   바세, 회전로 제강법을 발명[프랑스]
AD 1935년   크라이슬러 사, 슈퍼피니싱을 고안[미국]
AD 1935년   안정화 돌로마이트 벽돌이 영국에서 발명
AD 1936년   용융 주조 알루미나 벽돌의 발명
AD 1936년   코비 공장에서 브라세르트법을 이용한 빈광
            처리를 개시[영국]
AD 1937년   국책회사 헤르만 괴링 제철소 건설[독일]
AD 1937년   잘츠기터에서 빈광 처리 개시[독일]
AD 1937년   금문교 완성[미국]
AD 1939년   카피차, 순산소 제조용 터빈 발명, 공업적 대
            량 사용 가능[소련]
AD 1939년   유진 세주르네, 유리 윤활제를 강철의 열간
            압출에 적용[프랑스]

## 철의 이용(앞에서 이어서)

AD 1939년   염기성 전기로, 카바이드 방식에서 산화비등
            방식으로 변경
AD 1940년   대일 설철 수출 금지[미국]
AD 1940년   철강 할당제 실시[영국]
AD 1940년   건조 후 4개월밖에 지나지 않은 타코마 내로
            스 브리지가 붕괴[미국]
AD 1941년   크루프 사, 총, 전차, 군함, 발사물을 생산
AD 1942년   폰타나에 태평양 연안 최초의 고로 건설[미
            국]
AD 1942년   크루프 사, 80센티미터 구경의 열차포이자
            사상 최대의 대포 '도라'

### 강철의 연속 주조 ·······································

AD 1942년   융커스, 철강의 연속 주조를 개시[독일]

### 요한센 『철의 역사』 ·······································

AD 1943년   오토 요한센, 『철의 역사』 집필[독일]
AD 1945년   리퍼블릭 스틸, 고로의 고압 조업 실험 개시
            [미국]
AD 1946년   캐나다 스틸, 해밀턴 공장에서 산소 제강 실
            험[캐나다]
AD 1947년   1분간 1마일의 열연 공장 출현[미국]
AD 1947년   ISO(국제 표준화 기구) 발족

### 구상흑연주철 ·············································

AD 1947년   모로 등이 구상흑연주철을 발명[영국]
AD 1948년   마셜 플랜, 철강 근대화 계획
AD 1949년   위어톤 스틸, 500톤 평로[미국]
AD 1949년   평로에 대한 산소 취입 개시[미국]
AD 1950년   타코나이트의 빈광 처리 공장 건설[미국]

**1935년부터 1940년까지**

# 11-1

# 전쟁의 발소리:
# 금속 이론 심화와 제2차 세계대전

## ◉ 연대 해설

1935~1940년을 금속의 이용이라는 측면에서 바라보면, 1935년에 가토 요고로가 페라이트 자석을 발명했다. 1938년에는 프랑스의 기니에[1]와 영국의 프레스턴[2]이 각기 따로 미세한 준안정 석출상을 발견했다. 두 사람 이름의 머리글자를 따서 기니에 - 프레스턴 구역(GP 구역)[3]이라고 부른다. 1939년에는 네덜란드의 얀 버거스[4]가 나선 전위와 버거스 벡터[5]를 전위론에 도입했다.

철의 이용이라는 측면에서 바라보면, 빈광 처리[6] 기술의 개발이 진행되었다. 1936년에 영국의 코비 공장에서 브라세르트법을 이용한 빈광 처리가 시작되었고, 1937년에는 독일의 잘즈기터에서 역시 빈광 처리가 시작되었다. 건조물

---

1  **기니에**  [프랑스] 1911~2000년. 앙드레 기니에. 엑스선 회절과 고체 물리학을 연구했다.

2  **프레스턴**  [영국] 1896~1972년. 조지 프레스턴

3  **기니에 - 프레스턴 구역(GP 구역)**  시효 경화하는 알루미늄 합금에서는 알루미늄 속에 구리 등의 용질의 집합체가 나타나는 현상. 이 때문에 단단해진다. 상태도에는 나타나지 않는 불안정상이다. 엑스선 회절 분석을 통해서 발견한 두 사람의 이름을 따서 GP 구역이라고 부른다.

4  **얀 버거스**  [네덜란드] 1895~1981년. 요하네스 뷔르허르스. 유체의 버거스 방정식, 전위 이론에서의 버거스 벡터, 점성과 탄성의 성질을 겸비한 점탄성 재료 버거스 물질 등을 개발했다.

5  **나선 전위의 버거스 벡터**  이상적인 결정 구조 속에서 생기는 단차가 전위(轉位)다. 일부에 단차가 있어서 비틀어진 상태일 때는 나선 전위, 완전히 일렬로 단차가 있을 때는 칼날 전위라고 부른다. 어긋남이 발생한 방향을 기술하는 것이 버거스 벡터다.

6  **빈광 처리**  광석에 들어 있는 금속 광물의 함유량이 적을 경우, 희소 금속 원료와 기본 금속인 철광석 또는 구리 광석은 빈광 판단의 기준이 다르다. 불순물이 많이 들어 있는 빈광은 수송도 정련도 폐기물도 비용이 들기 때문에 가급적 원류에서 빈광 처리를 해 농축한다.

로는 1937년에 미국에서 금문교[7]가 완성되었다. 점점 더 거대 건조물에 철강을 사용하게 된다.

## ⊙ 할리우드의 3대 촬영지

할리우드의 SF 영화의 촬영지로 유명한 곳은 '자유의 여신상', '크라이슬러 빌딩', '금문교'다. 자유의 여신상은 지구가 멸망하는 내용의 영화에서, 우주 비행사가 지구로 돌아왔을 때 지구 멸망의 상징이나 파괴된 도시의 상징으로서 안성맞춤이다. 크라이슬러 빌딩은 〈맨 인 블랙〉과 〈고스트 버스터즈〉 같은 다양한 영화에 등장했다. 은색으로 빛나는 신기한 모습의 첨탑이 SF적인 느낌을 자아낸다. 그리고 금문교는 두 종류의 장면에 사용된다. 전투기의 미사일에 파괴되는 장면, 아니면 자동차 추격전 장면이다.

---

**7  금문교**  미국 샌프란시스코에 있는 장대교량

**1940년부터 1945년까지**

# 11-2 핵과 신소재: 원자핵 실험과 주조 기술

## ⊙ 연대 해설

1940~1945년은 금속과 철 모두 전쟁의 영향을 크게 받았다.

금속의 이용이라는 측면에서는 1940년에 일본의 이가라시 이사무[8] 등이 훗날 제로 전투기에 사용되는 초초두랄루민을 개발했다. 1940년에는 오랫동안 전기 제품 등에서 단락의 원인이 되고 있었던 위스커[9]가 도금 표면에서 가는 수염 결정의 형태로 성장함이 발견되었다.

1941년, 네덜란드의 스누크는 내부 마찰로 발생하는 소리인 스누크 피크를 발견했다. 1942년, 시카고 대학교의 페르미 등은 훗날 원자력의 이용으로 이어지는 제어된 연쇄 핵반응[10]을 실현했다.

철의 이용이라는 측면에서는 1940년에 미국의 대일 설철 수출 금지[11]가 실시되었다. 그리고 같은 해 미국에서는 완성한 지 4개월 밖에 지나지 않은 타코마 다리[12]가 피로 파괴로 무너졌다. 1942년, 독일의 크루프 사는 80센티미터

---

8  **이가라시 이사무**  [일본] 1892~1986년. 1938년, 항공기 기체에 사용하기 위해 강도가 높은 초초두랄루민을 개발했다.

9  **위스커**  결정면에서 바깥쪽을 향해 마치 고양이의 수염처럼 가늘게 성장하는 결정. 전화 회로의 콘덴서가 자주 고장을 일으키는 원인을 조사하던 미국 벨 연구소는 주석 도금에서 금속이 뻗어 나오는 현상을 발견했다.

10  **제어된 연쇄 핵반응**  연쇄 반응은 핵분열성 물질이 중성자를 흡수해서 핵분열 반응을 일으키고 그것이 새로운 중성자를 방출해 다른 핵분열 반응을 일으키는 현상이다. 이 반응을 제어하려면 핵분열 상태를 모니터링하면서 반응이 폭주하지 않게 해야 한다.

11  **대일 설철 수출 금지**  미국, 영국, 네덜란드는 중국에서의 권익을 보호하기 위해 일본과 적대하는 장제스의 국민 정부를 지원했다. ABCD 포위망을 형성하고 군수 물자의 수출 규제 등 경제 봉쇄를 실시했는데, 그 시작이 설철(강재의 원료가 되는 스크랩의 수출 금지였다. 최근의 국제 정세에서도 비슷한 상황이 보이고 있는데, 수출 금지를 당했다고 해서 백기를 든 사례는 없으며 강경론이 힘을 얻는 결과를 낳는다.

12  **타코마 다리**  정식 명칭은 타코마 내로스 브리지다. 미국 워싱턴 주에 설치되었던 현수교로, 1940년 7월에 완성되어 11월에 붕괴되었다. 당시의 최신 이론을 채용해 최고 강도로 구조를 설계한 다리였다. 강풍에 흔들리다 피로 파괴되는 모습이 기록으로 남아 있다.

구경의 열차포이자 사상 최대의 대포인 도라[13]를 실전에서 사용했다. 1943년, 독일의 융커스는 강철의 연속 주조 기술을 개발했다.

## ⊙ 초초두랄루민

### ■ 두랄루민의 발견

강철에 다양한 원소를 첨가해 담금질을 하면 경화된다는 사실은 오래전부터 알려져 있었다. 독일의 알프레드 윌름은 1903년경부터 '강철 이외의 금속도 적당한 원소를 첨가해 담금질하면 경도가 증가하지 않을까?'라는 생각에서 실험을 거듭했지만 좀처럼 원하는 결과를 얻지 못하고 있었다. 1906년의 어느 주말, 윌름은 알루미늄에 구리를 4퍼센트, 마그네슘을 0.5퍼센트 첨가한 알루미늄 합금을 담금질했다. 그리고 다음 주 월요일에 그 합금의 경도를 측정했는데, 매우 단단해져 있었다. 시효 경화 현상[14]을 발견한 순간이었다.

알루미늄에 구리를 섞은 이유는, 기존의 탄피는 구리와 아연의 합금인 황동으로 만들어졌는데 그것을 좀 더 가볍게 만들고 싶어서였다.

### ■ 두랄루민이라는 명칭

두랄루민은 1909년에 독일의 뒤레너 메탈베르케 사가 발매한 합금의 상품명이다. 지명인 뒤렌의 알루미늄이라는 의미에서 '두랄루민'으로 명명했다. 초경량이면서도 강도가 있는 금속으로, 1910년대에는 체펠린 비행선의 골격에 사용되었다.

### ■ 초초두랄루민

일본에서는 제1차 세계대전 중인 1916년에 런던으로 출격했다가 격추 당한 독일 비행선의 골격을 현지에 주재하던 해군 관계자가 가지고 돌아오면서 두

---

13 **사상 최대의 대포 도라**　제2차 세계대전 중, 독일은 크루프 사에 프랑스의 마지노 선에 구축된 견고한 요새를 파괴하기 위한 대포를 의뢰했다. 그 결과 구경 80센티미터, 무게 7톤의 포탄을 발사하는 30미터의 거대포가 제작되었는데, 이동 문제로 열차포가 되었다.

14 **시효 경화 현상**　시간이 경과하면 점차 강도가 증가하는 현상.

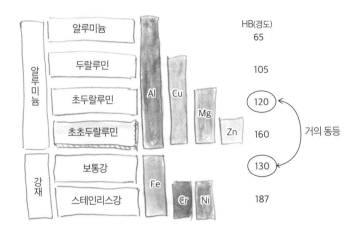

| | | HB(경도) |
|---|---|---|
| | 알루미늄 | 65 |
| | 두랄루민 | 105 |
| 알루미늄 | 초두랄루민 | Al Cu |
| | | Mg |
| | 초초두랄루민 | Zn 160 |
| | 보통강 | |
| 강재 | 스테인리스강 | Fe Cr Ni 187 |

120 130 거의 동등

● 초초두랄루민 ●

랄루민의 연구가 시작되었다.

1928년, 미국의 알코아 사는 기존의 두랄루민보다 강도가 높은 초두랄루민을 판매하기 시작했다. 그리고 1936년, 일본은 구리의 함유량을 낮추고 아연과 마그네슘을 첨가한 알루미늄 합금, 일명 초초두랄루민을 개발했다.

초초두랄루민의 압출재는 일본 해군의 제로 전투기[15]의 주날개보에 채용되었다. 전쟁이 끝난 뒤에도 초초두랄루민은 개발을 통해 꾸준히 성능이 향상되면서 항공기용 골재로 활약하고 있다.

## ⊙ 스누크 피크

### ■ 내부 마찰

내부 마찰이란 금속 등의 고체에 가해진 변형 에너지의 일부가 열에너지로 바뀌는 현상이다. 고체 표면을 문지르면 마찰로 열이 발생하는데, 내부에서 발생

---

15 **제로 전투기** 설계 주임이었던 호리코시 지로는 고강도강 수준의 강도를 갖춘 알루미늄 합금이 개발이 진행되고 있다는 소식을 들었다. 그 합금을 주날개의 날개보에 사용하면 무게를 30킬로그램은 줄일 수 있었다. 당시는 그램 단위로 부재의 무게를 절감하던 시절이었다.

하는 열에너지를 내부 마찰이라고 부른다.

　발열의 메커니즘에는 전위가 억제되어서 진동하는 것이나 입계(粒界)의 유동적 어긋남에 따른 것 등이 있다. 또한 피에로 보르도니가 발견한 극저온에서 발생하는 전위에서 기인하는 보르도니 피크나 격자 간 불순물 원자에 따른 스누크 피크로 인한 것도 있다. 이것은 발견자인 스누크[16]의 이름을 딴 명칭이다.

### ■ 스누크 피크

스누크 피크는 1841년에 네덜란드의 스누크가 발견했다. 체심입방금속, 예를 들면 철이나 니오븀, 탄탈럼에 결정격자 사이에 침입하는 탄소, 질소, 산소 등을 소량 첨가하고 온도를 변화시켜서 진동을 주면 탄소 등의 경우 40도 부근에서 감쇠의 피크가 최대가 되는 현상이다.

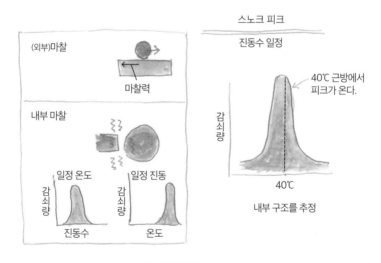

● 스누크 피크 ●

---

16　**스누크**　[네덜란드] 1902~1950년. 야콥 루이스 스누크. 자신의 이름이 붙은 완화 효과인 스누크 피크의 연구자. 필자의 조사로는 1950년에 미국에서 교통사고로 세상을 떠난 듯하다.

## ⊙ 강철의 연속 주조

### ■ 주조

주조는 용융 금속을 거푸집에 부어 넣고 굳히는 공정이다. 거푸집에 구리나 청동, 선철 또는 주철을 주입해 마치 살아 있는 듯이 보이는 주조품을 만드는 기술로, 오래전부터 존재했다.

『춘추좌씨전』에는 춘추전국시대인 기원전 513년의 진(晉)에서 "주철을 녹여서 세 발 솥을 만들었다"라는 기록이 등장하며, 기원후 10년경의 중국에는 수레가 지나다니기에 충분한 강도의 주철교가 존재했다. 필자가 2019년에 콜브룩데일 사의 박물관에서 본 하운드도그의 주철 제품은 마치 당장이라도 달려 나갈 것만 같은 약동감[17]이 느껴졌다.

### ■ 강철의 주조

강철을 주조하는 기술에 사용하는 소재는 주강이라고 불렸다. 주강은 주조 기술의 마지막에 출현한다. 그도 그럴 것이, 주철 등과는 비교가 안 될 만큼 높은 온도로 철을 녹여야 했기 때문이다. 1740년에 헌츠먼이 스웨덴 봉강에 탄소를 스며들게 하고 그것을 도가니에서 녹여 만드는 도가니 주철법을 발명하면서 강철의 주조가 시작되었다.

### ■ 강괴법과 연속 주조법

강철의 주조에는 용강을 단독의 거푸집에 주입하는 강괴법[18]과 단면 형상만을 고정하고 주조를 계속하는 연속 주조법[19]이 있다. 당연히 연속 주조법이 생산성도 품질도 좋기 때문에 사용하고 싶지만, 강철의 연속 주조는 1960년대까지 사용되지 않았다.

---

17  **약동감**  이 책 앞쪽의 컬러 사진에서 그 제품을 볼 수 있다.

18  **강괴법**  용강을 복수의 거푸집에 주입해 굳혀 나가는 방법. 푸딩을 만드는 것과 비슷한 느낌이다. 준비 작업이 번거롭고, 푸딩(강괴)의 상부와 바닥에 이물질이나 수축 기포가 들어가기 때문에 이것을 제거할 필요가 있다.

19  **연속 주조법**  용강을 주위의 형태가 정해진 거푸집에 주입하고 주위를 굳히면서 연속적으로 빼내는(주조하는) 방법. 주조를 시작할 때는 바닥 부분을 쇳덩이로 막아 놓았다가 서서히 뽑는다.

강철의 연속 주조 공정은 1858년에 베서머가 고안했다. 베서머 전로로 용제한 용강을 높은 효율로 굳혀야 했기 때문이다. 그러나 거푸집 속에서 응고된 강철의 껍질(응고각)이 거푸집에 달라붙어서 파괴되어 용강이 뿜어져 나오는 브레이크아웃[20] 현상이 발생하기 때문에 실제 조업에 연속 주조를 적용하려는 시도는 심한 난항을 겪었다.

## ■ 오실레이션 탄생

이 거푸집에 달라붙는 문제는 1934년에 독일의 융한스가 금형을 수직으로 상사 진동시키는 오실레이션을 적용함으로써 마침내 극복되었다. 또한 주조 중에 기름이나 용융 슬래브를 윤활제로 사용하는 방법도 고안되었다.

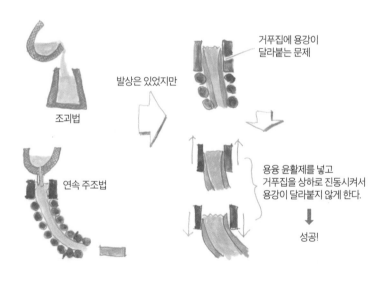

조괴법

발상은 있었지만

거푸집에 용강이 달라붙는 문제

연속 주조법

용융 윤활제를 넣고 거푸집을 상하로 진동시켜서 용강이 달라붙지 않게 한다.

성공!

● 강철의 연속 주조 ●

---

**20 브레이크아웃** 용강을 연속 주조할 때 용강과 거푸집이 달라붙어서 응고각이 파괴되어(브레이크) 용강이 밖으로(아웃) 새어나오는 조업 사고

## ■ 연속 주조의 이점

연속 주조는 용융 금속을 연속해서 같은 단면 형상으로 응고시켜 제품의 중간 소재를 만들어 내는 공정이다. 단면 형상에 따라 슬래브나 블룸, 빌렛, 니어넷 셰이프(최종형상근접) 등으로 부르는데, 연속 주조는 대량의 금속을 단순한 형상으로 굳힌 다음 그 후의 처리를 실행하는 가장 효율적인 방법이다.

# 11-3 이해와 진보: 금속 과학 지식 이해와 주철 기술 진보

## ◉ 연대 해설

1945~1950년은 제2차 세계대전이 끝나고 전후 부흥이 시작된 혼란기다. 금속의 이용이라는 측면에서는 1947년에 어니스트 커켄달[21] 등이 강철의 상호 확산 등에 관한 연구를 공개했다. 1948년에는 랭크포드가 강판의 성형성의 지표인 랭크포드 값[22]의 기초 현상을 발견했다. 1949년에는 미국에서 티타늄 생산이 시작되었고, 1950년에는 프레더릭 프랭크[23] 등이 전위의 기원으로서 프랭크 - 리드 소스[24]를 제창했다.

철의 이용이라는 측면에서는 1945년에 미국에서 고로의 고압 조업이 시작되었다. 1946년에는 캐나다 스틸에서 산소 제강의 실험을 시작했다. 그리고 1947년에는 영국에서 주철의 재질 개선에 크게 공헌하는 구상흑연주철이 발명된다. 전쟁으로 황폐화한 유럽 대륙과 일본은 부흥 과정에 있었기에 철의 이용은 영국과 미국을 중심으로 진행되었다.

---

21 **어니스트 커켄달** [미국] 1914~2005년. 커켄달 효과를 발견했다. 순금속과 합금이 경계면에서 접촉한 상태로 가열하면 원자가 움직이는 속도가 각각 다르기 때문에 경계면이 움직이는 듯이 보이는 현상이다. 논문을 상사가 받아들이지 않아서 소동이 벌어졌었다.

22 **랭크포드 값** US스틸의 기술자인 랭크포드는 자신이 만든 폭과 두께의 신축 비율인 r값의 크고 작음이 프레스 현장에서의 성형 수율과 밀접하게 관련되어 있음을 깨달았다. 이에 따라 r값을 프레스 성형성의 지표로 삼을 것을 제창했다.

23 **프레더릭 프랭크** [영국] 1911~1998년. 전위 연구로 유명하지만, 액정이나 고체 물리학, 지구 물리학 분야에서도 활약했다.

24 **프랭크 - 리드 소스** 1950년에 결정 가소성 회의를 위해 미국으로 건너간 프랭크는 열차를 기다리는 시간에 읽은 논문을 수식화했다. 그리고 학회 회장에서 만난 손튼 리드가 같은 아이디어를 떠올렸음을 알게 되었다. 두 사람은 논문을 공동 집필하기로 했고, 그 결과 전위 소스를 발견하기에 이르렀다.

## ⊙ 요한센의 『철의 역사』

### ■ 두 개의 『철의 역사』

『철의 역사』라고 하면 베크의 대작을 떠올리겠지만, 베크 이후에 또 다른 『철의 역사』를 집필한 인물이 있다. 역시 독일인인 오토 요한센[25]이다.

- 1884년 독일의 베크가 『철의 역사(Die Geschichte des Eisens)』를 저술하다(1903년 완성).
- 1943년 독일의 오토 요한센이 『철의 역사(Geschichte des Eisens)』를 집필하다.

두 책은 저마다 특징이 있어서, 요한센의 책은 베크의 책에 비해 훨씬 읽기 편한 반면에 베크의 책은 자료로서 가치가 크다고 정리할 수 있다. 요한센의 책이 쉽게 읽히는 이유는 그가 학자가 아니라 현장과 가까운 곳에서 일했던 사람이었기 때문인지도 모른다.

### ■ 푈클링겐 제철소

오토 요한센은 독일의 푈클링겐 제철소에서 일했다. 제1차 세계대전 후 독일 제철소의 일부가 프랑스에 할양되는데, 그 시기에 책을 집필한 듯하다.

푈클링겐 제철소는 독일의 국경 근처에 자리하고 있다. 2015년 여름, 필자는 요한센이 있었던 푈클링겐 제철소를 방문했다. 제철소는 현재 세계 문화 유산으로 등록되어 있어서, 지금도 가동되던 시절 모습 그대로 남아 있다.

예전에 일본이 메이지 산업혁명 유산의 등록을 신청했을 때 도쿄에서 궐기 대회가 있었는데, 그곳에서 푈클링겐 제철소의 관장을 만났다. 그때 "일본의 유산이 무사히 등록된다면 우리 제철소를 방문해주시오"라는 제안을 받았기에 인사도 할 겸 독일을 찾아갔다. 다만 필자 혼자서 독일에 간 것은 아니고,

---

25 **오토 요한센** [독일] 생몰년 불상. 야금학자, 철강 기술사(史) 연구가로 알려져 있다. 1925년에 푈클링겐에서 살았다. 제1차 세계대전으로 괴멸된 독일을 걱정했다. "희망의 꽃은 또다시 인류에게 피어나고, 씨앗이 뿌려져 논밭은 푸르러지며, 도리가 국토를 지배하리라."

● 제철소가 있는 푈클링겐 역 ●

● 환승역인 자르브뤼켄 ●

아내도 함께 갔다. 아내는 유럽에 도착하기 전까지만 해도 파리 관광을 할 수 있으리라 믿고 이런저런 계획을 짜 놓았지만, 파리에 도착하자마자 그대로 고속철도를 타고 독일로 이동했다.

도중에 환승역인 자르브뤼켄에서 내렸을 때도 푈클링겐 역에서 내렸을 때도 아내는 왠지 프랑스 분위기가 안 난다고 말했지만, 설마 독일로 이동했으리라고는 생각하지 못했다. 그러다 제철소 견학을 시작했을 때야 비로소 필자에게 속았음을 깨달은 모양이었다. 그러나 제철소 박물관은 정말 멋졌다. 1873년에 문을 연 제철소는 굴뚝도 배수 처리장도 벽돌로 만들어졌다. 하루 종일 견학을 즐긴 나는 밤에 파리로 돌아왔다. 그리고 베르사유 궁전을 보러 갈 생각이었는데 남편의 녹슨 제철소 견학에 동행해야 했던 아내의 기분을 풀어 주기 위해 '샤르티에'로 향했다. 파리에 오면 꼭 찾아가는 비스트로다. 저녁은 아내가 샀다.

### ■ 그때 알았더라면

요한센이 이 푈클링겐 제철소에서 일했다는 사실을 안 것은 귀국한 뒤였다. 요한센의 책의 서문을 읽고 알았다. 견학 전에 알았더라도 더 견학이 더 즐거웠

● 푈클링겐 제철소 ●

을지도 모른다.

　어쩐지 요한센의 책은 참으로 읽기가 편하고 내용과 문장에서 친근감이 느껴졌는데, '역시 동업자였구나'라고 생각하며 고개를 끄덕였다.

## ⊙ 구상흑연주철

구상흑연주철은 제2차 세계대전 이후에 발명된 신소재다. 고대부터 사용되어 온 주철이라는 소재는 이 발명을 통해서 재질이 비약적으로 향상되었다.

　구상흑연주철이라는 이름은 '구상흑연(球狀黑鉛)'과 '주철'로 나뉜다. '주철'은 용선 등 고탄소의 용철을 거푸집에서 성형한 것이다. 철 속의 탄소는 응고 도중에 배출되어 흑연[26]이 된다. 이 흑연의 형상은 판상(板狀)이기 때문에 편상흑연주철[27]이 되는데, 편상흑연주철은 인장 강도가 거의 없고 충격에도 약한 소재다. 주철이 일반적으로 단단하지만 쉽게 깨지는 원인이 바로 편상흑연인 것이다.

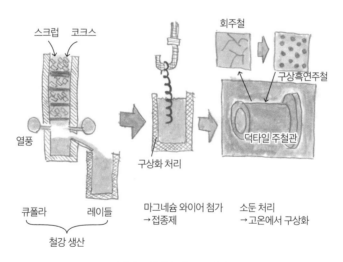

● 덕타일 주철관을 만드는 방법 ●

---

26 **흑연**　탄소라고 생각하면 된다.

27 **편상흑연주철**　탄소 성분이 4퍼센트나 되는 선철은 굳을 때 거의 모든 탄소를 뱉어 낸다. 배출된 탄소는 밀집해서 끝 모양이나 판 모양의 덩어리가 된다. 이 상태에서는 철 속에 날카로운 이물질이 충만해 있기 때문에 외력에 매우 취약하다.

이 흑연을 열처리해 판상에서 구상으로 변화시킨 소재가 구상흑연주철[28]이다. 전문 용어로는 '구상화 처리'라든가 '구상화 소둔'[29]이라고 부른다. 고온에서는 탄소가 철 속을 자유롭게 돌아다니는데, 그 탄소를 주위에 엉겨 붙게 하는 심이 있으면 눈덩이처럼 탄소가 동그랗게 성장한다.

1943년에는 미국의 키스 밀리스[30]가 마그네슘을 첨가하고 열처리 후에 구상화 처리를 해서 덕타일 주철관을 만들었다.

---

**28 구상흑연주철** 탄소 덩어리를 포함한 선철을 고온 상태로 만들어 놓으면 탄소 원자가 철 속을 돌아다닌다. 이때 탄소가 적당히 모여드는 핵을 분산시켜 두면 핵을 중심으로 구형의 탄소 덩어리가 생긴다. 이것은 날카롭지 않기 때문에 외력에 저항할 수 있다. 즉 내성을 지닌다.

**29 구상화 소둔(풀림)** 고온으로 장시간 가열하면 탄소만이 돌아다니다 사방팔방에서 성장핵 주위로 모여들기 때문에 구형이 된다. 지구가 탄생할 때 사방팔방에서 별의 조각이 모여들어 구형이 된 것과 같은 이미지다.

**30 키스 밀리스** [미국] 1915~1992년. 1943년, 제2차 세계대전으로 크롬이 부족해짐에 따라 크롬 대체용으로 주철을 개조할 필요성이 생겼다. 밀리스는 선철 속의 탄소를 전부 탄화물로 만들자는 아이디어를 생각해냈다. 그래서 사용이 익숙한 마그네슘을 넣어 본 결과, 덕타일 주철이 만들어졌다.

# 마치면서

금속의 역사를 다루는 것은 위험을 동반하는 일이다. 지금까지도 수많은 선배들이 다양한 관점에서 금속의 역사를 다뤄 왔다. 다루는 기간 또는 대상을 한정하거나 백과사전식으로 다루는 등 집필 방식도 천차만별이다. 그런 선배들의 논증이나 인용 문헌의 활용 방식에 비하면 이 책은 아무래도 뒤떨어지는 것이 사실이다.

역사를 실증 과학적으로 생각하면 증거나 증명에 입각한 기술이 필요하다. 필자가 경애하는 루트비히 베크도 오토 요한센도 게오르기우스 아그리콜라도 방대한 참고자료를 바탕으로 역사를 저술했다.

그러나 그런 딱딱한 것만이 역사는 아니다. 설령 쿠빌라이 칸이든 알렉산드로스 대왕이든 한 명의 인간이라는 점은 다르지 않다. 어린 시절이 있었고, 이윽고 세계를 손에 넣었다. 그때 그들의 머릿속에 있었던 것은 딱딱한 역사서가 아니라 꿈꾸는 소년이 경험하는 역사 모험 이야기가 아니었을까?

이번 책의 집필 콘셉트는 '역사를 즐기자'다. 무엇인가 도움이 되는 정보를 전한다든가, 읽으면 지식이 늘어난다든가 하는 것은 그다지 깊게 생각하지 않았다. '금속은 즐겁다. 역사도 즐겁다'라는 나의 취향과 실체험을 여러분과 공유한다는 방침을 전면에 내세웠다.

초등학교에 다닐 때부터 역사를 좋아해서, 4학년 여름방학 때는 부모님에게 붓글씨용 갱지를 사 달라고 졸라 매일 역사 신문을 손으로 직접 썼다. 다른 친구들은 자유 연구 과제로 나팔꽃의 관찰 일기라든가 사육 동물의 성장 기록 같은 것을 썼지만, 필자의 자유 연구 과제는 역사의 성장 기록이었다. 갱지에 그린 역사적 사건의 그림과 서투른 문장, 그것들이 매일 쌓여 나갈 때의 두근거림을 지금도 선명하게 기억한다. 이번에 『세계사를 바꾼 금속 이야기』를 쓰는 동안에도 그때의 두근거림이 재현되었다.

이런 콘셉트가 여러분을 만족시킬 수 있을지는 알 수 없다. 그러나 그로부터 55년이 지난 지금, 또다시 종이와 연필과 그림 도구를 사용해서 역사를 써 봤다. 쓰고 싶었지만 쓰지 못한 것도 있다. 지면 사정상 줄인 것도 많다. 그러나 여름방학에 끝이 있듯이, 일단 여기에서 펜을 내려놓으려 한다. 부디 필자의 여름방학 숙제의 연장선상에 있는 역사 이야기를 즐겨 주기 바란다.

이 책에는 수많은 착각, 기억 오류, 이해 부족, 조사 부족이 있으리라고 생각한다. 부디 여러분의 기탄없는 의견과 감상을 들려 줬으면 한다. 또한 필자의 경험담은 물론 실제 경험이지만, 필자가 간사이 사람이다 보니 다소 과장되게 쓴 것도 있다는 점에 대해 미리 양해를 구하고자 한다.

금속의 즐거움을 여러분에게 전할 수 있다는 기쁨을 느끼면서 펜을 내려놓는다.


필자가

# 참고문헌

◉ 패러데이 ·······························································································

오웬・깅거리치『マイケル・ファラデー (科学をすべての人に)』須田康子訳、大月書店、2007年
스−チン『ファラデーの生涯』小出昭一郎ら訳、東京図書、1976年
島尾永康『ファラデー王立研究所と孤独な科学者』岩波書店、2000年
R.HADFIELD『Faraday and His Metallurgical Researches』1931年 (『ファラデーと彼の冶金研究』ハドフィール
ドのファラデー研究本)


◉ 연금술사 ·······························································································

イアン・マカルマン『最後の錬金術師カリオストロ伯爵』藤田真理子訳、草思社、2004年
B.J.ドブズ『ニュートンの錬金術』寺田悦恩訳、平凡社、1995年
トマス・レヴェンソン『ニュートンと贋金づくり』寺西しのぶ訳、白揚社、2012年
アンドレーア・アロマティコ『錬金術』種村季弘訳、創元社、1997年
チャールズ・ウェブスター『パラケルススからニュートンへ (魔術と科学のはざま)』神山義茂ら訳、平凡社、
1999年


◉ 역사서·참고서적 ·····················································································

ヘロドトス『歴史 (上・下)』岩波書店、1972年
渋沢龍彦『私のプリニウス』青土社、1986年
シュリーマン『古代への情熱』池内紀訳、小学館、1995年
桓寛『塩鉄論』(東洋文庫) 佐藤武敏訳、平凡社、1970年
宋応星『天工開物』(東洋文庫) 佐藤武敏訳、平凡社、1969年
平川祐弘『ダンテ「神曲」講義』河出書房新社、2010年
鹿島茂『絶景、パリ万国博覧会 (サンシモンの鉄の夢)』、河出書房新社、1992年
ジョナサン・ウォルドマン『錆びと人間』三木直子訳、築地書館、2016年
『鉄137億年の宇宙誌』東京大学総合研究博物館、2009年
エリアーデ著作集『鍛冶師と錬金術師』大室幹雄訳、せりか書房、1973年
鶴岡真弓『黄金と生命』講談社、2007年
ルイス・ダートネル『世界の起源』東郷えりか訳、河出書房新社、2019年

⊙ 기술의 역사 ···········································································

ポール・ストラザーン『メンデレーエフ元素の謎を解く』稲田あつ子ら、バベル・プレス、2006年

梶雅範『メンデレーエフの周期律発見』北海道大学図書刊行会、1997年

アブマド・アルハサンら『イスラム技術の歴史』大東文化大学現代アジア研究所監修、平凡社、1999年

『ソビエトの技術の歴史1、2』山崎俊雄ら訳、東京図書、1966年

『コンサイス科学年表』三省堂、1988年

小山慶太『科学史年表増補版』中公新書、2011年

小山慶太『科学史人名事典』中公新書、2013年

初山高仁『鉄の科学史 (科学と産業のあゆみ)』東北大学出版会、2012年

矢島忠正『官営製鐵所から東北帝國大学金属工学科へ』東北大学出版会、2010年

松岡正剛監修『情報の歴史』NTT出版株式会社、1992年

R.J.フォーブス『技術の歴史』田中実訳、岩波書店、1956年

R.J.フォーブス『古代の技術史上 (金属)』平田寛訳、朝倉書店、2003年

メイスン『科学の歴史 (上・下)』矢島祐利訳、岩波書店、1955年

デイビッド・オレル『貨幣の歴史』角敦子訳、原書房、2021年

ピーター・スノウら『歴史を動かした重要文書』安納令奈ら訳、原書房、2022年

鈴木隆志『ステンレス鋼発明史』アグネ技術センター、2000年


⊙ 금속의 역사 ···········································································

ジャン・ポール・ティリエ『エトルリア文明 (古代イタリアの支配者たち)』松田みち子訳、創元社、1994年

アグリコラ『デ・レ・メタリカ近世技術の集大成全訳とその研究』三枝博音訳、岩崎学術出版社、1968年

ヨハンゼン『鉄の歴史』三谷耕作訳、慶応書房、1942年

ベック『鉄の歴史』中沢護人訳、5巻17冊、索引2冊、たたら書房、1968年−1981年

J.R.ハリス「イギリスの製鉄業」武内達子訳、早稲田大学出版、1998年

坂本和一『近代製鉄業の誕生 (イギリス産業革命時代の鉄鋼業・技術・工場・企業)』法律文化社、2009年

W.ベルドロウ『クルップ』福迫勇雄、柏葉書院、1944年

窪田蔵郎『シルクロード鉄物語』雄山閣、1995年

窪田蔵郎『鉄のシルクロード』雄山閣、2002年


⊙ 그외 ·······················································································

『SCIENCE OF EVERYTHING』NATIONAL GEOGRAPHIC Soc、2013年

『EVERYTHING YOU NEED TO ACE SCIENCE IN ONE BIG FAT NOTEBOOK』WORKMAN、2016年

Biringuccio『The Pirotechnia of Vannoccio Biringuccio (火工術)』Dover BOOK、2006年

K.A.SCHENZINGER『METALL 'Roman』』1940年 (独語、『小説金属』ドイツ、シェンチンガア)

Loic Barbo、Denis Beaudouin、Michel Lagues『L'experience retrouvee』BELIN、2005年 (仏語、「発見の経験」キュリー夫妻の科学発見の歴史。)

シャラダ・スリニヴァーサン『The Making, Shaping and Treating of Steel』United States Steel Corporation、2004年

（英語、インドのウーツについての歴史解説『インドが誇る伝説のウーツ・スティール』）

『COALBROOKDALE（Birthplace of Industry）』Ironbridge Gorge Museum Trust Ltd、2019（英語、『コールブルックデールとアイアンブリッジ』）

『THE IRON BRIDGE AND TOWN（Birthplace of Industry）』Ironbridge Gorge Museum Trust Ltd、2019（英語、『アイアンブリッジと街』）

Arthur Raistrick『DYNASTY OF IRON FOUNDERS（THE DARBYS AND COALBROOKDALE）』Ironbridge Gorge Museum Trust Ltd、1989年
（英語、英国のダービー一族とコールブルックデール社の歴史）

Anthony Burton『THE IRON MEN』The History Press、2015年
（英語、英国の製鉄の発展に関わった人々の物語）

◉ 참고 사이트··································································································

米国インディアナ大学『アイザック・ニュートンの化学』
https://webapp1.dlib.indiana.edu/newton/